AMÉNAGEMENT DU TERRITOIRE, URBANISME ET RÉSEAU NATURA 2000

AMÉNAGEMENT DU TERRITOIRE, URBANISME ET RÉSEAU NATURA 2000

ALMEDINA

AMÉNAGEMENT DU TERRITOIRE, URBANISME ET RÉSEAU NATURA 2000

ORGANIZAÇÃO
FDUC/CEDOUA

EDITOR
EDIÇÕES ALMEDINA, SA
Av. Fernão Magalhães, n.º 584, 5.º Andar
3000-174 Coimbra
Tel.: 239 851 904
Fax: 239 851 901
www.almedina.net
editora@almedina.net

PRÉ-IMPRESSÃO | IMPRESSÃO | ACABAMENTO
G.C. – GRÁFICA DE COIMBRA, LDA.
Palheira – Assafarge
3001-453 Coimbra
producao@graficadecoimbra.pt

Janeiro, 2009

DEPÓSITO LEGAL
286462/08

Os dados e as opiniões inseridos na presente publicação
são da exclusiva responsabilidade do(s) seu(s) autor(es).

Toda a reprodução desta obra, por fotocópia ou outro qualquer
processo, sem prévia autorização escrita do Editor, é ilícita
e passível de procedimento judicial contra o infractor.

Biblioteca Nacional de Portugal – Catalogação na Publicação

SEMINÁRIO A REDE NATURA 2000, Coimbra, 2006

Ordenamento do território, urbanismo Rede Natura 2000 =
Aménagement du territoire, urbanisme et Réseau Natura 2000 ;
org. CEDOUA. – 2 v.
Ed. bilingue em português e francês
2º v. :   p. - ISBN 978-972-40-3654-3

I – UNIVERSIDADE DE COIMBRA. Faculdade de Direito. Centro de
Estudos de Direito do Ordenamento, do Urbanismo e do Ambiente

CDU   502
      349
      061.3

AVANT PROPOS

Le réseau des juristes européens «Natura» 2000 consacre ses travaux à la politique environnementale de l'Union Européenne dont les directives du 2 avril 1979 et du 21 mai 1992 constituent l'un des éléments majeurs.

Au moment où la plupart des sites ont été inscrits et retenus, il était opportun de s'interroger sur les modalités d'application de ces textes au regard de l'aménagement et de l'urbanisme, c'est l'objet du séminaire réuni à Coimbra au Portugal en mai 2006.

Dans une société européenne où le développement économique constitue l'un des éléments central pour réaliser l'objectif de croissance, le réseau devait relever un double défi:
- d'une part déterminer le champ d'application de l'étude, tant les termes d'aménagement et d'urbanisme font l'objet d'interprétation quelque différentes selon les pays de l'Union Européenne concernés,
- d'autre part s'attacher à rechercher, à travers les conditions de transposition des deux directives, les modalités de mise en œuvre des protections instaurées au regard d'opérations susceptibles d'y porter atteinte.

Alors même que le réseau Natura 2000 constitue l'un des fleurons de la politique environnementale communautaire, il s'agissait donc d'apprécier la capacité des Etats à déterminer les conditions du développement à travers les opérations d'aménagement et d'urbanisme.

Les directives posent des principes de protection, imposent aux Etats de mettre en œuvre des règles de protection et d'engager une démarche intégrée pour préserver les sites. Dans le même temps, les enjeux économiques conduisent à favoriser l'implantation et le développement des activités, des infrastructures et de l'habitat.

Il est nécessaire d'apprécier les exigences du droit communautaire en elles-mêmes, mais aussi au regard de ses conditions de mise en œuvre par les Etats qui disposent d'une certaine latitude quant aux moyens de réalisation. Au-delà des textes, c'est au titre de l'interprétation du droit communautaire tant par la CJCE que par les Etats qu'il s'agira d'apprécier le difficile rapport entre mesures de protection et implantation des activités sur un territoire. Ici, parmi les diverses modalités d'intervention, l'un des éléments majeur est d'apprécier la portée de mesures compensatoires exceptionnellement et conditionnellement admises par les directives et qui conduisent, dans la plus part des cas à accepter une atteinte irréversible à un site Natura 2000. Il en résulte un contentieux à la fois communautaire et national qu'il était nécessaire d'analyser.

Ce faisant, les juristes européens du réseau Natura 2000 sont convaincus qu'environnement et implantation des activités humaines sont compatibles dans le cadre d'une démarche intégrée et de la perspective du développement durable. Leurs travaux reposent sur l'analyse comparative permettant ainsi de déceler les pratiques les plus pertinentes, celles au moins qui contribuent avec efficacité à la protection effective des sites Natura 2000. C'est aussi ce défi auquel les juristes et chercheurs étaient confrontés à Coimbra.

MICHEL PRIEUR
Professeur Emérite de l'Université de Limoges
Directeur scientifique du CRIDEAU
Doyen Honoraire de la Faculté de Droit
et des Sciences Economiques de LIMOGES
Vice-Président de la Commission droit de l'environnement de l'UICN

BERNARD DROBENKO
Professeur des Universités
Université du Littoral Côte d'Opale
Faculté de Droit de Boulogne sur mer
LARJ – Membre Associé du CRIDEAU

LE RÉSEAU NATURA 2000

Le Réseau Natura 2000 est un réseau écologique européen qui couvre les zones classifiés en tant que zones spéciales de conservation (ZEC) ainsi que les zones de protection spécial (ZPE). Globalement ce sont des sites d'importance communautaire en territoire national, où les mesures nécessaires pour assurer le maintien ou le rétablissement, dans un état de conservation favorable, des habitats naturels et des espèces de faune et de flore sauvages d'intérêt communautaire doivent être appliquées.

A coté des sites classifiés, les couloirs écologiques (comme les rivières avec leurs berges, les systèmes traditionnels de délimitation des champs, les étangs ou les petits bois), sont des éléments du paysage essentiels à la migration, à la distribution géographique et à l'échange génétique d'espèces sauvages, faisant l'interface ou interconnexion entre les sites protégés qui composent le Réseau.

Le Réseau Natura 2000 a été établi par les directives 79/409/CEE du 4 avril 1979 concernant la conservation des oiseaux sauvages («directive Oiseaux») et 92/43/CEE du 21 mai 1992 concernant la conservation des habitats naturels ainsi que de la faune et de la flore sauvages («directive Habitats»).

OBSERVATOIRE JURIDIQUE NATURA 2000

Le présent étude sur l'aménagement du territoire el Natura 2000 a été préparé à la suite d'une réunion de l'Observatoire juridique Natura 2000 tenue à la Faculté de droit de l'Université de Coimbra en Mai 2006.

L'Observatoire juridique Natura 2000, crée en 2002, dix ans après la directive Habitats, est un réseau d'experts juristes provenant des différents pays de l'Union européenne réunis au sein du Centre International de Droit Comparé de l'Environnement (http://www.cidce.org/), dont l'objet est l'étude et le suivi, en droit communautaire et comparé, de la mise en œuvre du réseau Natura 2000.

Les objectifs de l'Observatoire juridique Natura 2000 sont:
- la veille juridique en droit communautaire et comparé, de façon à rassembler, tenir à jour et diffuser les informations juridiques relatives à la mise en œuvre du réseau Natura 2000 en droit interne et en droit communautaire;
- la réalisation d'études juridiques et de réflexions prospectives sur les divers problèmes posés par la transposition des directives Oiseaux et Habitats, leur interprétation par la CJCE et les cours et tribunaux nationaux, et leur mise en œuvre en droit interne;
- le suivi et l'évaluation des deux directives dans les phases successives de leur application, accompagnés le cas échéant d'expertises sur des questions juridiques qui seraient posées par les acteurs publics et privés, européens, nationaux ou régionaux;
- la diffusion et la communication d'information, par l'organisation de séminaires[1], la publication des travaux, l'édition d'une lettre

---

[1] Université de Limoges, mai 2002; Université de Louvain-la-Neuve, septembre 2002; Université de Naples, mai 2003; Université de Volos, Grèce, mars 2004; Université

d'information, la rencontre et l'association de l'Observatoire avec les différents acteurs publics et privés intéressés (institutions européennes, autorités et administrations nationales, ONG, etc.).

L'Observatoire espère ainsi contribuer à une meilleure mise en œuvre du Réseau Natura 2000 au sein des Etats membres, dans une perspective de développement durable.

---

de Limoges, septembre 2004; Université de Helsinki, septembre 2005; Université de Coimbra, mai 2006; Université de Naples, avril 2008. La prochaine réunion sera à Bucareste, en 2009.

À la fin, notre société ne va être définie pas seulement par ce qu'on a créé... mais aussi par ce qu'on a refusé de détruire.

JOHN SAWHILL

INTRODUCTION

De l'Europe géopolitique à l'Europe biogéographique

Le vision de l'Europe géopolitique, dans une Union Européenne à 27 États membres, nous est entièrement familier...

Mais l'Europe des régions biogéographiques présente un aspect très différent de ce qu'on est habitués: un regard biogéographiques révèle le visage naturel de l'Europa et présente des ruptures inattendues et continuités étonnants...

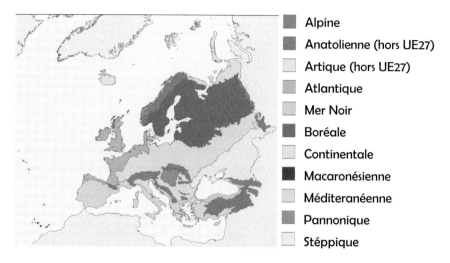

C'est cette Europe, moins bien connue, la quelle va être objet du présent étude sur l'aménagement du territoire et Natura 2000.

Structure générale du travail

L'ouvrage Aménagement du territoire, urbanisme et Natura 2000 est organisé en trois chapitres.

Le premier chapitre intègre un texte de fond, par Bernard Drobenko, faisant le cadre général des relations entre la gestion des terres et la conservation de la nature.

Il commence par analyser, dans une perspective historique l'influence des activités humaines sur la biodiversité, et expose, ensuite un ensemble de principes et normes juridiques, en particulier internationales et européennes, pour la préservation du patrimoine naturel. Les relations entre les instruments juridiques de l'aménagement du territoire et de la conservation de la nature et les défis du développement économique à la préservation des espèces et des *habitats*, sont des questions abordées par le professeur à l'Université de Limoges dans le chapitre 1.

Le deuxième chapitre est basé sur les rapports nationaux présentés par les représentants des États membres dans l'Observatoire Juridique Natura 2000, lors de la réunion à Coimbra.

Les douze sous-chapitres qui décrivent l'état et le développement des relations entre l'aménagement du territoire et le droit de la conservation de la nature en douze pays, représentant cinq des neuf régions biogéographiques de l'Union européenne[2].

Le troisième et dernier chapitre contient les conclusions, compilées à partir d'une comparaison attentive des rapports nationaux. Francis Haumont, avec la collaboration de Charles-Hubert Born, de l'Université Catholique de Louvain-la-Neuve, reprend, de façon lucide et synthétique, des aspects communs, les dimensions principales et les choix les plus originaux des systèmes juridiques nationaux sous étude.

---

[2] Les listes de sites d'importance communautaire dans les différents régions biogéographiques sont approuvés par des Décisions de la Commission Européenne. Actuellement les suivants sont en vigueur: Décision 2008/24 de la Commission du 12 novembre de 2007, pour la région boréale; Décision 2008/23 de la Commission du 12 novembre de 2007, pour la région atlantique; Décision 2008/24 de la Commission du 13 novembre 2007, pour la région pannonique; Décision 2008/25 de la Commission du 13 novembre 2007, pour la région continentale; Décision 2008/95 de la Commission du 25 de janvier 2008, pour la région macaronésienne; Décision 2008/218 de la Commission du 25 janvier 2008, pour la région alpine; Décision 2008/335 de la Commission du 28 mars 2008, pour la région méditerranéenne. Jusqu'à présent les décisions pour les régions stéppique e du Mer Noir, correspondantes au territoire de Bulgarie et de Romanie n'ont pas encore été arrêtés.

Les questions clés

Le chapitre II est le plus longue et celui qui permet connaître, avec plus de détail, les systèmes juridiques de chaque État membre. Chacun des sous-chapitres correspond à un État membre, par l'ordre alphabétique: l'Allemagne, la Belgique, l'Espagne, la Finlande, la France, le Royaume Uni, la Grèce, l'Irlande, l'Italie, le Luxembourg, les Pays-Bas et le Portugal sont les douze pays représentés.

L'objectif est d'apprécier le niveau d'intégration des objectifs de la directive «Habitat» par les droits nationaux de l'urbanisme, c'est à dire les instruments de planification et les contrôles relatifs aux possibilités de réaliser des projets de construction ou d'aménagement soumis aux règles qui déterminent les conditions d'occupation du sol du sol et de l'espace.

L'analyse et la comparaison, est facilitée par le fait que chaque sous-section a été rédigé sur la base d'un même «plan de route».

Voilà, brièvement, les questions qui seront successivement abordées dans le chapitre II:
- D'un point de vue terminologique, il s'agit de préciser si les droits nationaux de l'urbanisme mentionnent les termes mêmes de la directive Habitats[3]: «biodiversité» «conservation des habitats naturels», «faune et flore sauvage» et «Natura 2000».
- Savoir quelles sont les institutions d'administration du droit de l'urbanisme (au plan national, régional ou local) que participent à la mise en œuvre du réseau Natura 2000.
- Savoir s'il y a eu des orientations administratives (circulaires par exemple) pour expliquer les enjeux de Natura 2000 au regard du droit de l'urbanisme pour la prise en considération des objectifs de la directive.
- Enquérir si les études préalables aux plans et programmes d'urbanisme (étude d'incidence, étude d'impact et autres) comportent des rubriques relatives au réseau Natura 2000 quand il en existe un dans le périmètre.
- Quant aux plans et programmes mis en œuvre spécifiquement pour le réseau Natura 2000, il faut voir s'ils évoquent une articulation avec le droit de l'urbanisme.

---

[3] Articles 1, 2 et 3 de la directive.

- Par contre, la même point sera analysé a propos des plans et programmes d'urbanisme envers le réseau Natura 2000.
- Finalement, quant aux réglementations d'urbanisme, tels les plans et programmes, il importe de savoir si elles sont articulées avec les mesures de transposition de la directive (plan de gestion, contrat de gestion).
- Dans le cas où ils sont articulés, il faut distinguer quel est le niveau de contrainte, d'un point de vue juridique conformité, compatibilité, ou simple prise en compte. Et en cas de contradiction entre les affectations d'un plan d'urbanisme et un périmètre Natura 2000, existe-t-il une possibilité de transférer une zone constructible vers une zone non constructible (par exemple, agricole) sise en dehors du périmètre Natura 2000?
- Les projets et les opérations d'aménagement seront objet d'une analyse pareille: on verra si les études préalables aux projets et aménagements (étude d'incidences, étude d'impact et autres) comportent des rubriques relatives au réseau Natura 2000 dès lors qu'ils sont susceptibles d'affecter le site de manière significative.
- Encore dans le même contexte, les possibilités de refuser une autorisation d'urbanisme pour une atteinte à un site Natura 2000 sera comparé.
- De l'autre coté, les textes légaux ou réglementaires qui admettent des exceptions aux mesures de protection exigées par la directive seront décrits.
- Dans le cas d'atteinte à un site Natura 2000, il importe savoir quelles sont les mesures compensatoires qui sont prévues en application de l'article 6, § 4 de la directive.
- L'intégration de la planification spécialisée environnementale (eau, air, sol, déchets, bruit, ...) ou autre (mobilité, implantations commerciales, protection du patrimoine historique, ...) sera étudié en chaque pays.
- Finalement, les décisions des tribunaux nationaux liés à la mise en œuvre du droit de l'urbanisme seront exposées et la nature des décisions (annulation des projets, remise en état des sites, indemnisation) sera appréciée.

ALEXANDRA ARAGÃO
(Professeur à la Faculté de Droit de l'Université de Coimbra)

CHAPITRE I
Aménagement et Conservation de la Nature: Enjeux Internationaux et Régionaux

AMÉNAGEMENT ET CONSERVATION DE LA NATURE: ENJEUX INTERNATIONAUX ET RÉGIONAUX

Bernard Drobenko[1]

INTRODUCTION

La détermination des rapports entre aménagement et conservation de la nature conduit à s'interroger, de manière générale, sur les relations entre les activités humaines et l'environnement. A ce titre il paraît en préalable nécessaire de préciser la notion d'aménagement. En effet, elle sera entendue pour cette étude, comme recouvrant à la fois deux objectifs mettant en oeuvre des politiques publiques déterminant les conditions d'occupation des territoires et susceptibles d'affecter la conservation de la nature, pour l'essentiel il s'agit de se référer à la fois à l'aménagement du territoire et à l'urbanisme. Selon les pays considérés, ces deux notions peuvent recouvrer des politiques différentes ou identiques. Le droit français par exemple distingue bien les deux aspects, faisant de l'aménagement du territoire «une politique publique incitative et sélective de traitement territorial différencié, en fonction d'une certaine image prospective du développement souhaité du territoire»[2], tandis que le droit de l'urbanisme est défini «comme l'ensemble des règles, procédures, techniques et institutions juridiques qui contribuent à a réglementation, l'aménagement et au contrôle de l'utilisation du sol et de l'espace, conformément aux exigences de l'intérêt général, tel que les autorités compétentes l'on défini»[3].

---

[1] Professeur des Universités – Université du Littoral Côte d'Opale. Faculté de Droit de Boulogne sur mer, LARJ – Membre Associé du CRIDEAU.

[2] Y. Madiot et R. Le Mestre Aménagement du territoire 4° Ed. Armand Colin P.11.

[3] B. Drobenko Droit de l'urbanisme 3° ed. Gualino, p.29.

Quant à la conservation de la nature elle conduit à prendre en considération l'ensemble des éléments susceptibles d'affecter les espèces ou les espaces, intégrant de ce fait aussi bien le patrimoine que le paysage, répondant ainsi à une définition synthétique du droit de l'environnement[4].

Dès la conférence de Stockholm, la déclaration précise en son article 4 «La conservation de la nature, et notamment de la flore et de faune sauvage, doit tenir une place importante dans la planification pour le développement économique» et, en son article 15 «en planifiant des Etablissements humains et l'urbanisation, il faut veiller à éviter les atteintes à l'environnement et à obtenir le maximum d'avantages sociaux, économiques et écologiques pour tous». A cette période la planète est occupée par un peu plus de 3,5 milliards d'humains, aujourd'hui elle en compte presque le double!!. Toutes les conférences ultérieures (d'Habitat 1 à Vancouver en 1976, Rio en 1992, Istanbul en 1996, New-York en 2001, Johannesburg en 2002, Vancouver en juin 2006) soulignent la nécessité de préserver la nature lors de toute implantation.

Le paradoxe aujourd'hui est d'assister à un double phénomène, d'une part un développement exponentiel de l'espèce humaine et de ses activités et, d'autre part, une atteinte croissante à la nature, que tous les derniers rapports confirment[5], dont le plus significatif est le rapport de l'évaluation des écosystèmes pour le millénaire qui précise notamment «l'Homme est entrain de changer radicalement, et jusqu'à un certain degré, de manière irréversible la diversité biologique sur la planète, et la plupart de ces changements constituent une perte de la biodiversité»[6].

Dans l'histoire de la planète, le 21° siècle, apparaît comme un moment caractérisé par la capacité de l'espèce humaine à détruire de manière irréversible ses propres conditions de vie, par l'atteinte croissante à la conservation de la nature[7], il en résulte bien que les rapports entre aménagement et conservation de la nature révèlent aujourd'hui des enjeux majeurs. Il s'agit notamment de déterminer à quelles conditions assurer le développement des territoires, c'est à dire l'implantation des

---

[4] M. Prieur Droit de l'environnement Dalloz 5° ed. 2004, n° 8.

[5] Entre autres les rapports de l'OMS, du FNUAP, de la FAO, du PNUE, de l'OMM

[6] Rapport commandé par le Secrétaire général des nations Unies, évaluation conduite entre 2001 et 2005, Rapport de synthèse publié en mars 2006, p. 26. www.milleniumassesent.org

[7] Rapport du GIEC 2007.

hommes et de leurs activités, et dans le même temps d'assurer la prise en considération de la nature, en raison de la vie propre aux écosystèmes et de leur contribution à la vie des humains. C'est l'évolution même du droit de l'environnement qui révèle la capacité à intégrer ces éléments, sachant que ce droit est lui-même confronté à un contexte de développement des activités humaines à l'impact croissant sur la conservation de la nature. L'analyse des éléments qui en déterminent l'évolution fait apparaître un double schéma, d'une part le cadre juridique révélant un contexte où le développement durable constitue le concept de référence, mais une construction progressive conduisant à poser principes et règles qui vont déterminer les rapports entre aménagement et conservation de la nature, puis des rapports le plus souvent conflictuels entre les deux objectifs conduisant à une mise en œuvre contrastée.

I. UNE CONSTRUCTION PROGRESSIVE

L'établissement des rapports entre aménagement et conservation de la nature impose d'identifier les conditions fondamentales qui déterminent l'aménagement et celles qui contribuent à la conservation de la nature. De ce point de vue les principes inhérents à l'aménagement et à la conservation de la nature ainsi que les moyens mis en œuvre permettent de préciser la pertinence de leurs rapports.

I.1. Au regard des principes

Au cours des cinquante dernières années, la société internationale a permis l'émergence d'une structuration du développement humain et de la conservation de la nature, révélant ainsi des exigences croissantes reposant sur deux éléments majeurs mais quelque peu contradictoires, la compétition des territoires et le développement durable.

1° La compétition des territoires

Si l'aménagement n'apparaît pas comme une compétence directe des institutions internationales, la Charte des Nations Unies vise à favoriser «le relèvement des niveaux de vie, de plein emploi et des conditions

de progrès et de développement dans l'ordre économique et social»[8]. En revanche, dans ce même cadre, a été développé un droit du commerce qui structure les territoires et détermine les conditions d'implantations des humains en déterminant la localisation des activités humaines. En effet, les règles de commerce progressivement élaborées ont conduit du GATT à l'OMC[9] un système de libre échange reposant sur trois principes[10] dont chacun fait l'objet d'aménagement considérés comme temporaires jusqu'à l'instauration d'un libre échange généralisé:
- la non discrimination, par lequel chaque partie doit appliquer le même traitement au commerce avec toutes les autres parties contractantes. Ce principe implique l'application de la clause de la nation la plus favorisée,
- l'ouverture des marchés, interdisant toutes les formes de protectionnisme, les tarifs douaniers devant être progressivement abaissés,
- l'interdiction d'aides de subventions à l'exportation

Lors de la Conférence de Marrakeh qui a conduit à la création de l'OMC, les clauses sociales et environnementales ont été exclues du texte, notamment pour la détermination des échanges commerciaux.

Les divers rounds de négociation visent à élargir progressivement le champ d'application des règles de libre échange, le cycle de Doha intégrait notamment les services et l'agriculture.

Ce système contribue à la mutabilité de l'implantation des activités dont les délocalisations constituent l'un des phénomènes les plus significatifs. La compétition entre territoires qu'il instaure sans garantie environnementale ni sociale est encore accélérée par la création de zones dites «franches» d'où ces préoccupations sont aussi exclues. Par ailleurs, cet assouplissement généralisé favorise les déplacements de marchandises et d'humains sous toutes les formes, donc, entre autre les consommations d'énergie et la création d'infrastructures avec des effets sur la conservation de la nature.

Ce schéma international est développé au plan régional d'où émergent un ensemble de zones dites de «libre échange». l'union européenne

---
[8] Article 55 de la Charte des nations Unies
[9] Accords de Marrakech du 14 avril 2004 créant l'OMC
[10] Pierre-Marie Dupuy Droit international public Dalloz 7° Ed. p.665

constitue l'une de ces zones, la compétitivité y est devenue un leitmotiv. Dès sa création en 1957, la communauté européenne vise à favoriser les échanges économiques. La liberté de circulation des marchandises, des capitaux et des personnes en étant le fondement, l'objectif étant de tendre vers une espace de libre concurrence, le marché commun[11]. Pour ce faire, elle va contribuer à harmoniser le développement dans les régions d'Europe, en engageant un ensemble de politiques publiques notamment dans les domaines de l'agriculture, de l'industrie et des transports. Les dernières orientations de l'Union européenne après l'élargissement à 25, confortent un objectif de compétition, en effet, l'innovation et la compétitivité sont au cœur des nouvelles perspectives[12].

2° Du développement durable

C'est à partir de la Conférence de Stockholm que la société internationale, prenant conscience de la dégradation de l'environnement va engager un véritable processus concerté et normatif de conservation de la nature, l'impulsion des ONG sera déterminante (notamment l'UICN).

De l'éco-développement tel qu'affirmé en 1992, au développement durable tel que préconisé à Rio, seront ainsi posés progressivement les conditions d'une relation équilibrée entre aménagement et conservation de la nature. La protection de l'environnement, l'élimination de la pauvreté ainsi que des modes de production et de consommation non viables déterminent la réalisation du développement durable qui repose dans le même temps sur l'application des principes de prévention, de précaution, de participation et pollueur/payeur[13].

L'objectif de développement durable a imprégné la plupart des politiques publiques, il apparaît dans la plupart des conventions signées après Rio. Au niveau régional, le Conseil de l'Europe, comme l'union européenne en font un objectif de leur orientations majeures. Il apparaît désormais à l'article 2 du Traité de l'Union. De même que, depuis 1986,

---

[11] Cartou L, Clergerie JL, Gruber A. et Rambaud P. L'Union Européenne Précis Dalloz 5° Ed, p.44, p.273 et s.

[12] On peut citer entre autre: la réforme des fonds structurels, la réforme de la PAC, comme le programme cadre pour l'innovation et la compétitivité pour 2007/2013.

[13] Déclaration de Rio sur l'environnement et le développement, éléments concrétisés par le programme adopté au coure de la Conférence: l'Agenda 21.

les principes fondamentaux de sa mise en œuvre déterminent le droit européen de l'environnement[14]. Dès le début des années quatre vingt dix l'Union européenne s'engage en vue de la réalisation d'un développement durable, le cinquième programme européen pour l'environnement en détermine les conditions de réalisation[15]. Dès lors plusieurs Conseil européens, dont le processus de Cardiff en 1998, ont conduit, l'Union européenne à assurer la promotion, puis les conditions de mise en œuvre des principes directeurs du développement durable. Le sixième programme européen pour l'environnement confirme cette orientation en déterminant «un ensemble d'objectifs et domaines d'action prioritaires en matière de nature et de diversité biologique»[16]. L'union européenne va cependant s'efforcer dans les années quatre vint dix de concilier aménagement et conservation de la nature. En effet, dès l'adoption du schéma de développement de l'espace communautaire (SDEC), elle recherche certes à maintenir des équilibres majeurs, à mieux intégrer l'environnement, mais elle vise aussi à renforcer la compétitivité du territoire européen. Ainsi, le SDEC poursuit trois buts fondamentaux, la cohésion économique et sociale, le développement soutenable et une compétitivité équilibrée pour le territoire européen, en précisant bien toutefois «un aménagement du territoire qui se concentrerait sur un seul de ces objectifs manquerait à coup sûr les deux autres et n'atteindrait pas son but d'assurer un développement territorial efficace, équilibré et harmonieux»[17].

Cependant, alors même que la Conférence de Johannesburg avait pour thème le développement durable, le plan d'action adopté conduit, au-delà des objectifs généraux de réduction de la pauvreté, de l'accès à l'eau, du droit à un logement sain d'ici 2015, à situer les orientations. En effet, parmi les moyens d'action adoptés, apparaît la nécessité pour les Etats « soutenir le programme de travail adopté par la Conférence inter-

---

[14] Article 174 du Traité.

[15] Résolution du Conseil et des représentants des gouvernements des Etats membres du 1° février 1993 concernant un programme communautaire de politique et d'action en matière d'environnement et de développement durable – 93/C 138/01.

[16] Article 6 de la décision 1600/2002 du 22 juillet 2002 établissant le sixième programme d'action communautaire pour l'environnement – JOCE L242/1.

[17] Schéma de développement de l'espace communautaire Office des publications officielles des communautés européennes 1997.

ministérielle de Doha qui constitue un important engagement de la part des pays développés et des pays en voie de développement d'intégrer des politiques commerciales appropriées dans leurs politiques et programmes de développement respectifs»[18]. Ce faisant, contrairement à une démarche intégrée et durable qui pouvait viser à soumettre les échanges à des conditions sociales et environnementales, les Etats marginalisent la conservation de l'environnement qui devient tributaires de la mise en œuvre du libre échange.

Il résulte de ces éléments que la reconnaissance des fondements permettant d'établir les rapports entre aménagement et conservation de la nature, fait apparaître de profondes contradictions, qu'il s'agit d'apprécier au regard des moyens mis en œuvre.

I.2. Au regard des moyens

C'est au regard des moyens mis en œuvre pour atteindre les objectifs que les rapports entre aménagement et conservation de la nature font aussi apparaître des contradictions, ce tant d'un point de vue institutionnel qu'opérationnel.

1° D'un point de vue institutionnel

L'un des éléments majeur de la mise en œuvre des politiques publiques repose sur les acteurs intervenant dans les domaines concernés. De ce point de vue nous devons constater:
 – que les institutions qui contribuent à l'aménagement des espaces sont très diversifiées. Nous devons noter que les institutions financières (FMI, Banque mondiale), ont imposé des programmes d'ajustement structurels dès les années soixante dix, réduisant ainsi la cohérence des politiques publiques des Etats concernés. En livrant leurs services structurants aux seules lois du marché sans condition, force est de constater que les domaines majeurs ayant une influence sur la conservation de la nature (eau,

---

[18] Rapport du sommet mondial pour le développement durable adopté à Johannesburg en septembre 2002 Nations Unies Aconf. 199/20, point 90/b du plan d'action.

assainissement, transport etc..) ont contribué à des dégradations générales mais surtout à atténuer les moyens d'intervention pour assurer la conservation de la nature. En fait les institutions qui contribuent directement ou indirectement à l'aménagement voient leurs compétences renforcées dans le cadre de conventions globales (OMC). Au plan régional, si jusque dans les années quatre vingt dix l'environnement est apparu comme une préoccupation centrale des institutions européennes, les évolutions intervenues depuis les années deux mille révèlent un recentrage sur les préoccupations économiques et le libre échange, avec la compétitivité comme axiome central. Dans le même temps, aucun acteur ni aucune organisation n'ont été en mesure de maîtriser la démographie et les conditions d'un aménagement durable. Il en résulte une véritable métropolisation du monde caractérisée par des phénomènes tels qu'une explosion de bidonvilles, la création de quartier fermés ou l'étalement urbain, mais aussi la désertification de certains territoires. Le développement différencié des territoires fait aussi apparaître des problèmes sociaux, notamment la pauvreté, les discriminations, la violence urbaine, la santé, et environnementaux, parmi lesquels ceux résultant de l'eau, l'assainissement, l'air, les déchets, la pollution des sols, le changement climatique etc..

– que les institutions chargées de la conservation au niveau des Nations Unies ne disposent pas d'une convention cadre de référence. Si leurs compétences sont effectives pour établir des constats, elles ne disposent pas des moyens pour intervenir dans un schéma de régulation. Les institutions de gestion des conventions en revanche disposent, dans leur secteur d'activité des moyens d'intervention[19]. Au niveau régional, le Conseil de l'Europe a développée un ensemble de politiques en faveur de la conservation de la nature, mais aussi des orientations en termes d'aménagement et d'urbanisme, notamment avec le Congrès des pouvoirs locaux et régionaux. Ainsi, il a adopté une stratégie

---

[19] Sous la direction de JM Lavieille Les Conventions de protection de l'environnement – secrétariats, conférences des parties, comités d'experts – PULIM – 1999.

paneuropéenne de la diversité biologique et paysagère, véritable socle de la conservation de la nature qui intéresse à la fois les territoires, la biodiversité que la conservation de la nature dans ses divers aspects, les ressources, les écosystèmes et les espèces[20]. Quant à l'Union européenne, les compétences majeures en matière d'environnement sont partagées entre le Conseil, la Commission et le Parlement dans le cadre de la codécision, toutefois la gestion quantitative des ressources hydrauliques, comme l'aménagement du territoire et l'affectation des sols relèvent encore de l'unanimité[21]. L'intervention de la Cour de Justice des Communautés européennes est par ailleurs significative, elle contribue autant à imposer l'application des règles instaurées (directives, règlements), qu'à les interpréter ou s'assurer de leur bonne application.

2° *D'un point de vue opérationnel*

Les évolutions intervenues en droit de l'aménagement et de la conservation de la nature font apparaître ici aussi un double standard.

* D'une part une construction juridique universelle et régionale conditionnant l'aménagement des territoires et reposant sur des traités cadre, comportant des mesures effectives d'application. Ainsi, l'OMC, organisation internationale dotée de la personnalité juridique, repose sur un système de régulation interne, l'organe de règlement des différends, considéré comme une véritable instance juridictionnelle, sans toutefois en avoir les caractéristiques. Le contentieux qui en résulte fait apparaître une prééminence des principes de libre concurrence sur les mesures environnementales ou de protection, même si certaines décisions font expressément référence au développement durable et au principe de précaution pour justifier des limitations d'importation de viande aux hormones[22]. Notons que certaines conventions internationales visant un objectif

---

[20] Stratégie paneuropéenne de la diversité biologique et paysagère. Sofia le 25 octobre 1995.
[21] Article 175 du Traité.
[22] ORD 16 janvier 1998 Mesures de la communauté européenne concernant la l'importation de viande aux hormones.

économique et d'aménagement comportent des dispositions de conservation de la nature. Il en est ainsi, par exemple de la convention sur le droit de la mer[23].

Au plan régional le Conseil de l'Europe va, avec le Congrès des pouvoirs régionaux et locaux, proposer des orientations en faveur d'une maîtrise de l'occupation des territoires. En effet, dès 1992, il adopte une première charte urbaine européenne[24] qui comporte une déclaration ainsi que la charte qui pose un ensemble de principes dont le premier qui concerne l'environnement et la nature dans les villes. Cette charte a été révisée le 6 avril 2004, outre le renforcement des préoccupations de conservation de la nature, elle affirme la nécessité de tendre vers des villes «compactes», afin de réduire les effets du développement urbain. A ce titre il est indiqué que les collectivités locales ont le devoir de protéger la nature et les espaces verts[25].

Pour l'Union européenne, les politiques vont tendre à promouvoir le développement économique, en intégrant progressivement les préoccupations environnementales. Les évolutions les plus caractéristiques vont tendre à modifier les premières ambitions. Ainsi dans le domaine de l'agriculture, la première ambition de nourrir les européens étant atteinte, le système de production va tendre vers une agriculture productiviste dont les effets sur la conservation de la nature vont croissant. La création de fonds structurels va permettre d'accompagner ces objectifs (FEDER, FEOGA, FSE-IFOP, réformés pour la période 2007/2013). Certains programmes spécifiques, tels URBAN, Interreg ou Life, concernent à la fois les territoires et l'environnement. Si l'aménagement du territoire constitue une préoccupation de l'Union européenne, le développement urbain n'est pas pris en considération stricto sensu, mais les conditions de sa réalisation seront néanmoins posées avec une politique d'environnement urbain. En effet, l'Union européenne engage en 1990 un ensemble de réflexions sur le développement du territoire européen. Les rapports Europe 2000 et Europe 2000+ vont permettre d'établir les rapports entre

---

[23] Convention des Nations Unies sur le droit de la mer du 10 décembre 1982 à Montego Bay – Recueil francophone des textes internationaux en droit de l'environnement Bruylant-Aupelf-Uref – 1998, p.534.

[24] Charte urbaine européenne adoptée le 18 mars 1992 par la Conférence permanente des pouvoirs locaux et régionaux du Conseil de l'Europe (CPLR).

[25] Charte urbaine européenne révisée – CPLR 11° session le 6 avril 2004.

aménagement et conservation de la nature, tant au regard des espaces urbains que ruraux[26]. Ces rapports vont conduire à l'adoption en 1999 à Postdam du Schéma de développement de l'espace communautaire (SDEC) caractérisé par un ensemble de préconisation, notamment la structuration du territoire européen avec le polycentrisme maillé, la maîtrise du développement urbain et une meilleure approche des espaces ruraux en intégrant l'environnement en général. Outil politique, le SDEC reste un simple cadre de référence pour les Etats, car il ne comporte effet normatif.

La maîtrise du développement urbain conduit aussi à l'émergence d'une politique d'environnement urbain qu'un premier livre vert va initier[27]. La création d'un groupe d'experts va conduire à l'organisation de la conférence d'Aalborg, conférence européenne sur les villes durables le 27 mai 1994 permettant la publication d'une Charte des villes européennes pour la durabilité comprenant: une déclaration commune: les villes européennes pour la durabilité, c'est à dire un engagement sur les fondements des acteurs compétents pour atteindre des villes durables, la création de la Campagne européenne durables, c'est à dire la création d'un réseau de partage d'expériences, et la participation au processus local de l'Action 21: les plans locaux d'action en faveur de la durabilité, c'est à dire des engagements pour formaliser des Agendas 21 locaux. Reposant essentiellement sur le réseau des acteurs locaux, cette politique d'environnement urbain va s'enrichir progressivement, les divers conférences ultérieures (Barcelone, Hanovre, puis Aalborg vont confirmer l'intérêt de cette initiative, associant aménagement et conservation de la nature, validée par le Commission et le Conseil[28].

* D'autre part un droit de la conservation de la nature en constant enrichissement. Dans un premier temps des déclarations universelles sans

---

[26] Europe 2000, publié en 1991 et Europe 2000+ publié en 1994 en intégrant le premier élargissement significatif.

[27] Résolution du Conseil du 28 janvier 1991 adoptant le livre vert sur l'environnement urbain – JOCE C033 du 8 février 1991.

[28] Plusieurs communication révèlent à la fois l'impulsion des institutions communautaires pour cette orientation ainsi que les orientations préconisée: entre autres communication du 11 février 2004 (Com- 2004- 60 final) et du 11 janvier 2006 (SEC--2006- 16).

portée normative (dite soft law) ou de Chartes, telle la Charte mondiale des sols[29] ou la Charte mondiale de la nature[30], vont poser les fondements de ce droit. Toutefois, l'absence de convention cadre révélant une véritable dynamique universelle réduit la portée de ce dispositif, mais la conservation de la nature repose pour l'essentiel sur un ensemble de conventions sectorielles, répondant de ce fait aux problèmes posés et à la prise de conscience croissante des Etats. Ainsi, dès 1971, la convention de Ramsar relative aux zones humide précise en son article 3 « les parties contractantes élaborent et appliquent leurs plans d'aménagement de façon à favoriser la conservation des zones humides inscrites sur la liste et, autant que possible l'utilisation rationnelle des zones humides de leur territoire»[31], c'est une ONG qui assure la fonction de bureau permanent de la Convention. La convention sur le commerce international des espèces de faune et de flore menacées d'extinction, les espèces mentionnées aux annexes sont strictement protégées[32]. Pour la convention sur la protection du patrimoine mondial, culturel et naturel, la préservation vise à limiter les dégradations traditionnelles, mais aussi celles résultant de la vie économique et sociale[33]. Le changement climatique intéresse l'ensemble des activités territorialisées, ici le local et le global paraissent bien indissociables. Après la création du GIEC en 1988[34], les Etats adoptent

---

[29] Charte mondiale des sols du 26 janvier 1981- FAO - Recueil francophone des textes internationaux en droit de l'environnement Bruylant- Aupelf-Uref – 1998, p.316

[30] Charte mondiale de la nature du 28 octobre 1982 – ONU - Recueil francophone des textes internationaux en droit de l'environnement Bruylant- Aupelf-Uref – 1998, p.306.

[31] Convention relative aux zones humides d'importance internationale particulièrement comme habitats des oiseaux d'eau – Ramsar, Iran, 2.2.1971 – telle qu'amendée par le protocole du3.12.1982 -et les amendements de Regina du 28.5.1987 – Copie certifiée conforme Paris, le 13. juillet 1994 – Recueil francophone des textes internationaux en droit de l'environnement Bruylant- Aupelf-Uref – 1998, p.103).

[32] Convention sur le commerce international des espèces de faune et de flore menacées d'extinction 3 mars 1973 Washington. – Recueil francophone des textes internationaux en droit de l'environnement Bruylant- Aupelf-Uref – 1998, p.109.

[33] Convention concernant la protection du patrimoine mondial, culturel et naturel. Unesco Paris 23 novembre 1972 - Recueil francophone des textes internationaux en droit de l'environnement Bruylant- Aupelf-Uref – 1998, p.523.

[34] Créé en 1988 par l'OMM et le PNUE, le groupe d'experts intergouvernemental sur l'évolution des climats (GIEC) produits études et rapports, le 3° rapport d'évaluation publié en 2001 alertait sur l'ampleur des changements en cours.

la Convention sur les changements climatiques[35]. Les effets du climat sur la biodiversité et la conservation de la nature étant désormais identifiés, il s'agit bien, avec cette convention de poser les conditions d'exercice des activités sur la planète. Certains textes relatifs à la protection des ressources comportent des éléments inhérents à l'aménagement du territoire, conditionnant le développement des activités humaines, comme la convention de New-York du 21 mai 1997 sur les cours d'eaux internationaux dont l'article 5 précise que «les Etats du cours d'eau utilisent sur leurs territoires respectifs le cours d'eau international de manière équitable et raisonnable»[36]. C'est la convention sur la biodiversité qui caractérise le plus globalement l'objectif de conservation de la nature[37]. En retenant en préambule que la diversité biologique s'appauvrit par suite de certaines activités de l'homme, elle situe précisément les enjeux. L'article 5 précise les moyens à mettre en œuvre, notamment élaborer des stratégies, plans ou programmes nationaux tendant à assurer la conservation et l'utilisation durable de la diversité biologique.

Au niveau régional, le Conseil de l'Europe a développé une véritable stratégie associant territoires et conservation de la nature. Le Conseil de l'Europe a adopté diverses Chartes, notamment du sol et de l'eau[38], adopté diverses résolutions sur la sauvegarde de la nature et des ressources naturelles et la gestion du patrimoine naturel dans les zones rurales[39]. Le Conseil de l'Europe a adopté plusieurs Convention significatives, il en est ainsi de la Convention relative à la conservation de la vie sauvage et du milieu naturel dont l'article 3 précise que «chaque partie s'engage dans sa politique d'aménagement et de développement et ses mesures de lutte contre la pollution, à prendre en considération la

---

[35] Convention sur les changements climatiques Rio 5 juin 1992, suivi des divers protocoles dont celui de Kyoto le 11 décembre 1997.

[36] Convention sur le droit relatif aux utilisations des cours d'eau internationaux à des fins autres que la navigation Distr.GÉNÉRALE A/RES/51/229 – 8 juillet 1997. Signée à New-York. Recueil francophone des textes internationaux en droit de l'environnement Bruylant- Aupelf-Uref – 1998, p.629.

[37] Convention sur la diversité biologique du 5 juin 1992 signée à Rio de Janeiro

[38] Charte européenne des sols du 30 mai 1972, Charte européenne des ressources en eau – adoptée par le Comité des Ministres du Conseil de l'Europe le 17 octobre 2001

[39] Résolution relative au rôle des pouvoirs locaux dans le domaine de la sauvegarde de la nature et des ressources naturelles du 30 octobre 1970, résolution relative à la protection de la gestion du patrimoine naturel dans les zones rurales du 12 juin 1987.

conservation de la faune et de la flore»[40] et de la du paysage[41]. La protection du bassin méditerranéen présente un intérêt significatif dans les rapports entre aménagement et conservation de la nature. En effet, réservée à l'origine à la lutte contre la pollution par les hydrocarbures, les protocoles successifs ont conduit à y intégrer, notamment avec celui d'Athènes, les pollutions d'origine tellurique[42]. Certaines conventions régionales intéressent des territoires caractéristiques, c'est le cas de la Convention sur la protection des Alpes dont l'article 2 précise «les Etats assurent une politique globale de préservation et de protection des Alpes en prenant en considération de façon équitable les intérêts de tous les Etats alpins… tout en utilisant avec discernement les ressources et en les exploitant de façon durable»[43].

Pour l'Union Européenne, la protection de l'environnement ne constitue pas, à sa création en 1957, un domaine d'intervention. Elle apparaît après le sommet de Stockholm avec le premier programme européen pour l'environnement[44], qui sera suivi de cinq autres[45]. Ces programmes politiques conduiront à l'adoption de règlements et de

---

[40] Convention relative à la conservation de la vie sauvage et du milieu naturel de l'Europe. Berne 19 septembre 1979.

[41] Convention européenne du paysage Signée à Florence le 20 octobre 2000.

[42] Convention du 16 février 1976 pour la protection de la mer Méditerranée contre la pollution (Convention de Barcelone) – (Recueil francophone des textes internationaux en droit de l'environnement Bruylant- Aupelf-Uref – 1998, p.348) et ses divers protocoles.

[43] Convention sur la protection des Alpes du 7 novembre 1991 de Salzbourg et ses protocoles, qui intéresse les divers pays du massif alpin.

[44] Le 1° programme européen de l'environnement est adopté le 22 novembre 1973 «Programme d'action des communautés européennes en matière d'environnement» (période 1973/1976). JOCE n°C112 du 20 décembre 1973 l'eau constitue l'une des préoccupations majeure du programme).

[45] Le deuxième programme (1977/1981) est publié le 17 mai 1977 (JOCE C 139 du 13 juin 1977), l'eau y apparaît comme une priorité avec l'air et le bruit), le troisième programme (1982/1986) est publié le 7 février 1983 (JOCE C046 du 17 février 1983), le 4° programme (1987/1992) est publié le 19 octobre 1987 (JOCE C 328 du 17 décembre 1987). Le Cinquième programme est adopté le 15 décembre 1992, intitulé "vers un développement soutenable", ce programme couvre la période 1993/2000. Publié le 1° février 1993 (JOCE C 138 du 17 mai 1993). Le sixième programme résulte d'une décision 1600/2002 du 22 juillet 2002 établissant le sixième programme d'action communautaire pour l'environnement, intitulé «Environnement 2019, notre avenir, notre choix» (JOCE L 242 du 10 septembre 2002).

directives. Mais avec le traité de la Haye en 1986, la protection de l'environnement devient une politique de l'Union, imposant la mise en œuvre du développement durable et la réalisation d'une démarche intégrée, comme le précise l'article 6 du Traité de l'Union. La conservation de la nature est au cœur de la politique d'environnement de l'Union européenne, plusieurs textes normatifs y sont expressément consacrés, soit par la protection des écosystèmes, notamment l'eau, soit par la lutte contre les pollutions. Les textes de référence sont cependant deux directives de 1979 et 1992[46]. Ces textes s'inscrivent dans un contexte de dégradation aggravée de la conservation de la nature et vise à constituer, selon l'article 3 de la directive 79-43 «un réseau écologique de zones spéciales de conservation, dénommé Natura 2000».

Le droit international et les droits régionaux ont évolué de manière significative au cours des dernières années. S'il existe une réelle prise de conscience des problèmes environnementaux, ils n'ont pas encore imprégné suffisamment les autres champs de ces droits qui déterminent les conditions de l'aménagement. Le dernier rapport de la CNUCED souligne avec pertinence les effets des orientations commerciales sur les conditions de vie des populations, préconisant un retour à une certaine régulation, notamment pour les pays défavorisés[47]. La recherche d'un meilleur équilibre paraît aussi de manière significative à l'examen de la mise en œuvre des politique d'aménagement et de conservation de la nature.

II. UNE MISE EN ŒUVRE CONTRASTEE

En retenant les concepts et principes posés à Rio et développés depuis, il paraît significatif d'apprécier leurs conditions de mise en œuvre, notamment dans les rapports entre aménagement et conservation de la nature, c'est à dire en particulier par les conditions de réalisation d'une démarche intégrée. De ce point de vue, nous retiendrons que si

---

[46] Directives 79-409 du 2 avril 1979 concernant la conservation des oiseaux sauvages (JOCE L 103 du 25 avril 1979) et 92-43 du 21 mai 1992 concernant la conservation des habitats naturels ainsi que de la faune et la flore sauvages (JOCE L 206 du 22 juillet 1992).

[47] CNUCED Rapport sur le commerce et le développement (Trade and development) publié le 31 août 2006 ref. UNCTAD/TDR/2006.

l'aménagement est de plus en plus conditionné, l'application des règles et principes relatifs à la conservation de la nature révèle encore ses insuffisances.

II.1. Quant à la maîtrise de l'aménagement

Par application du cadre d'intervention, l'aménagement est aujourd'hui soumis à un ensemble de conditions intégrant les préoccupations d'environnement. De ce point de vue, si les grandes orientations révèlent encore des insuffisances, les pratiques opérationnelles paraissent plus pertinentes.

1° *Les limites de l'intégration dans les politiques structurelles*

La mise en œuvre des politiques publiques, la définition des stratégies, repose pour l'essentiel sur la concurrence des territoires. De ce point de vue la conservation de la nature n'y apparaît pas de manière significative.

Le caractère planétaire des modes de production et de consommation est favorisé par la libéralisation des échanges, sans frein ni contrepoids environnemental ou social. En fait nous pouvons retenir, schématiquement:

- une intégration quasi inexistante de l'environnement dans les politiques internationales relatives aux productions industrielles et aux échanges, notamment, le commerce et l'agriculture. Certes les institutions financières se réfèrent progressivement au développement durable, mais les financements de l'aménagement font peu cas des questions d'environnement[48]. Si l'on se réfère aux financements de grandes infrastructures, tels les barrages, il apparaît bien que les conditions environnementales y sont encore marginales[49].

---

[48] Conseil de l'Europe Les défis pour la société européenne à l'aube de l'an 2000. Protection et gestion des ressources en eau douce dans un cadre global d'aménagement du territoire. Editions du Conseil de l'Europe 1998. Commission mondiale des barrages Rapport «Barrages et développement: un nouveau cadre pour la prise de décision» 2000 www.dams.org

[49] Rapport de la Commission mondiale des barrages: Barrages et développement: un nouveau cadre pour la prise de décisions novembre 2000: http://www.dams.org

— une construction normative «obligée», avec une convention et des moyens de sanction dans le cadre de l'élaboration des conditions de la libéralisation. C'est le cas avec l'OMC, c'est le cas aussi avec le traité de l'Union européenne ou certaines politiques sectorielles. L'agriculture constitue à cet égard un exemple caractéristique, nonobstant les négociations de l'OMC, le productivisme instauré n'a pas contribué à nourrir la planète ou à atténuer les impacts de cette agriculture sur la nature, en revanche, la diminution des cultures vivrières ou l'abandon de certaines productions tendent à éliminer ces cultures, à réduire la biodiversité, à réduire et à dégrader les ressources en eau et à dégrader les sols. Les pratiques relatives à la production et à la commercialisation des OGM, essentiellement maîtrisés par les pays les plus riches, révèlent ici des comportements incompatibles avec des perspectives durables, tout en subordonnant les pays concernés aux seules exigences de ceux qui maîtrisent les biotechnologies.

— une construction normative indicative pour la prise en considération des préoccupations de conservation de la nature dans les grandes orientations (l'Agenda 21 adopté à Rio, la Charte urbaine européenne, le SDEC). A ce titre, la Conférence de Johannesburg préconise d'atteindre certains objectifs à l'horizon 2015, elle rappelle les obligations financières des Etats les plus riches en faveur du développement (0,7% du PNB), sans pour autant poser des conditions pour l'atteindre. Dans le même temps, l'Union européenne engage un processus contractualisé de mesures agro-environnementales, dont l'impact n'a pas encore été clairement perçu, tout en limitant les pratiques assurant une conservation de la nature plus aboutie, telle l'agriculture biologique. Toutefois, depuis la Conférence de Stockholm en 1972, la construction normative en faveur de la conservation de la nature n'a cessé de se renforcer, l'état des lieux impose cependant une appréciation nuancée mais aussi une approche plus globale.

Face aux enjeux que représentent ces perspectives, les solutions juridiques imposent le renforcement de la prise en considération de l'environnement. L'absence d'une institution internationale dotée de moyens d'intervention révèle bien les limites du dispositif en vigueur.

2° Une intégration limitée sur les pratiques opérationnelles

L'impact du droit international et régional apparaît plus significatif pour ce qui concerne les pratiques opérationnelles. En effet, à partir d'un cadre juridique préétabli ont été progressivement imposées des règles et procédures qui déterminent le développement des activités humaines en intégrant la conservation de la nature. Deux axes semblent caractériser les pratiques opérationnelles

- l'exigence renforcée d'études préalables. En application du principe de prévention, le droit international, comme le droit régional imposent de plus en plus l'évaluation des décisions et des actions publiques ou privées. De ce point de vue l'étude d'impact apparaît désormais comme l'instrument de référence de l'appréciation d'un projet sur l'environnement en général et la conservation de la nature en particulier. Dans le cadre international elle permet d'évaluer l'impact transfrontalier d'un projet[50], l'évaluation des instruments stratégiques, tels les plans et programmes, constitue une évolution significative pertinente. Les textes de préservation de la nature posent eux-mêmes cette exigence, ainsi la Convention sur la biodiversité précise que chaque partie «adopte des procédures permettant d'exiger l'évaluation des impacts sur l'environnement des projets qu'elle a proposé et qui sont susceptibles de nuire sensiblement à la diversité biologique...»[51], de même que la directive 92-43 précise que «tout plan ou projet non directement lié ou nécessaire à la gestion du site mais susceptible d'affecter ce site de manière significative, individuellement ou en conjugaison avec d'autres plans ou projets, fait l'objet d'une évaluation appropriée de ses incidences sur le site eu égard aux objectifs de conservation de ce site»[52].
- la prise en considération ambiguë des exigences environnementales. Plusieurs obstacles semblent en effet limiter la prise en considération de la conservation de la nature dans les politiques

---

[50] Convention d'Espoo sur l'évaluation de l'impact sur l'environnement dans un contexte transfrontière du 25 février 1991- Recueil francophone des textes internationaux en droit de l'environnement Bruylant- Aupelf-Uref – 1998, p.592.

[51] Article 14-1-a) de la Convention de Rio.

[52] Article 6-3 de la directive 92-43.

d'aménagement. Autant les conventions relatives aux politiques structurantes s'attachent à affirmer la prééminence du droit ainsi produit, autant les conventions relatives à la protection de l'environnement et à la gestion des ressources font un rappel récurrent à la souveraineté étatique. Néanmoins ces dernières rappellent leur gestion équitable et raisonnable», ou la nécessité pour les Etats de coopérer en cas d'atteinte à l'environnement[53]. De plus, nonobstant les institutions de régulation, l'absence d'une autorité mondiale de régulation disposant de compétences et de moyens adaptés réduit l'efficacité des moyens adoptés.

Quelle que soit la zone considérée, l'impact des politiques d'aménagement sur la conservation de la nature paraît significatif. Les atermoiements des Etats, et de certains en particulier, quant à la résolution des questions urgentes, telle le changement climatique, révèle l'ampleur des défis posés par l'aménagement à la conservation de la nature[54].

II.2. Quant à la conservation de la nature

Les dispositifs de conservation de la nature constituent un ensemble quelque peu hétérogène dont il s'agit d'apprécier la pertinence au regard de l'objectif recherché. Si leur champ d'application est caractérisé par des protections sectorielles, leur effectivité peut résulter de la mise en œuvre des textes eux-mêmes et de leur interprétation, mais elle peut aussi faire l'objet d'une approche extensive, mais encore limitée, par l'intervention des juridictions.

---

[53] C'est le cas de la Convention de Rio sur la biodiversité article 1 qui énonce «le partage juste et équitable des avantages découlant de l'exploitation des ressources génétiques» ou article 5 «une utilisation durable de la diversité biologique», c'est le cas de la Convention de New-York sur les cours d'eaux transfrontières en son article 5-1 «Les États du cours d'eau utilisent sur leurs territoires respectifs le cours d'eau international de manière équitable et raisonnable».

[54] Voir les rapports de l'OMM, mais aussi du GIEC (IPCC): http://www.ipcc.ch

1° La détermination du cadre juridique

Au plan international, l'effectivité des règles instaurées repose sur un élément fondamental, la souveraineté des Etats qui détermine d'abord leur volonté d'adhérer aux diverses conventions mais aussi les modalités de leur mise en œuvre, une fois la convention ratifiée. Or la plupart des textes relatifs à la conservation de la nature rappellent ce préalable. Si le droit international déroge peu à ce principe, dans le cadre du droit régional et d'organisations intégrées telle l'Union européenne, les Etats doivent se soumettre plus strictement au droit en vigueur, les traités fondateurs déterminant cette opposabilité. Ainsi concernant le droit communautaire, certains textes, telles les directives concernent prioritairement les Etats. Ceux-ci sont par ailleurs condamnés s'ils ne réalisent pas les objectifs assignés, sans les nommer expressément, l'analyse de la jurisprudence révèle que la plupart des Etats de l'Union ont subi une telle condamnation.

De plus, la portée de ces textes est parfois limitée par l'acceptation de mesures d'atténuations. Si les conventions et autres règles relatives à l'aménagement ou celles qui conditionnent l'aménagement comportent peu de dispositions dérogatoires, de nombreux textes d'environnement en admettent. Ainsi dans le cadre de l'OMC seules sont admises les mesures nécessaires à la protection de la santé et de la vie des personnes et des animaux ou à la préservation des végétaux, ces dernières pouvant justifier, en démontrant leur fondement, des limitations à la libre circulation des marchandises[55].

Certains textes admettent des atteintes à la conservation de la nature, parfois sous certaines conditions. Les études d'impact permettent d'apprécier en effet les effets d'un projet sur l'environnement, comprenant notamment les conditions permettant de réduire ou de compenser les effets sur l'environnement. Implicitement donc, si cet aspect est traité de manière pertinente dans une étude d'impact, l'atteinte peut être validée. La constitution du réseau Natura 2000 intègre directement cette perspective sous réserve de compensations. Ainsi la directive 92-43 précise bien que si un plan ou projet doit être réalisé «pour des raisons impératives d'intérêt public majeur, y compris de nature sociale ou économique,

---

[55] Accord de Marrakech instituant l'OMC signé le 15 avril 1994 – Accord sur l'application des mesures sanitaires et phytosanitaires.

l'Etat membre prend toute mesure compensatoire nécessaire pour assurer que la cohérence globale de Natura 2000 est protégée»[56]. Il paraît nécessaire de s'interroger sur la pertinence de ces mesures dites compensatoires, car elles impliquent bien, en préalable, d'accepter le fait qu'un écosystème soit, en tout ou partie, détruit. Les mesure adoptées conduiront le plus souvent à préserver un autre écosystème, alors même que l'irréversibilité a frappé le premier!

Parmi les atténuations au principe de préservation, on peut mentionner aussi la directive cadre dans le domaine de l'eau qui prévoit expressément un ensemble de possibilités dérogatoires[57]. Même si ces mesures sont expressément conditionnées, la mise en oeuvre des textes par les Etats est déterminée par l'interprétation qui sera faite de ces conditions.

2° *L'intervention des juridictions*

La pertinence des mesures de protection et leur effectivité peuvent être appréciés à l'analyse du contentieux. De ce point de vue, l'interprétation des juridictions révèle à la fois une approche restrictive et une approche extensive.

– **L'approche restrictive**: elle est déterminée par les textes eux--mêmes dont le champ d'application très sectoriel impose une interprétation limitée à la portée de son contenu. Si certains textes ont une approche plus globale et écosystémique, tel les textes sur l'eau, la plupart renvoie aux Etats la compétence pour désigner les éléments à préserver en priorité, c'est le cas pour la Convention sur la diversité biologique qui énonce que chaque partie «identifie les éléments constitutifs de la diversité biologique importants pour sa conservation et son utilisation durable»[58], d'autres se réfèrent à des éléments de la nature dont ils assurent la conservation et qui sont précisément énoncés en annexe[59].

---

[56] Article 6-4 de la directive 92-43.

[57] Notamment les articles 4-7 et 9-4 de la directive 2000/60 du 23 octobre 2000 établissant un cadre pour une politique communautaire dans le domaine de l'eau (JOCE 22 décembre 2000).

[58] Article 7-b de la convention précitée.

[59] C'est le cas de la Convention de Washington ou des directives 79-409 et 92-43 relatifs au réseau Natura 2000.

– **L'approche extensive**. Elle résulte d'un ensemble de décisions de justice tant au plan international que régional. Ainsi lorsque la CIJ, à propos d'un litige sur la gestion des aménagements du Danube, précise qu'il est nécessaire que les Etats, en raison de l'impact de l'homme sur l'environnement, intègrent désormais les nouvelles règles relative à la protection de l'environnement, notamment quant à la mise en œuvre du développement durable[60], elle pose les fondements d'une interprétation des apports de Rio tout à fait significatifs, même si cette décision reste encore isolée. Par ailleurs, c'est dans le cadre du Conseil de l'Europe et de la Convention européenne des droits de l'Homme qui pourtant ne fait pas mention de principes ou de règles de protection de l'environnement, que des avancées sont intervenues en ce sens, jusqu'à la reconnaissance d'un droit à l'environnement. En effet, la Cour européenne des Droits de l'homme, s'appuyant sur le droit à la protection de la vie privée et familiale, du domicile et de la propriété, a construit une jurisprudence pertinente, imposant aux Etats, à la fois une obligation d'information sur les risques, des obligations positives quant aux conditions d'implantation d'habitat précaires, y compris dans des zones interdites, et la nécessité de ne pas exposer des personnes à des pollutions ou à des nuisances[61]. Le rôle de la Cour de justice des communautés européennes n'en est pas moins significatif. En effet, son rôle est à situer à plusieurs niveaux. D'abord elle assure le respect du traité de l'Union, des engagements internationaux de l'Union ainsi que des mesures d'application des politiques européennes que sont notamment les directives et les règlements. A ce titre, elle a par exemple précisé qu'une convention internationale de protection de la méditerranée de 1976 et ses protocoles, notamment en ce qui concerne les rejets d'origine tellurique dans un écosystème protégé par la Convention, était directement applicable par les

---

[60] Affaire relative au projet Gabcikovo-Nagymaros (Hongrie-Slovaquie) du 25/09//1997, communiqué 97/10, en particulier le point n° 140.

[61] Parmi les affaires les plus significatives, notons notamment: CEDH Guerra et al. c/ Italie, 19 févr. 1998, Rec. 1998-I, fasc. 64, Rev. eur. dr. env. 1998. 318, note J.-P. Marguénaud, Les grands arrêts de la CEDH, préc., p. 404).CEDH – Arrêt du 30 novembre 2004 Grande chambre – affaire Öneryildiz c. Turquie (Requête n° 48939/99),

pays de l'Union concernés[62]. Au regard de l'application des textes relatifs à la conservation de la nature dont les directives 79/409 et 92/43 «Habitat», la CJCE a condamné de nombreux Etats de l'Union sur les manquements, en particulier l'insuffisance au regard de la transposition, et pour interpréter le texte lui-même[63]. Dans le cadre des rapports entre aménagement et conservation de la nature, la CJCE a été conduite à se prononcer entre des politiques publiques pouvant être concurrente sur un territoire, l'aménagement et la protection de l'environnement, en l'occurrence la directive Habitat. Dans un arrêt de 1996, la CJCE précise, sans ambiguïté «il y a donc lieu de répondre que l'article 4, paragraphe 1 ou 2, de la directive sur les oiseaux doit être interprétée en ce sens qu'un Eyay membre ne peut pas, lors du choix et de la délimitation d'une ZPS, tenir compte d'exigences économiques dans la mesure où elles répondent à des raisons impératives d'intérêt public majeur telles que visées à l'article 6 paragraphe 4, de la directive sur les habitats»[64].

Ces conditions de mise en œuvre de l'aménagement et de la conservation de la nature interpellent. Si au plan international l'ambiguïté majeure apparaît dans l'absence de moyens réels pour assurer une conservation de la nature effective et une intégration aboutie de l'environnement dans toutes les conventions internationales, quelques interrogations plus spécifiquement régionales apparaissent dans le même temps. Alors même que l'Union européenne a engagé une politique de

---

[62] CJCE Arrêt de la Cour (deuxième chambre) du 15 juillet 2004. Affaire C-213//03 – Syndicat professionnel coordination des pêcheurs de l'Etang de Berre et de la région contre Electricité de France (EDF). – CJCE – Arrêt de la Cour (deuxième chambre) du 7 octobre 2004 - Affaire C-239/03. – Commission des Communautés européennes contre République française.

[63] Les travaux du réseau «Natura 2000» rendent compte de cette intervention de la CJCE, cf. en particulier: Les difficultés de mise en œuvre de la directive habitats INRA Economie et sociologie rurale n°19 2002, Le réseau écologique européen Natura 2000 Sous la direction de JM Février et C. Devès Litec Carré Droit 2004, La mise en place du réseau Natura 2000 – Les transpositions nationales – sous la direction de J. Makowiak – PULIM 2005 etc..

[64] CJCE du 11 juillet 1996 Rgina contre Secretary of State for the environment ex parte: Royal Society for the Protection of Birds – Affaire C-44/95 du 11 juillet 1996.

conservation de la nature dès les années soixante dix, les résultats produits par les divers états des lieux révèlent une situation de dégradation continue, tout en identifiant quelques «corridors de protection». Il paraît dès lors nécessaire de renforcer les politiques de protection, y compris par les négociations internationales. Or la volonté de réforme initiée à Lisbonne en 2001, puis confirmée en décembre 2005 à Luxembourg interpelle quant à la volonté d'assurer effectivement une réelle conciliation entre aménagement et conservation de la nature, notamment dans un contexte d'élargissement constant. Ainsi, l'Union européenne marque désormais sa priorité sur la compétitivité des territoires[65], les exigences en matière d'environnement semblent marquer le pas, les moyens qui y étaient consacrés étant «redéployés», dans le cadre notamment de la réforme des fonds structurels pour la période 2007/2013. Si l'on peut se réjouir de l'adoption d'un plan communautaire pour la préservation de la biodiversité assorti d'un financement substantiel[66], c'est essentiellement la capacité d'intégration des problématiques environnementales dans les autres politiques d'aménagement: aménagement du territoire, urbanisme, transports et agriculture qui seront déterminantes pour l'avenir.

Ces divers éléments font apparaître la difficulté à concilier concrètement, aménagement et conservation de la nature. Les enjeux économiques sont tels, la concurrence exacerbée, désormais entre continent laisse peu de cas à une nature toujours davantage sollicitée. Les pratiques en vigueur font bien apparaître que les évolutions du droit de l'environnement, pourtant significatives, sont encore bien insuffisantes.

CONCLUSION

Le rapport entre aménagement et conservation de la nature révèle bien les divers obstacles pour établir les conditions du développement

---

[65] On pourra noter à ce titre que cette orientation apparaît clairement au niveau des Etats, de manière tout à fait symbolique, mais pas seulement en pratique, la France a réformé, par un décret du 31 décembre 2005, la DATAR (délégation régional à l'aménagement du territoire et à l'action régionale) en DIACT (délégation interministérielle à l'aménagement et à la compétitivité des territoires).

[66] Note 2006-55 du 30 juin 2006: un plan d'action communautaire pour la biodiversité.

durable et à mettre en œuvre une réelle démarche intégrée, il; démontre aussi les enjeux territoriaux de ces deux politiques publiques.

La capacité des humains à préserver les éléments fondamentaux et la diversité des espaces et des espèces, se heurte de plus en plus à l'inaptitude à maîtriser l'extension exponentielle de l'artificialisation du sol et de la prédation sur les ressources. Afin de tendre vers une approche plus intégrée, mais aussi plus équilibrée de l'occupation des territoires par l'humain, et de répondre ainsi à l'exigence énoncée par l'Agenda 21 à Rio à propos de la gestion de l'eau et des écosystèmes aquatques, d'adapter «les activités humaines à la capacité limite de la nature»[67], il paraît nécessaire:

- de renforcer la coordination entre les politiques publiques, mais aussi entre les législations et les textes d'application, renforçant ainsi la démarche intégrée, et réduisant de ce fait la portée du principe encore appliqué en France et dans de nombreux Etats, du principe d'indépendance des législations,
- de renforcer, en application de la Convention d'Aarhus, la participation du public et des associations de protection de l'environnement à la mise en œuvre des politiques et des projets susceptibles d'affecter la conservation de la nature,
- de procéder, comme y invite la Convention sur la biodiversité en son article 14, à une évaluation systématique des plans et programmes ainsi que des projets, y compris toute forme d'urbanisation, car il n'y a pas de petites atteintes, il y a des atteintes ou il n'y en a point,
- de renforcer les moyens pour conserver la nature. Au-delà des dispositions juridiques et des sanctions effectivement mises en œuvre, il paraît utile de mettre en œuvre des moyens de gestion pour la conservation de la nature. L'insuffisance des moyens financiers au plan international, comme l'évolution des fonds structurels pour la période 2007/2013, interpellent,
- d'instaurer des indicateurs territorialisés permettant d'apprécier l'impact de l'aménagement sur la conservation de la nature. Il

---

[67] Introduction, point 18-2 au Ch 18 consacré à la protection des ressources en eau et de leur qualité: application d'approches intégrées de la mise en valeur, de la gestion et de l'utilisation des ressources en eau, de l'Agenda 21.

doit s'agir d'indicateurs communs à tous les acteurs, afin d'apprécier de manière pertinente les évolutions de la nature et l'impact des diverses actions d'aménagement. De ce point de vue la valorisation de l'empreinte écologique comme critère majeur de référence devrait être développée.
– d'assurer une protection systématique et renforcée des espaces et des espèces les plus fragiles. Si des dispositions ont été instaurées tant au plan international que régional, les mesures d'applications paraissent insuffisantes au regard des pratiques de l'aménagement.

Les évolutions démographiques et l'impact de l'homme sur son environnement sont désormais caractérisés. Il appartient donc à l'espèce humaine de relever les défis q'elle s'est posée. Le développement durable impose d'associer dans toutes les politiques, y compris celles qui déterminent l'aménagement, les trois piliers que sont l'environnement, le social et l'économie. Le modèle de production et de consommation imposé à toute la planète au cours de la deuxième moitié du 20° siècle révèle désormais ses limites, le changement climatique n'en est qu'un indice majeur. De plus, comme le souligne un auteur, en évoquant l'OMC, «le sort de l'homme n'est pas de son ressort», dès lors il en tire les conséquences que «l'ouverture du monde aux échanges économiques ne sera pas durable si les conséquences humaines de cette ouverture ne sont pas prises en considération»[68]. Il ne s'agit donc plus de tergiverser, mais d'agir conformément aux exigences de la situation, tant qu'il est encore temps.

---

[68] Supiot A. Homo juridicus Seuil 2005, p.313.

CHAPITRE II
Le Droit de l'Aménagement du Territoire, de l'Urbanisme et de la Conservation de la Nature en Droit Interne des États Membres de l'Union Européenne

Germany

TOWN AND COUNTRY PLANNING AND NATURA 2000 IN GERMANY

GERD WINTER[1]

The aim of this theme is to assess how the objectives of the Habitats directive are integrated in the national town and country planning law, i.e. integrated in the tools of planning law such as urban plans, development plans, planning permissions, etc. ...

Article 6 (1) of the directive 92/43 mentions that *"member States shall establish the necessary conservation measures involving, if need be, appropriate management plans specifically designed for the sites or integrated into other development plans ..."*.

I. GENERAL FRAMEWORK

I.A.

From a terminological point of view and in the light of Articles 1, 2 and 3 of the Habitats directive, can you let us know if your town and country planning law uses terms such as "biodiversity", "conservation status of a natural habitat", "wild fauna and flora" or "Natura 2000"?

Art. 1 (6) No. 7 Baugesetzbuch (BauGB – Construction Code) uses the terms "biologische Vielfalt" ("biodiversity"), "Gebiete gemeinscha-

---

[1] Founder and Director of the Research Unit for European Environmental Law (Forschungsstelle für Europäisches Umweltrecht) in the Department of Law, University of Bremen.

ftlicher Bedeutung" (i.e. "Special Areas of Protection" according to Art. 3 (1) Dir. 92/43) and "Vogelschutzgebiete" (i.e. "Special Protection Areas" according to Art. 4 (2) Dir. 79/409). It states that effects of construction planning on biodiversity in general and on the conservation objectives of Gebiete gemeinschaftlicher Bedeutung and Vogelschutzgebiete must be taken into consideration in the planning process.

Art. 7 (7) Raumordnungsgesetz (ROG – Country Planning Law) uses the terms Gebiete gemeinschaftlicher Bedeutung and Vogelschutzgebiete, stating that the conservation objectives of such areas must be taken into consideration when interests are weighed in the country planning process. No mention is made of the term biodiversity, nor of the other terms noted above.

Art. 14 (1) No. 4.d) Bundesnaturschutzgesetz (BNatSchG – Federal Nature Protection Law) uses the term "Europäisches Netz 'Natura 2000'" ("European Network Natura 2000") stating that Landschaftsplanung (Landscape Planning) shall strive to also propose areas for the establishment and for the protection of this network.

I.B.

Which public authorities are competent in town and country planning policy (national, regional or local level)?

The Gemeinden (communes) are competent for the Bebauungsplan (construction plan) (ca. 1:1000) and the more general Flächennutzungsplan (general land use plan) which ideally covers the whole area of the commune.

The regional authorities (Landkreis – district or an association of Landkreise forming a region; this is up to Land legislation) are competent for the Regionale Raumordnungsplan (regional country plan).

The Land is competent for the Landesraumordnungsplan (Land country plan).

I.C.

Do these public authorities take part in the making use of the Natura 2000 network?

(a) Designation of sites: all public authorities whose competence is affected by the designation of a site are given the opportunity to comment. This is not required by law but established practice.
(b) Management of sites: SPAs and SACs normally receive the status of a nature protection area according to the site protection categories. Conservation objectives and measures are specified in the legal act (i.e. most often a sublegal regulation, sometimes – for larger areas – a Land law). According to Land legislation drafts of these regulations must be sent to those authorities, including planning authorities, whose competence is affected by the regulation (see e.g. Art. 59 Naturschutzgesetz Baden-Württemberg)

I.D.

Are there any administrative guidelines (Ministry's circulars)
– to explain stakes in Natura 2000 policy in relation to town and country planning policy;
– to take into account the objectives of the "Habitats" directive?

A guideline was published by the Federal Ministry for Transport. It specifies in much detail for the planning permission for highways how an assessment of the implications of the project for the site (Art. 6 (3) Dir. 92/43) shall be conducted.

II. PLANNING

II.A.

Do preliminary studies in procedure to adopt town and country plans or programmes (for example, environmental impact assessment, strategic environmental assessment) include Natura 2000 topics?

The EIA required for town plans covers all effects of the plan on the environment including wild fauna and flora but no specific requirement is established requiring an assessment of implications for the SACs and SPAs. According to Art. 35 sentence 2 BNatSchG a separate assessment of implications for the site is explicitely excluded for "Bauleitpläne" (i.e. construction and general land-use plans).This was provided in order to simplify EIA requirements but it is hardly compatible with Art. 6 (3) Dir. 92/43.

Contrastingly Art. 35 sentence 1 No. 2 BNatSchG does require the assessment of implications for Natura 2000 sites in relation to the higher level Regionale and Land Raumordnungsplan(regional and Land country plan).

II.B.

Do plans and programmes directly connected with or necessary to the management of the Natura 2000 sites hold some components about the relation with town and country planning law?

Normally Natura 2000 sites are the result of country planning and thus do not regulate how their "parents" shall do or leave. However, the protective regime of such sites are conditions which must be respected once a town or country planning plan shall be altered.

II.C.

Do development plans or programmes hold any measures which come from the making use of the Natura 2000 Network in relation to:
– measures of protection for special areas for special areas of conservation;
– measures for avoiding the determination [deterioration, GW] of natural habitats and the habitats of species?

Town and country planning plans normally indicate the existence of a protected site if they cover the same geographical area but the protective regime is specified by separate legal acts (i.e. the sublegal regulation or Land law establishing the protected site).

II.D.

Are town and country planning rules (like plans or programmes) linked with the measures for implementing the habitats directive (such as management plans or management contracts)?

If the answer is yes, from the legal point of view, what is the level of the constraint:
- must the land-use plan be in compliance with the Natura 2000 site?
- must it be compatible with the site?
- must it only take the site into account?

Art. 1 (6) No. 7 BauGB (Construction Code) states that effects of construction planning on biodiversity in general and the conservation objectives of Gebiete gemeinschaftlicher Bedeutung and Vogelschutzgebiete must be taken into consideration in the planning process. As noted above according to Art. 35 sentence 2 BNatSchG a separate assessment of implications for the site is explicitely excluded for "Bauleitpläne" (i.e. construction and general land-use plans). But the provision does require that should the plan provide the realisation of a project in the sense of Art. 6 (3) Dir. 92/43 the material requirements established by Art. 6 (4) must be respected. This means in a nutshell:

a) In the planning process (i.e, in particular, the identification of facts) a separate and specific impact assessment on Natura 2000 sites is not required the assumption being that the general EIA will cover this adequately (which in my opinion is however not compatible with Art. 6 (3) Dir. 92/43)

b) In material terms (i.e. the weighing of affected interests and the final decision on priorities among those interests) impacts on Natura 2000 sites which do not reach the level of significant effects in the sense of Art. 6 (3) Dir. 92/43 must be taken into consideration but do not have to be avoided. If however such impacts imply significant effects it is mandatory that the material criteria of Art. 6 (4) Dir. 92/43 are applied.

II.E.

If there is contradiction between a land-use plan and a protected site, is it possible to switch a residential or industrial zone, for instance, from the Natura 2000 site to another zone (for.ex., agricultural zone) outside the site?

Yes, but two steps are required: the incriminated zone must be deleted from the plan, and a new plan must be made for the new site.

III. DEVELOPMENT OR PLANNING PROJECTS [THE REALISATION OF PROJECTS, GW]

III.A. Preliminary studies

If a development or planning project needs a preliminary study such as an environmental impact assessment, does this study include significant impacts on Natura 2000 sites or on protected species ?

The normal EIA does not contain a special chapter assessing impacts on Nature 2000 sites. However, according to Art. 34 BNatSchG for any project which may adversely affect such sites a special preliminary study must be made assessing the implications for the site.

III.B.

Can public authorities refuse a planning permission because the project could have a significant effect as a site or species:
– on the basis of national Natura 2000 law;
– on the basis of national, regional or local town and country planning law?

Yes, on the basis the national nature protection law which is cross--referenced by the special laws applicable for the various project categories. For instance, the law directing industrial installations refers to Art. 34 BNatSchG in relation to such installations, Art. 1a (4) refers to the same provision in relation to construction plans which provide for the realisation of projects which have a significant effect on the site (see above).

III.C.

When the project could have negative implications for the site or species and if the planning permission is given, which compensatory measures are taken pursuant to Article 6 (4)?

In such cases the general so-called Eingriffsregelung (encroachment rules) according to Art. 19 BNatSchG applies.The Eingriffsregelung is applicable on any significant encroachment on nature and landscapes.

It provides that encroachments must be made good by "Ausgleichsmaß-nahmen" (compensatory measures) or "Ersatzmaßnahmen" (replacement measures). To take Ausgleichsmaßnahmen means that for instance a biotope which will be destroyed by a new road must be reconstruceted in the same area. If this is not possible or excessively costly some other measure of intensified nature protection shall be taken in the same or a related area (Ersatzmaßnahmen).

III.D.

Are special dispensations allowed in accordance with:
– town and country planning law;
– or national Natura 2000 law?

a) Town and country planning law: Not on the level of the plan itself. But dispensation may be given on the level of the authorisation of specific projects (see Art. 31 (2) BauGB). I would however regard this as not compatible with Art. 6 (3) and (4) Dir. 92/43.
b) Nature protection law: No dispensations are allowed from Natura 2000 requirements.

IV. RELATION TO SPECIALISED PLANNING POLICIES

IV.A. Do town and country planning plans partly or totally integrate specialised planning policies:
– environmental plans or programmes (water, air, soil, waste, noise, ...);
– other plans or programmes (transport plans, programmes of protection of the historical sites or buildings, ...)?

Yes, town and country planning plans are in general considered to be integrated plans which integrate specialised plans. Special legislation may decide otherwise. For instance, landscape plans which are to be made under nature protection legislation are considered to be special plans. Town and country plans are entitled to disregard the propositions made in a landscape plan. However, in some Länder, as e.g. Nordrhein-Westfalen, the landscape plan is binding and must be respected by the integrated plan.

Belgique

AMÉNAGEMENT DU TERRITOIRE, URBANISME ET NATURA 2000 EN RÉGION WALLONNE

CHARLES-HUBERT BORN[1]
ETIÈNNE ORBAN DE XIVRY[2]
(avec la collaboration de L. RENOY)

INTRODUCTION

La mise en place du réseau Natura 2000 implique la mise en œuvre de mesures de conservation impliquant des contraintes fortes à usage du sol sur des superficies considérables du territoire (environ 220 000 hectares soit 13 % du territoire wallon). Il n'est pas étonnant que, dans ces conditions, la mise en œuvre de Natura 2000 soit appelée à interférer directement avec la politique et les instruments de l'aménagement du territoire et de l'urbanisme, qu'il s'agisse des plans et schémas ou des procédures d'autorisation. L'objet du présent rapport est de présenter succinctement les principaux traits de convergence et de divergence entre ces deux polices. Après avoir esquissé le cadre général (I), nous examinerons l'articulation de Natura 2000 avec la planification spatiale (II), pour ensuite examiner la portée sur les régimes d'autorisation d'urbanisme (III). Enfin, l'articulation avec les outils de planification sectorielle ainsi que le contentieux lié à Natura 2000 en droit de l'urbanisme seront brièvement abordés (IV). L'on donnera également quelques exemples de décisions contentieuses (V).

---

[1] Assistant de recherches au Séminaire de droit de l'urbanisme et de l'environnement (SERES) de l'UCL.
[2] Directeur adjoint du SERES (Séminaire de recherches en droit de l'urbanisme et de l'environnement, Département de droit public, Faculté de droit, Université Catholique de Louvain.

I. CADRE GÉNÉRAL

1.1. Répartition des compétences, autorités compétentes et instruments du droit de l'aménagement du territoire et de l'urbanisme

La police de l'aménagement du territoire et de l'urbanisme est régie, en Région wallonne, par le Code Wallon de l'Aménagement du Territoire, de l'Urbanisme et du Patrimoine (CWATUP), qui a codifié la matière en 1984. La compétence pour légiférer en matière d'urbanisme revient, dans la Belgique fédérale, aux régions[3] depuis 1980[4], de même que les compétences en matière d'environnement et de conservation de la nature.

Les principales autorités disposant de compétences en matière d'urbanisme sont, en Région wallonne, au nombre de deux: d'une part, le Gouvernement wallon et, d'autre part, les communes. *A l'échelon régional*, le pouvoir législatif régional est compétent pour modifier la partie décrétale[5] du CWATUP. Le Gouvernement wallon est quant à lui chargé de l'exécution de la législation de l'aménagement du territoire, avec l'aide de son administration, à savoir le Ministère de la Région wallonne, et plus particulièrement, en son sein, la Direction générale de l'aménagement du territoire du logement et du patrimoine (D.G.A.T.L.P.), créée en 1980. Celle-ci comprend des services centraux et sept services extérieurs, dont le directeur est le *«fonctionnaire délégué»* compétent, entre autres, dans le cadre de la procédure de délivrance des permis d'urbanisme et de lotir. L'on notera que le Gouvernement wallon est par ailleurs compétent pour désigner les sites Natura 2000 et adopter les documents qui font office de plan de gestion et de règlements particuliers de protection, à savoir les «arrêtés de désignation» des sites Natura 2000.

---

[3] Pour rappel, la Belgique est un Etat fédéral composé de trois régions, la Région wallonne, la Région flamande et la Région de Bruxelles-Capitale. Elle comporte aussi des communautés, à savoir la Communauté française, la Communauté flamande et la Communauté germanophone.

[4] Art. 6, § 1er, I, de la loi spéciale de réforme institutionnelle du 8 août 1980.

[5] Pour rappel, les décrets en Belgique ont valeur de loi et doivent donc être respectés par les règlements.

A *l'échelon local*, la commune[6] est la principale autorité compétente en urbanisme. Le corps communal est constitué d'un collège des bourgmestre et échevins, compétent dans la délivrance des permis, et d'un conseil communal, compétent pour adopter des règlements, des plans et des schémas locaux d'urbanisme ainsi qu'en matière de voirie. La commune joue également un rôle important dans la mise en œuvre du régime de protection des sites Natura 2000, dès lors que celui-ci passe essentiellement par le contrôle des actes et activités à risque au moyen de permis d'urbanisme, d'environnement et uniques dont la délivrance relève de la compétence du collège des bourgmestre et échevins, sur avis du fonctionnaire régional compétent.

Divers *organes consultatifs* ont été mis en place en la matière, à savoir principalement la Commission régionale d'aménagement du territoire (CRAT), le Conseil wallon de l'environnement pour le développement durable (CWEDD), les commissions consultatives communales d'aménagement du territoire (CCAT) et les commissions d'avis sur recours dans le cadre de la procédure de délivrance des permis d'urbanisme.

Les *principaux instruments du droit de l'aménagement du territoire et de l'urbanisme* en droit wallon sont regroupés en deux grandes catégories. La première regroupe les instruments de l'aménagement normatif, à savoir:
- les instruments de planification spatiale: ces instruments comprennent, d'une part, des plans d'affectation des sols ayant force obligatoire et valeur réglementaire (ci-après les «*plans*») et des outils de planification d'orientation (ou opérationnelle) à valeur indicative (ci-après les «*schémas*»);
- les règlements d'urbanisme dont le but principal est de fixer les règles relatives aux constructions;
- les mécanismes d'autorisation d'urbanisme, qui comprennent, d'une part, le permis d'urbanisme et le permis unique[7] et, d'autre part, le permis de lotir. Ces autorisations visent à permettre à l'autorité de vérifier la conformité du projet au plan d'affectation du sol et au bon aménagement des lieux local;

---

[6] Il y a 262 communes en Région wallonne depuis la fusion des communes en 1976, opération qui fit disparaître quatre communes sur cinq.

[7] Le permis unique est requis lorsque le projet est soumis à la fois à permis d'urbanisme et à permis d'exploiter un établissement classé (décret du 1 mars 1999 relatif au permis d'environnement).

La seconde catégorie regroupe les outils d'aménagement opérationnels, qui visent à promouvoir les projets de développement et des investissements dans des zones déterminées du territoire.

1.2. Aménagement du territoire, conservation de la nature et Natura 2000 en Région wallonne

La police de l'aménagement du territoire vise à organiser la répartition des activités sur le territoire et à contrôler les différents usages physiques du sol. Partant, elle est appelée, par son *objet* et sa *couverture géographique*, à interférer directement avec la législation sur la conservation de la nature, qui comporte également une dimension territoriale importante au travers des mécanismes de création d'aires protégées et de protection des habitats d'espèces[8]. Il existe même un recoupement partiel de leurs *objectifs*. En effet, l'article 1er du CWATUP prévoit que *«le territoire de la Région wallonne est un patrimoine commun de ses habitants»* et que la région et les autres autorités publiques compétentes *«rencontrent de manière durable les besoins sociaux, économiques, patrimoniaux et environnementaux de la collectivité par la gestion qualitative du cadre de vie, par l'utilisation parcimonieuse du sol et de ses ressources et par la conservation et le développement <u>patrimoine</u> culturel, <u>naturel</u> et paysager»*. La conservation de la nature apparaît donc comme un des objectifs de la police de l'aménagement du territoire, lequel s'exprime notamment par la possibilité d'inscrire des «zones naturelles» et «d'espaces verts» dans les plans régionaux d'affectation des sols, destinées à la protection et à la régénération du milieu naturel. Il reste que la police de l'aménagement du territoire ne saurait avoir qu'un rôle limité en conservation de la nature, en ce qu'elle a pour objet, fondamentalement, le

---

[8] Sur les liens entre la législation de l'urbanisme et de la conservation de la nature, voy. De Roo, xxx Ruimtelijke ordening xxx, in Jadot B. Ed., *Le droit de la conservation de la nature*, acte du colloque de Bruxelles des 12 et 13 janvier 1996, Anvers, Story Scientia, 1996, p. xxx; Gosselain, P., *«Réseau écologique et aménagement du territoire»*, in Coll., *Le réseau écologique,* Acte du colloque d'Arquennes des 8 et 9 novembre 1995, Jambes, Ministère de la Région wallonne, 1997, pp. 153-184; Froment A. et Melin E., *«Aménagement du territoire et conservation de la nature»*, in Coll., *La loi sur la conservation de la nature du 12 juillet 1973, 20 ans après»*, acte. du colloque du 19 mars 1994 de Louvain-la-Neuve, *Les cahiers des réserves naturelles*, 1994, pp. 1-26.

contrôle de l'usage physique du sol et non de l'ensemble des activités perturbatrices de l'écosystème telles que les épandages agricoles ou de pesticides ou l'organisation d'activités récréatives[9].

De surcroît, la police de l'urbanisme poursuit une série d'autres objectifs sociaux, économiques et paysagers qui peuvent entrer en conflit direct avec la conservation du patrimoine naturel, qu'il s'agisse de l'extension de l'habitat, de la construction d'infrastructures de transport, de la plantation de résineux sur des terres agricoles ou encore de l'implantation de zonings industriels ou des décharges. Force est en réalité de constater que la police de l'aménagement du territoire se présente autant comme un instrument potentiel de protection de l'espace ouvert que comme un vecteur puissant de son urbanisation, selon les choix opérés dans les plans d'affectation des sols. Il est donc indispensable d'intégrer les exigences de conservation de la nature dans les outils de l'aménagement du territoire.

L'adoption des règles de transposition des directives oiseaux et habitats en droit wallon constitue à cet égard certainement une révolution pour la gestion du territoire, tant par les superficies concernées par ce régime que par la portée contraignante des mécanismes de protection transposant l'article 6, §§ 2 à 4 de la directive habitat. Cette dernière disposition instaure en effet un mécanisme de contrôle d'impact de l'ensemble des plans et projets, quelle que soit leur nature, qui encadrent étroitement le pouvoir d'appréciation discrétionnaire des autorités en matière d'urbanisme. Par le biais de cette disposition, les plans de gestion des sites Natura 2000 en Région wallonne (appelés *«arrêtés de désignation»*) sont appelés à devenir de véritables plans d'affectation des sols à l'échelle locale qui préciseront les affectations générales précisées par les plans de secteur, voire entraîneront la nécessité de réviser ces derniers par souci de cohérence. Partant, c'est un euphémisme de dire que le régime Natura 2000 *«participe de l'aménagement du territoire»*[10]. Il reste qu'à ce jour, aucune circulaire ou instruction administrative de portée générale n'explique les enjeux de Natura 2000 aux autorités et agents

---

[9] Sur la question de la portée des plans d'affectation des sols sur les activités non soumises à permis, voy. DE ROO, *op. cit.*, p. **xxx**; DELNOY, **xxx**.

[10] F. LAMBOTTE et J.-F. NEURAY, «Le décret Natura 2000», *in* Coll., *Actualités du cadre de vie en Région wallonne*, actes du colloque interuniversitaire organisé à Namur les 17 et 18 octobre 2002, Bruylant, Bruxelles, 2003, p. 328.

responsables de la mise en œuvre de la législation sur l'urbanisme. Tout au plus, des instructions particulières ont-elles été adressées aux fonctionnaires délégués et aux communes pour tenir compte de Natura 2000 en matière de délivrance de permis d'urbanisme (*infra*, III).

1.3. L'articulation des polices en droit administratif belge

Sur le plan juridique, la concurrence dans l'objet, le champ d'application géographique et les objectifs de la législation sur l'urbanisme et des règles en conservation de la nature est susceptible d'entraîner des problèmes de coexistence de ces deux polices. En droit belge, plusieurs principes commandent l'articulation des polices administratives en l'absence de dispositions spécifiques en ce sens dans les législations concernées[11]. Le *principe de hiérarchie des normes* constitue la règle première d'articulation. Ce principe est d'une importance capitale dans la mise en œuvre de Natura 2000, dès lors que les dispositions protectrices des arrêtés de désignation des sites ont valeur réglementaire et s'imposent à ce titre aux décisions à valeur individuelle prises dans le cadre de la législation sur l'urbanisme.

Un second principe cardinal d'articulation des polices est le *principe d'autonomie ou d'indépendance des polices administratives*, en vertu duquel, en l'absence d'un rapport hiérarchique ou de mécanisme spécifique d'articulation prévu par la législation, aucune législation n'a de prééminence sur une autre et reste autonome par rapport aux autres législations[12]. Le corollaire de ce principe, du point de vue de l'administré, est l'obligation de respecter simultanément toutes les réglementations applicables à une même situation, étant entendu que la plus restrictive l'emporte sur la moins restrictive (*principe du cumul des polices administratives*). Ce principe trouve également application dans le cadre de Natura 2000, les dispositions à valeur réglementaire des arrêtés de désignation des sites Natura 2000 se cumulant avec celles des plans réglementaires d'affectation des sols, au profit des plus strictes[13].

---

[11] XXX JADOT XXXXX

[12] C.E., 8 févr. 1974, n° 16.236, HURIAUX-PONSELET.

[13] Divers tempéraments ont été apportés à ces principes, indépendamment d'intervention du législateur: voy. B. JADOT, *«Mise en place du zonage écologique et coexistence*

Enfin, l'on ne saurait passer sous silence l'influence grandissante du *principe d'intégration*, récemment introduit en droit interne wallon dans le livre Ier du Code de l'environnement (art. D.2.) et en vertu duquel *«les exigences [de préservation et de restauration de l'environnement] sont intégrées dans la définition et la mise en œuvre des autres politiques de la région»*. Il ne fait aucun doute qu'il concerne aussi celle de l'aménagement du territoire. Certes, le législateur n'a pas attendu la consécration de ce principe en droit interne pour adopter une série de mesures d'intégration de la conservation de la nature en aménagement du territoire. Il n'en reste pas moins que la consécration décrétale d'un tel principe pourrait encore renforcer le contrôle du juge des garanties procédurales prises en faveur de l'environnement dans les procédures d'urbanisme, au même titre que le droit à la protection d'un environnement sain consacrée par l'article 23 de la Constitution.

En tout état de cause, le législateur intervient fréquemment pour fixer des règles d'articulation entre la police d'urbanisme et les autres législations affectant l'usage du territoire. Nous y reviendrons plus loin (2.4 et 2.5).

II. PLANIFICATION SPATIALE ET NATURA 2000

2.1. Généralités

2.1.1. La planification de l'affectation des sols

En dépit de sa rigidité, la *planification de l'affectation des sols* reste la principale réglementation des usages physiques du sol en Région wallonne. Ces plans sont dressés à deux niveaux d'autorité. La *Région* fixe l'affectation des sols sur l'ensemble du territoire par les *«plans de secteur»*[14] (art. 1er, § 3, et 21 et s. du CWATUP), dressés à une échelle

---

de législations distinctes», in Cedre, *Le zonage écologique*, acte du colloque de Gembloux du 29 mars 2001, Bruxelles, Bruylant, pp. 205 et s.

[14] La Belgique est divisée en 48 secteurs, dont 23 en Région wallonne. Ils sont délimités selon des critères propres à l'aménagement du territoire même s'ils correspondent souvent au périmètre des arrondissements administratifs.

très précise (1: 10.000ᵉ). L'ensemble du territoire wallon est donc divisé en différentes zones d'affectation, elles-mêmes réparties entre les zones urbanisables d'une part et les zones non urbanisables d'autre part (art. 25 du CWATUP). Les prescriptions applicables à ces zones sont définies de façon uniforme par le CWATUP pour l'ensemble du territoire (art. 26 et s.), sous réserve de prescriptions littérales supplémentaires, d'ordre urbanistique ou planologique, prévues dans le plan lui-même. De façon remarquable, la couverture complète du territoire par les plans d'affectation des sols, peu fréquente en Europe, permet d'exercer un contrôle sur l'usage des sols sur l'ensemble des espaces ruraux, au travers des procédures de permis d'urbanisme, qui visent tant la construction que divers actes de modification du relief du sol, de modification de la végétation ou encore du déboisement (art. 84, §1ᵉʳ, du CWATUP, *infra*, III). Ayant force obligatoire et valeur réglementaire, ces plans s'imposent à toutes les autorités compétentes pour délivrer des permis, y compris dans le cadre d'autres polices administratives. Un système d'indemnisation des moins-values d'urbanisme liées à l'affectation de terrains à bâtir en zones non urbanisables est prévu sous certaines conditions précises (art. 70 du CWATUP).

Compte tenu de leur précision et de leur couverture géographique, l'on conçoit que les plans de secteur sont devenus le principal outil de planification spatiale en Région wallonne. Ayant tous été adoptés entre 1977 et 1987, ils sont cependant dépassés aujourd'hui et ne rencontrent plus toujours les besoins actuels. Aucune révision globale des plans de secteur n'a pu être entreprise, en dépit de deux décisions en ce sens du Gouvernement wallon en 1993 et en 1999, compte tenu de la rigidité des procédures de révision des plans de secteur et des coûts d'une éventuelle indemnisation des moins-values engendrée par l'opération. Seules des révisions partielles, au niveau local, ont pu être mises en œuvre, sauf exception. Ils n'intègrent donc pas nécessairement l'ensemble des données écologiques actuellement en la possession de la Région.

A l'échelon local, le législateur a prévu un outil de planification de l'affectation des sols à très grande échelle, le *plan communal d'aménagement* (PCA) (1:1000ᵉ), qui peut être adopté soit par les communes, soit, dans certaines circonstances, par le Gouvernement lui-même (art. 1ᵉʳ, 6 3, et 47 et s. du CWATUP). Ce plan précise, sur une partie limitée du territoire communal, le plan de secteur – généralement une zone urbanisable où il importe de préciser les affectations – en le complétant, mais peut, au besoin et dans certaines conditions, y déroger. Il ne constitue donc pas un instrument de planification générale à l'échelle de tout le territoire communal, ce rôle étant joué en partie par le schéma de structure communal (*infra*).

2.1.2. La planification d'orientation ou opérationnelle

Une seconde catégorie, plus récente, d'instruments d'aménagement du territoire, consiste dans la planification «d'orientation» ou «opérationnelle», dont l'objet est de définir une politique d'aménagement et de développement pour un territoire donné, par la définition des besoins, la fixation d'objectifs et la détermination des moyens nécessaires pour les atteindre. En Région wallonne, ces instruments, qualifiés de «schémas», sont prévus à deux échelles. Le «schéma de développement de l'espace régional» (SDER), instrument de planification stratégique «*exprimant les options d'aménagement et de développement pour l'ensemble du territoire de la Région wallonne*» (art. 13, § 1er, du CWATUP), est adopté par le Gouvernement wallon, à une très petite échelle (1:1.000.000). Le «schéma de structure communal» (SSC) est lui adopté par la commune pour l'ensemble de son territoire, à la même échelle que le plan de secteur (1: 10.000^e). Il est défini comme un «*document d'orientation, de gestion et de programmation du développement de l'ensemble du territoire communal*» (art. 16 du CWATUP). Ces deux instruments n'ont qu'une valeur indicative. Ceci implique que l'autorité compétente peut s'en départir moyennant due motivation.

Tableau récapitulatif des principaux outils de planification spatiale en droit wallon de l'aménagement du territoire et de l'urbanisme

Echelle \ Niveau de pouvoir	**Région** Plan/schéma	**Commune** Plan/schéma
Echelle régionale (1: 1.000.000)	– / SDER	Non pertinent
Echelle sous-régionale (1: 10.000)	Plan de secteur / –	– / SSC
Echelle locale (1: 1.000 ou >)	PCA d'initiative régionale / –	PCA d'initiative communale / –

2.2. Fonction des plans et schémas d'urbanisme dans la mise en œuvre de Natura 2000

Le choix du législateur dans la transposition des directives habitat et oiseaux a été clair: il a opté pour une transposition spécifique de directives oiseaux et habitat dans la loi sur la conservation de la nature, tout en ayant le soin de prévoir des mécanismes d'articulation avec la police de l'urbanisme et en particulier la planification spatiale. Les plans et schémas n'ont donc pas été retenus au titre des instruments de mise en œuvre de Natura 2000, même s'ils présentent certaines potentialités à cet effet (*infra*, point suivant). Ce sont les arrêtés de désignation des sites Natura 2000 qui constituent l'instrument essentiel de mise en œuvre du régime Natura 2000 – avec les procédures de permis d'urbanisme et d'environnement et d'évaluation appropriée des incidences (*infra*). Par la localisation des habitats à protéger et la réglementation des activités au sein de ces habitats par voie de servitudes légales d'utilité publique, les arrêtés de désignation sont en fait appelés à jouer le rôle de plans d'affectation du sol très précis se superposant aux plans de secteur. Tout l'enjeu est donc de prévoir une articulation entre ces instruments qui permette de concilier la réalisation des objectifs du réseau Natura 2000 avec les objectifs multiples de l'aménagement du territoire, au travers de procédures d'élaboration intégrée de ces deux types de documents de planification.

2.3. Contenu des plans et schémas d'aménagement du territoire et Natura 2000

Ainsi qu'il vient d'être dit, les plans et schémas d'aménagement du territoire ne constituent pas des instruments spécifiques de mise en œuvre de Natura 2000 en Région wallonne. Leur contenu n'a en effet pas été modifié à cet effet[15]. La seule protection expresse des sites Natura 2000

---

[15] Tout au plus, étaient-ils prévus, jusqu'en 2002, la possibilité d'inscrire en surimpression au plan de secteur des périmètres de sites classés ou visés par la législation sur la conservation de la nature et la possibilité d'y imposer l'obligation d'obtenir un permis d'urbanisme pour certains actes et travaux en vue de protéger ces périmètres, par le biais d'un règlement régional ou communal d'urbanisme (art. 76, al. 1er, 7° et 78, §1er, al. 3 du CWATUP).

édictée dans le Code wallon en rapport avec le zonage consiste dans l'encadrement du pouvoir discrétionnaire de l'autorité compétente pour délivrer certains types de permis d'urbanisme en zones agricole et forestière (*infra*, point III).

D'importantes possibilités n'en sont pas moins prévues par le Code pour tenir compte de la conservation de la nature en général dans les plans et schémas d'aménagement. Ainsi, dans les plans de secteur, la *zone naturelle* est *«destinée au maintien, à la protection et à la régénération de milieux naturels de grande valeur biologique ou abritant des espèces dont la conservation s'impose, qu'il s'agisse d'espèces des milieux terrestres ou aquatiques»*. Dans cette zone, ne sont admis *«que les actes et travaux nécessaires à la protection active ou passive de ces milieux ou espèces»* (art. 38 du CWATUP). Ces zones ne couvrent cependant qu'une superficie limitée sur le territoire wallon (environ 22 000 hectares, soit environ 1,3 % du territoire). Plus largement, l'ensemble des zones dites «rurales» des plans de secteur, c'est-à-dire les zones non destinées à l'urbanisation (art. 25 du CWATUP), contribue à préserver l'espace ouvert en limitant l'urbanisation des espaces ruraux, ce qui en fait un instrument de premier ordre pour la mise en place d'un réseau écologique en Région wallonne.

L'on relèvera également la possibilité d'inscrire en surimpression au plan de secteur des *périmètres de liaison écologique»* qui visent *«à garantie aux espèces animales et végétales les espaces de transition entre leur biotope »*, au sein desquels les *«actes et travaux soumis à permis peuvent y être soit interdits soit subordonnés à des conditions particulières de protection»* (art. 40 et 452/21 du CWATUP)[16]. A défaut d'études scientifiques ou de directives susceptibles de guider la planification de ces périmètres aux endroits où des corridors écologiques fonctionnels doivent être maintenus ou restaurés, cette faculté, peu utilisée à ce jour, risque fort d'être suivie de très peu d'effets positifs sur la dispersion des espèces. L'on ne désespère pas cependant d'une collaboration entre l'administration de l'aménagement du territoire et celle de la conservation de la nature pour élaborer ou entreprendre une révision thématique

---

[16] Le Gouvernement peut en outre adopter un règlement régional d'urbanisme *«contenant toutes les dispositions de nature à assurer (...) 7° la protection d'un [périmètre de liaison écologique]»* (art. 76, al. 1er, du CWATUP), y compris soumettre à permis d'urbanisme des actes et travaux actuellement non soumis à un tel permis.

des plans de secteur à même d'établir les connexions écologiques nécessaires entre les sites Natura 2000 et les diverses zones protégées en général au moyen des outils de planification et d'autorisation du CWATUP.

2.3. Elaboration des schémas et des plans d'urbanisme et Natura 2000

2.3.1. Elaboration et évaluation des incidences des plans et schémas

Les sites Natura 2000 sont susceptibles d'être pris en compte au stade de l'élaboration des plans et schémas d'urbanisme, dès sa première étape, à savoir l'élaboration de *l'avant-projet de plans ou de schémas*. La législation en vigueur prévoit en effet que l'avant-projet est établi sur la base d'une *«analyse de la situation existante de fait et de droit»*, *«notamment des périmètres de protection visés par le présent Code ou d'autres législations»*, lesquels incluent bien entendu la loi sur la conservation de la nature et donc les sites Natura 2000[17]. Cette prise en compte en «amont» des sites Natura 2000 dans l'élaboration des plans et schémas est essentielle pour obliger l'autorité à étudier dès le départ les solutions alternatives les moins dommageables pour ces sites. Les sites Natura 2000 doivent donc être repérés et localisés dans l'avant-projet et l'autorité compétente pour adopter le plan doit motiver sa décision au regard de la présence de ces sites et des objectifs de conservation qu'ils poursuivent, c'est-à-dire principalement les surfaces d'habitat et les populations d'espèces pour lesquelles le site est désigné. Si la situation existante de fait et de droit prise en considération s'avère erronée, elle peut, le cas échéant, entraîner l'illégalité du plan d'aménagement adopté, conformément à l'ancienne jurisprudence du Conseil d'Etat[18].

---

[17] Voy., pour les schémas de structures communaux, art. 17, §1er; pour les plans de secteur, art. 42, al. 1er; pour les plans communaux d'aménagement: art. 50, §2 du CWATUP.

[18] B. PAQUES, *Aménagement du territoire: planification*, notes de cours, 2002-2003, p. 47. Il est à noter que la situation existante de droit et de fait constituait par ailleurs un élément nécessaire du contenu des plans de secteur avant la modification du CWATUP intervenue en 1997. Chaque plan de secteur est donc accompagné d'une description de

La transposition dans le CWATUP de la directive 2001/42/CE du 27 juin 2001 relative à l'évaluation des incidences de certains plans et programmes sur l'environnement est à l'origine de l'intégration de considérations expresses relatives à Natura 2000 dans l'élaboration des plans et schémas d'urbanisme, même si, faut-il le rappeler, la directive habitats exige une évaluation appropriée des incidences des plans d'urbanisme depuis le 10 juin 1994, date d'échéance du délai de transposition de la directive. L'on sait par ailleurs que la procédure d'évaluation des incidences des plans et programmes prévue par la directive 2001/42/CE est enclenchée chaque fois qu'est requise une évaluation appropriée au sens de la directive habitats (art. 3.2, b)). Le législateur wallon a transposé de façon relativement complète les dispositions de la directive 2001/42/CE en droit de l'urbanisme par un décret du 18 juillet 2002, en suspendant toutefois l'entrée en vigueur des dispositions nouvelles relatives à l'évaluation des incidences jusqu'au 11 mars 2005[19].

Dans le régime actuel, sauf exonération, les révisions des *plans de secteur* sont soumises à une *étude d'incidences environnementale* – étude d'impacts scientifique réalisée par un auteur agréé par le Gouvernement – (art. 46, § 2, du CWATUP), tandis que l'élaboration ou la révision des *PCA* est soumise seulement à un *rapport sur les incidences environnementales* – qui peut être réalisé par l'auteur du projet de plan sans agrément particulier (art. 50, §2, al. 1er, du CWATUP). La possibilité d'exonérer l'élaboration ou la révision du PCA de rapport d'incidences, prévue par l'article 50, § 2, al. 3, du CWATUP[20], est expressément exclue si, dans son périmètre figure tout ou partie d'un site Natura 2000 (art. 50,

---

la situation existante de fait et de droit au moment de l'adoption de l'avant-projet. Tous les plans des secteur ayant été adoptés avant fin 1987, ils n'intègrent pas dans leur situation existante de droit les premières désignations informelles des ZPS faites en novembre 1987 et en avril et septembre 1989, ce qui est une lacune dès lors que les ZPS devaient être en principe désignées en 1981. En revanche, les révisions partielles intervenues avant la modification de la législation de 1997 sur le contenu des plans devaient viser ces décisions selon nous. Leur légalité pourrait être sujette à caution si ce n'était pas le cas et si l'autorité avait été influencée par cette erreur (C.E., 16 septembre 1993, n° 44.075, *Vervalle*).

[19] Suite à l'adoption du décret-programme du 3 février 2005 de relance économique et de simplification administrative.

[20] Conformément aux conditions prévues par l'article 3, § 3, de la directive 2001//42/CE.

§ 2, al. 4, du CWATUP). Le législateur a également soumis, en 2002, les *schémas à valeur indicative* à rapport sur les incidences environnementales. En 2005, le Gouvernement a tenté de supprimer cette exigence dans son projet de décret de «relance économique et de simplification administrative» modifiant, entre autres, le CWATUP. Devant les objections de la section de la législation du Conseil d'Etat sur ce point[21], le législateur a intégré le contenu du rapport d'incidences environnementales directement dans le contenu des deux schémas, l'auteur de projet de schéma devenant également l'auteur de l'évaluation des incidences du schéma[22].

L'on notera que l'article 29, § 2, de la loi sur la conservation de la nature a étendu le champ d'application de l'évaluation appropriée des incidences Natura 2000» aux *règlements d'urbanisme*, considérés comme des «plans» à valeur réglementaire par l'article 1er bis, 28°, de cette même loi. Le CWATUP ne prévoit pas à ce jour d'évaluation des incidences des règlements d'urbanisme. Ceci n'ôterait pas le caractère illégal d'un règlement d'urbanisme pris sans évaluation appropriée si celle-ci était requise en vertu de la loi sur la conservation de la nature[23].

---

[21] Voy. *Doc. Parl. W.*, session 2004-2005, 74, n° 1, Avis du Conseil d'Etat, p. 97: «*La seule circonstance que des actes sont de «nature indicative et évolutive» n'a pas pour effet de les soustraire au champ d'application de la directive 2001/42/C.E. Il ne peut, à cet égard, être perdu de vue que, même si les schémas précités ne sont que des lignes de conduite dépourvues de force contraignante, l'autorité administrative ne peut s'en écarter, lorsqu'elle est saisie d'une demande de permis pour un projet déterminé, que moyennant une motivation adéquate (58); aussi y a-t-il lieu de considérer qu'au sens de la directive 2001/42/C.E., les schémas en question déterminent le cadre dans lequel peut être autorisée la réalisation d'un projet*».

[22] Voy. art. 13, §2 et art. 16, al. 2, du CWATUP. Voy. également dans le même sens, le «rapport urbanistique et environnemental» à élaborer préalablement à la mise en œuvre des zones d'aménagement communal concerté (ZACC) dont le contenu doit également contenir une telle évaluation (art. 33, § 2). Le Gouvernement a justifié cette option en considérant que «*il y a lieu de considérer que ces outils, dans la mesure où ils sont purement prospectifs, contiennent par essence la notion d'évaluation environnementale et qu'en conséquence, ils peuvent utilement être renforcés dans leur dimension spécifique à l'évaluation environnementale, au sein même du dispositif en vigueur qu'il s'indique d'adapter en conséquence*» (*Doc. Parl. W.*, session 2004-2005, 74, n° 1, Exposé des motifs, p. 9).

[23] L'article 29, § 2, de la loi sur la conservation de la nature ne sera d'application qu'une fois les sites Natura 2000 désignés officiellement. Dès lors qu'il n'est pas certain qu'un règlement d'urbanisme tombe dans le champ d'application de la notion de «tout plan» au sens de l'article 6,§ 3, de la directive Habitats, l'applicabilité directe de cette

La référence par le CWATUP aux zones désignées en vertu des directives oiseaux et habitats[24] est expresse dans le *contenu des différentes évaluations environnementales* exigées, quelle qu'en soit la forme, conformément à ce que prévoit la directive 2001/42/CE. Chaque évaluation doit en effet inclure des informations comprenant:

«4. Les caractéristiques environnementales des zones susceptibles d'être touchées de manière non négligeable;

5. Les problèmes environnementaux liés à l'avant-projet de [plan, schéma] qui concerne les zones revêtant une importance particulière pour l'environnement telle que celles désignées conformément aux directives 79/409/CEE et 92/43/CEE;

(...);

8. Les incidences non négligeables probables (...) sur l'environnement, y compris la diversité biologique, la population, la santé humaine, la faune, la flore, les sols, les eaux (...)»[25].

On remarquera cependant que, par rapport à la législation antérieure au 11 mars 2005, le contenu de l'évaluation environnementale des *schémas* ne comprend plus, de façon expresse, de mentions relatives aux sites Natura 2000[26], [27], en violation de la directive 2001/42/CE. En tout état de

---

dernière disposition au contentieux de l'annulation d'un règlement d'urbanisme reste incertaine. Il serait sans doute préférable d'invoquer l'article 6,§ 2, qui a également effet direct en Région wallonne et qui s'applique à tous les actes de l'autorité, qu'il s'agisse d'un plan ou non.

[24] Le CWATUP n'emploie pas à proprement parler le terme de «site Natura 2000» (utilisé par la loi sur la conservation de la nature) mais se réfère plutôt aux *«zones désignées conformément aux directives 79/409/CEE et 92/43/CEE»*. Ceci permet à l'administration de considérer les règles sur l'évaluation des incidences d'ores et déjà applicables aux sites proposés et retenus comme sites d'importance communautaire (SIC) mais non encore désignés officiellement comme «sites Natura 2000» au sens de la loi sur la conservation de la nature, leur faisant bénéficier d'une protection provisoire conformément à ce qu'exige l'article 4, § 5, de la directive habitats.

[25] Voy. art. 42, al. 2; art. 50, §2, al. 1er.

[26] Voy. art. 13, §2 et 16, al. 2. Le Gouvernement ne s'explique pas sur cette modification, se contentant d'affirmer que les schémas comprennent désormais *«dans leur contenu propre un chapitre spécifique reprenant les exigences de la directive 2001/42/C.E. précitée»* (*Doc. Parl. W.*, session 2004-2005, 74, n° 1, Exposé des motifs, p. 26).

[27] Le contenu de l'évaluation prévue dans les schémas omet trois points du contenu minimum prévu dans la directive 2001/42/CE (à savoir les points c (caractéristiques

cause, l'effet direct de l'article 6, §3 de la directive habitat, consacré en droit belge par le Conseil d'Etat[28], n'en soumet pas moins l'adoption desdits schémas à la réalisation d'une évaluation appropriée des incidences eu égard aux objectifs de conservation des sites susceptibles d'être affectés significativement par ces schémas. L'article 29, §2, de la loi sur la conservation de la nature, qui transpose *presque* littéralement l'article 6, §§ 3 et 4 de la directive habitat, ne permet pas de palier cette insuffisance dès lors qu'elle ne soumet à évaluation appropriée des incidences que les plans ayant valeur réglementaire[29].

Si l'introduction d'un mécanisme d'évaluation des incidences des plans et schémas tenant compte des sites Natura 2000 constitue un immense progrès, il faut cependant relativiser sa portée en Région wallonne. En effet, pour rappel, tous les plans de secteur ont été adoptés entre 1977 et 1987 à une époque où ces procédures étaient inexistantes. Les sites Natura 2000 ont donc été sélectionnés bien après l'adoption des plans de secteur. Plutôt que d'envisager une révision thématique desdits plans de secteur en vigueur pour les rendre cohérents avec les récentes sélections de sites Natura 2000, selon la procédure prévue expressément à l'article 29, § 1er, de la loi (*infra*), le Gouvernement wallon a préféré éviter dans toute la mesure du possible des contradictions entre une zone urbanisable et sa désignation comme site Natura 2000 en refusant la quasi-totalité des sélections opérées par les scientifiques qui se trouvaient être affectés en zones urbanisables. Ceci est en contradiction avec la jurisprudence «Estuaire de Severn» de la Cour de justice des Communautés européennes[30]. A l'exception de certains habitats jugés trop peu représentés dans le réseau wallon Natura 2000, la Commission a cependant approuvé les sélections ainsi faites, ce qui a pour effet *a priori* d'exclure de la protection de l'article 6, §§ 2 à 4, de la directive habitats les habitats d'intérêt communautaire qui n'auraient pas été sélectionnés par la Région wallonne pour faire partie du réseau Natura 2000[31].

---

environnementales des zones sensibles), d (problèmes liés au site Natura 2000), et h (solution alternative)).

[28] C.E., 4 avril 2001, n° 94.527, *a.s.b.l. L'Erablière*.

[29] Voy. la définition de plan à l'article 1er bis, 27.

[30] C.J.E., 7 novembre 2000, affaire C-371/98, «Estuaire de Severn», *Amén.-Env.*, 2001/1, p. 55, obs. Ch-H. BORN.

[31] En ce sens, voy. C.E., 4 août 2004, n° 134.204, *a.s.b.l. L'Erablière et crts*. Dans cette affaire, le Conseil d'Etat a considéré que, en excluant un habitat prioritaire (une

2.3.2. *Limites au pouvoir discrétionnaire de l'autorité compétente pour adopter le plan ou le schéma*

L'identification d'enjeux de conservation de la nature au cours de la procédure d'élaboration et d'évaluation des incidences des plans et schémas a d'abord une valeur informative et n'entraîne pas, par elle-même, d'obligations spécifiques de protection dans le chef des autorités compétentes, en dehors de l'application des principes généraux d'aménagement visés à l'article 1er du CWATUP. Les autorités compétentes restent, sous réserve de l'article 6, § 3, de la directive (*infra*), libres de décider de s'écarter de la situation existante de fait et de droit – sous réserve de dispositions contraignantes applicables relevant d'autres législations – et des conclusions de l'évaluation générale des incidences moyennant motivation (art. 8 de la directive 2001/42/CE).

Le CWATUP a néanmoins posé certaines règles décrétales encadrant le pouvoir discrétionnaire des autorités appelées à adopter ou réviser les plans d'aménagement du territoire à valeur réglementaire (art. 46, § 1er, al. 2, du CWATUP). Avant le 11 mars 2005, l'article 46, §1er, al. 2, 4° du CWATUP, prévoyait que l'inscription au plan de secteur d'une nouvelle zone destinée à l'urbanisation ne pouvait porter atteinte aux effets des périmètres de protection visés par le CWATUP *«ou d'autres législations»*, ce qui signifiait que les effets de l'inscription d'une zone destinée à l'urbanisation dans ou à proximité d'un site Natura 2000 ne pouvait rendre caduc le régime de protection qui s'y appliquait. C'était donc la règle du cumul qui était consacrée légalement par cette disposition[32]. La réforme de 2005 du CWATUP a supprimé cette disposition,

---

érablière) de ces sélections, la Région wallonne *«a fait usage de son pouvoir d'appréciation scientifique»* et qu'en outre, la Commission européenne a reconnu en 2003 que les propositions faites par la Région wallonne à propos de cet habitat étaient suffisantes *«de sorte que la Commission européenne a renoncé à faire usage de la procédure de «rattrapage» visée à l'article 5 de la directive habitats; qu'il n'y a donc pas de violation de l'article 6 de la directive en ce qui concerne [cet habitat]».*

[32] Avant l'entrée en vigueur de cette disposition en 2002, c'était même une incompatibilité de principe qui était consacrée par l'article 46, §1er, du CWATUP. L'on notera que cette règle du cumul permettait d'écarter l'application du principe de hiérarchie des normes dans les relations entre les plans à valeur réglementaire et les actes à valeur individuelle créant des aires protégées, qui se voyaient, par l'effet de cette disposition, mis sur le même plan que le plan de secteur.

laissant jouer à nouveau les principes de hiérarchie des normes et de cumul de polices administratives[33]. Aucune disposition du CWATUP ne transpose par ailleurs directement l'obligation pour l'autorité de «s'assurer» que le plan ou le schéma ne porte pas atteinte à l'intégrité d'un site Natura 2000[34].

Cette lacune ne porte que partiellement à conséquence. En effet, la loi du 12 juillet 1973 sur la conservation de la nature, telle que modifiée en 2002, apporte une limite à valeur décrétale au pouvoir discrétionnaire des autorités compétentes pour adopter ou réviser les plans d'aménagement *à valeur réglementaire*, en ce qu'elle prévoit que *«l'autorité compétente ne marque son accord sur le plan [...] qu'après s'être assurée qu'il ne porte pas atteinte à l'intégrité du site concerné»*. Toute révision ou adoption d'un plan d'aménagement du territoire n'offrant pas toutes les garanties de maintien de l'intégrité d'un site Natura 2000 s'avère donc illégale, ainsi que toutes les autorisations individuelles prises en application d'un tel plan. Cette disposition ne s'applique cependant pas aux schémas[35]. Encore une fois, l'effet direct de l'article 6,§ 3, de la directive

---

[33] Si à l'égard des sites Natura 2000, cette modification n'a pas d'incidences en soi, dès lors que les arrêtés de désignation des sites ont valeur réglementaire et donc ce cumul au plan d'aménagement, il n'en est pas de même à l'égard des autres types d'aires protégées, qui sont créées par des actes à portée individuelle et qui se voient donc à nouveau dans un rapport de subordination par rapport à une éventuelle modification d'un plan à valeur règlementaire, quand bien même celui-ci prévoirait la création d'une zone destinée à l'urbanisation à l'intérieur du périmètre de cette zone protégée. La modification constitue en conséquence un retour en arrière du point de vue de la protection de l'environnement.

[34] Deux autres limites au pouvoir discrétionnaire de l'autorité subsistent, à savoir l'obligation d'éviter toute urbanisation linéaire le long de la voirie et l'obligation de compenser l'inscription de toute nouvelle zone destinée à l'urbanisation par *«la modification équivalente d'une zone existante destinée à l'urbanisation en zone non destinée à l'urbanisation»* ou *«par toute compensation alternative définie par le Gouvernement»*. Ces deux obligations, si elles n'étaient affaiblies par une plus grande facilité de déroger aux servitudes *non aedificandi* du plan de secteur (voy. les art. 111 et s. et 127 nouveaux du CWATUP) et par la possibilité de prévoir des compensations «alternatives», pourraient mettre un frein à l'urbanisation croissante du territoire, qui isole de façon croissante les sites Natura 2000 wallons en rendant plus difficile la circulation des espèces entre les sites.

[35] Ces derniers étant exclus de la définition de «plan» au sens de la loi sur la conservation de la nature (art. 1er bis, 28°).

habitats (et, pour les sites devant encore être désignés comme ZPS, l'effet direct de l'article 4, § 4, première phrase de la directive oiseaux[36]) devrait pallier cette insuffisance, si du moins on considère que les schémas d'urbanisme entrent dans la notion de «plan» visée par l'article 6, § 3, de la directive habitats, ce qui ne semble pas faire de doute.

En tout état de cause, les dispositions à valeur réglementaire des arrêtés de désignation ainsi que l'interdiction générale à valeur décrétale de détériorer les habitats et de perturber significativement les espèces prévue par la loi sur la conservation de la nature (art. 28, al. 1er), se cumulent aux prescriptions à valeur réglementaire *a priori* moins strictes du plan litigieux[37].

2.4. Articulation formelle entre les plans et schémas d'aménagement du territoire en vigueur et les arrêtés de désignation des sites Natura 2000

2.4.1. La procédure de correction des plans en vigueur

Outre le mécanisme d'évaluation des incidences des plans avant leur adoption, le législateur a prévu un mécanisme d'articulation afin d'éviter des conflits directs d'articulation avec les plans à valeur réglementaire *en vigueur* dans différents domaines[38]. L'article 29, §1er de la loi sur la conservation de la nature prévoit en effet que *«en cas d'incompatibi-*

---

[36] Consacré en droit belge par le Conseil d'Etat dans son arrêt n° 96.128, 7 juin 2001, *Wellens et crts* (commenté ci-après, point V).

[37] Sur cette question, voy. F. HAUMONT, «La protection des sites en Région wallonne», in *Natura 2000 et le droit*, actes du colloque de Louvain-la-Neuve du 27 septembre 2002, Bruylant, Bruxelles, p. 324. Voy. également Ch.-H BORN, *Guide des zones protégées en Wallonie*, Jambes, Ministère de la Région wallonne, 2005, p. 238 et s.

[38] Un problème épineux pourrait en effet se poser si les mesures de protection à valeur réglementaire d'un arrêté de désignation d'un site Natura 2000 rendaient impossible la réalisation de la destination d'une zone d'un plan de secteur en vigueur, par exemple une zone constructible au sein de laquelle serait rendue applicable une servitude *non aedificandi* en faveur d'un habitat prioritaire. Faudrait-il y voir une abrogation implicite de l'affectation prévue au plan de secteur, en dehors des conditions de révision du plan prévues par le CWATUP et, partant, en violation du principe de parallélisme des formes et procédures?

lité»[39] entre les prescriptions à valeur réglementaire d'un plan en vigueur et celles d'un arrêté de désignation d'un site Natura 2000[40], le Gouvernement est tenu d'organiser une *«concertation entre les services concernés de l'administration régionale»*, selon les modalités qu'il doit fixer, le cas échéant, dans un arrêté[41]. A l'issue de la concertation, une proposition de mesures destinées à garantir l'intégrité du site doit être adoptée. La proposition doit être transmise à la commission de conservation[42] concernée pour avis, le contenu de la proposition n'étant pas spécifié dans la loi avec précision. Une telle proposition peut contenir par exemple un projet de révision partielle du plan de secteur en vue d'y transformer la zone urbanisable en zone non urbanisable[43], l'adoption d'un plan communal d'aménagement dérogatoire au plan de secteur posant problème, l'expropriation des terrains litigieux, etc.

Au terme de la concertation, le plan concerné doit être soumis au régime d'évaluation appropriée des incidences si la commission de conservation concernée estime que la proposition de mesures correctrices qui lui a été soumise ne suffit pas pour garantir l'intégrité du site ou si aucune proposition de mesures ne lui a été transmise. Aucune disposition dans la législation générale sur l'évaluation des incidences en Région wallonne n'organisant une évaluation des incidences pour des plans en

---

[39] Par «incompatible», il faut entendre, à la lumière de l'article 6, § 3, de la directive habitats, «susceptible d'affecter significativement» un site Natura 2000, individuellement ou en conjugaison avec d'autres plans ou projets.

[40] Les principales dispositions à valeur réglementaire des arrêtés de désignation des sites Natura 2000 sont d'une part les objectifs du régime de gestion active, et d'autre part les interdictions particulières et autres mesures préventives destinées à protéger le site.

[41] Cette procédure a conduit à la création d'une *«cellule interadministrative»* (CIA) composée des directeurs des principales administrations régionales concernées (aménagement du territoire, agriculture, environnement, etc.), laquelle s'est réunie à plusieurs reprises au moment de la sélection des sites Natura 2000 mais qui depuis a cessé ses activités.

[42] Organe consultatif chargé de la surveillance de l'état de conservation des sites.

[43] On a vu plus haut qu'une règle exigeait que l'inscription de toute nouvelle zone destinée à l'urbanisation soit compensée par la désaffectation d'une zone urbanisable existante ou une mesures compensatoire alternative (*supra*). Fort heureusement, aucune règle n'exige, à l'inverse, l'inscription d'une zone destinée à l'urbanisation lorsque l'on désaffecte une telle zone existante. Le mécanisme d'indemnisation des moins-values d'urbanisme (art. 70 du CWATUP) tient lieu de compensation pour les propriétaires concernés.

vigueur, il paraît nécessaire de proposer, au titre de mesures correctrices, une mise en révision du plan litigieux, laquelle entraînera l'obligation de réaliser soit une étude d'incidences, soit un rapport d'incidences environnementales, selon le type de plan concerné (*supra*).

2.4.2. *L'articulation avec les contrats de gestion*

En l'absence de mise en révision systématique des plans d'aménagement (principalement les plans de secteur) en cas d'incompatibilité avec un arrêté de désignation, force est de constater que les éventuels travaux de gestion des sites, dont certains impliqueront des modifications dans l'occupation du sol en vue de la restauration d'habitats (par exemple à partir de plantations de résineux sur sols tourbeux ou calcaires), resteront soumis au respect des prescriptions réglementaires des plans d'affectation des sols. Des contrats de gestion prévoyant la réalisation de travaux contraires à cette affectation pourraient voir leur validité remise en cause. Ainsi par exemple, la restauration par déboisement et défrichement de pelouses calcaires pâturées par du bétail dans des pinèdes affectées en zone forestière au plan de secteur pourraient s'avérer problématiques, même si ces incompatibilités pourraient ne pas être fréquentes en pratique.

III. LES PROJETS ET OPÉRATIONS D'AMÉNAGEMENT ET NATURA 2000

3.1. Les études préalables

Les études préalables aux projets et aménagements (étude d'incidences, étude d'impact et autres) comportent-elles des rubriques relatives au réseau Natura 2000 dès lors qu'il sont susceptibles d'affecter le site de manière significative?

Aux termes de l'article 29, §2, de la loi du 12 juillet 1973 relative à la conservation de la nature «tout plan ou projet soumis à permis, qui, au regard des prescriptions à valeur réglementaire de l'arrêté de désignation d'un site Natura 2000, est non directement lié ou nécessaire à la gestion du site mais est susceptible d'affecter ce site de manière significative, individuellement ou en conjugaison avec d'autres plans et projets, est soumis à l'évaluation des incidences prévue par la législation organisant l'évaluation des incidences sur l'environnement dans la Région wallonne, eu égard aux objectifs de conservation du site et selon les modalités fixées par le gouvernement.»

C'est donc la législation générale en matière d'évaluation des incidences sur l'environnement dans la Région wallonne qui trouve à s'appliquer en ce qui concerne les sites Natura 2000 qui ont fait l'objet d'un arrêté de désignation (il n'y en a pas encore). En ce qui concerne ceux qui n'ont été que proposés à la Commission, cette même législation – la législation générale en matière d'évaluation des incidences sur l'environnement dans la Région wallonne – trouve aussi à s'appliquer[44].

A ce jour, aucun arrêté d'exécution n'a visé dans son préambule l'article 29, §2, de la loi du 12 juillet 1973 relative à la conservation de la nature.

Alors que cette disposition exclut de son champ d'application les plans et projets qui, au regard des prescriptions à valeur réglementaire de l'arrêté de désignation d'un site Natura 2000 sont directement liés ou nécessaires à la gestion du site, la législation générale en matière d'évaluation des incidences sur l'environnement en Région wallonne ne fait pas de distinction selon que le projet est ou non directement lié ou nécessaire à la gestion du site. Comme l'a écrit C.-H. BORN[45], «ceci implique que les plans et projets qui sont directement liés ou nécessaires à la gestion du site et qui sont visés par cette législation générale, ne sont pas exonérés de l'évaluation générale des incidences ni donc, semble t-il, de son volet Natura 2000. Ainsi, si la gestion d'un site implique son déboisement, celui-ci sera soumis, le cas échéant, à permis d'urbanisme et donc à notice d'évaluation des incidences. Ceci pourrait ralentir la gestion de certains sites Natura 2000.» Une modification législative serait donc la bienvenue. On peut aussi envisager une modification de la liste

---

[44] Plus précisément, alors que l'article 29, §2, de la loi sur la conservation de la nature ne trouve pas encore à s'appliquer, la législation organisant l'évaluation des incidences sur l'environnement dans la Région wallonne à laquelle il est renvoyé dans cette disposition, a été modifiée pour comporter un volet Natura 2000 (voir, entre autres, à ce sujet, C.-H. BORN, Guide juridique des zones protégées en Wallonie, Région wallonne, 2005, p. 217, et plus spécialement la note subpaginale n° 324).

[45] Op. cit, p. 228.

des actes et travaux exonérés de permis d'urbanisme en raison de leur minime importance par le biais d'un arrêté du gouvernement.

Par contre, la notion de projet et d'opération d'aménagement est reprise dans la disposition précitée sous le vocable «projet soumis à permis». La loi du 12 juillet 1973 sur la conservation de la nature ne définit pas la notion de projet. S'agissant de la notion de permis, l'article 1ᵉʳ bis, 28°, la définit comme une autorisation individuelle accordée en vertu d'une législation applicable en Région wallonne pour une activité, une exploitation, une construction ou un ouvrage. Est notamment visée par cette définition le permis d'urbanisme. Il en est de même du permis de lotir. Les projets qui ne figurent pas dans la liste des actes et travaux soumis à permis d'urbanisme, ni dans celle des actes soumis à permis de lotir, soit parce qu'ils ne rentrent pas dans leur champ d'application, soit parce qu'en raison de leur minime importance, ils en sont dispensés, soit encore parce qu'en raison de leur minime importance également, ils ne font l'objet que d'une déclaration, ne sont pas soumis à une évaluation des incidences. Et comme le régime général de l'évaluation des incidences en Région wallonne, auquel il est renvoyé, ne trouve à s'appliquer qu'aux projets soumis à autorisation, il en résulte qu'il n'y a, au stade actuel, aucune disposition qui régit l'évaluation des incidences de ces catégories de projet[46],[47].

---

[46] A ce sujet, la section de législation du Conseil d'Etat avait fait observer: «Pour éviter toute critique, le législateur pourrait compléter ce dispositif par l'institution d'un régime résiduel consistant à soumettre à l'accord d'une autorité à désigner et au respect des règles fixées par l'article 6, §3, et 4, de la directive, la réalisation de plans ou de projets satisfaisant à la double condition de posséder les caractéristiques énoncées par le texte communautaire et de ne pas être soumis à l'un des régimes de décision existant cités plus haut.» (Doc. parl. wal., 250 (2000-2001), n°1, avis, p. 120).

[47] Poursuivant l'objectif de simplifier le droit de l'urbanisme et de l'aménagement du territoire, le Gouvernement wallon a récemment arrêté la liste des actes et travaux qui ne sont soumis qu'à une déclaration urbanistique, ainsi que la forme et le contenu de cette déclaration (arrêté ministériel du 13 mars 2006, M.B. 6 avril 2006 et article 263.)C'est ainsi que la culture de sapins de Noël, comme l'établissement ou la modification d'un système de drainage dans les zones non destinées à l'urbanisation, sont soumis à une déclaration urbanistique préalable dont la forme et le contenu ne se réfèrent en rien aux sites Natura 2000. Certes, le régime de la déclaration urbanistique n'est applicable qu'à la condition que les actes et travaux n'impliquent aucune dérogation à des dispositions de nature législative ou réglementaire mais il faut admettre que cette formulation par trop générale, ne garantit pas la protection des sites Natura 2000. Il conviendrait pour mieux

Il n'y a pas dans les dispositions décrétales organisant l'évaluation des incidences sur l'environnement de disposition spécifique sur l'évaluation des incidences Natura 2000 (voir Code de l'environnement, livre Ier: dispositions communes et générales, partie V, évaluation des incidences sur l'environnement, articles 49 à 51 et 62 à 81).

Par contre, les dispositions de nature réglementaire (article R46 et articles R52 à R86) contiennent quelques règles spécifiques aux incidences sur les sites Natura 2000.

C'est ainsi que pour les dossiers qui doivent comporter uniquement une notice d'évaluation des incidences sur l'environnement, l'annexe VI intitulée «forme et contenu minimum de la notice d'évaluation des incidences sur l'environnement» précise sous l'intitulé «situation existence de droit en aménagement du territoire, urbanisme et patrimoine»: «Le terrain est-il situé (...) dans un périmètre de protection visé par la loi du 12 juillet 1973 sur la conservation de la nature, modifiée notamment par le décret du 6 décembre 2001 relatif aux réserves naturelles ou forestières, sites Natura 2000.»[48]. En outre, il est notamment prévu dans la même annexe sous l'intitulé «description du site avant la mise en œuvre du projet»: «évaluation sommaire de la qualité du site Natura 2000, des réserves naturelles ou forestières», ainsi que «présence d'un site Natura 2000, réserves naturelles ou forestières.»[49]. Enfin, sous l'intitulé «effets du projet sur l'environnement », la même annexe prévoit entre autres en j. « compatibilité du projet avec les voisinages (présence d'une école, d'un hôpital, d'un site Natura 2000, d'une réserve naturelle, d'une réserve forestière, etc....) »[50].

---

assurer la protection des sites Natura 2000, soit de modifier l'article 263 et l'arrêté ministériel du 13 mars 2006, soit de modifier le décret pour préciser à l'alinéa 3 du §2 de l'article 84 du CWATUP que la liste des actes et travaux qui ne requièrent pas de permis d'urbanisme et ne requièrent qu'une déclaration urbanistique préalable ne s'applique en tout cas pas lorsque les actes et travaux se rapportent à des biens proposés comme site Natura 2000. Cette dernière solution a, au reste, été retenue, en matière de patrimoine.

[48] Le terme «proximité» n'est pas autrement précisé. C'est important, dès lors que la notion de proximité renvoie, au sens usuel, à un concept de distance, tandis que celle d'impact significatif sur un site Natura 2000 ne s'y limite pas.

[49] La notice doit décrire le site avant la mise en œuvre du projet. Dès lors, si le projet est destiné à être réalisé non pas dans un site Natura 2000 mais à proximité, la description de ce dernier n'est pas expressément requise.

[50] Mutatis mutandis, la même observation que celle faite dans la note subpaginale n° 46 peut être formulée.

S'agissant des projets soumis à étude d'incidences, outre que l'article 57 permet au demandeur de consulter l'autorité compétence sur les informations à fournir dans ce cadre[51], l'annexe VII relative à la forme et au contenu minimum de l'étude d'incidences précise uniquement au 6°, que la description des effets importants directs et indirects que le projet est susceptible d'avoir sur l'environnement, porte notamment sur les sites Natura 2000. Il convient enfin d'observer que le contenu de l'étude d'incidences est encore tributaire des observations formulées dans le cadre de la consultation du public organisée avant l'introduction de la demande de permis[52].

---

[51] «L'avis que l'autorité compétence donnerait sur le contenu de l'étude d'incidences ne porte pas préjudice à la faculté que lui accorde l'article 10, alinéa 2, du décret précité d'exiger du demandeur et de l'auteur d'étude des informations complémentaires. En effet, les articles 9, alinéa 3, et 10, alinéa 2, du décret précité ne s'excluent pas mutuellement, mais en outre, ils ne trouvent pas à s'appliquer au même moment: dans le premier cas, l'avis est sollicité avant la réalisation d'une étude d'incidences, dans le second cas, l'information complémentaire est demandée par l'autorité compétence sur le vu de l'étude d'incidences sur l'environnement. Au surplus, l'article 5.2 de la directive 85/337/CEE le précise par les termes: «Le fait que l'autorité en question ait rendu un avis au titre du présent paragraphe ne l'empêche pas de demander ultérieurement au maître d'ouvrage de présenter des informations complémentaires.»» (E. ORBAN DE XIVRY, Le système des évaluation des incidences sur l'environnement: information et consultation du public – études – agrément des auteurs, Le permis d'environnement en Région wallonne: le décret wallon relatif au permis d'environnement: échanges d'expériences après un an d'application, actes du colloque du 23 janvier 2004, ouvrage collectif, VANDEN BROELE, 2004, p.82). On observera aussi qu'alors que l'article 9, §3, alinéa 2, du décret du 11 septembre 1985 organisant l'évaluation des incidences sur l'environnement dans la Région wallonne faisait obligation au gouvernement de déterminer les modalités suivant lesquelles, lorsqu'elle est sollicitée par le demandeur, l'autorité compétente donne un avis sur les informations à fournir dans la notice, comme dans l'étude, le gouvernement n'a exécuté cette disposition qu'en ce qui concerne l'étude.

[52] Voir articles R76 à R80 et nos observations à ce sujet, op. cit., p. 78 et 79. J'y répondais comme suit, à la question de savoir quand il y avait lieu d'organiser cette consultation: «Il résulte de l'article 31, alinéa 2, 1°, de l'arrêté que sont invités à la réunion et peuvent s'y faire représenter, notamment la personne choisie par le demandeur pour réaliser l'étude d'incidences. Autrement dit, la réunion doit être organisée avant la réalisation de l'étude d'incidences, mais après le choix par de demandeur de l'auteur de l'étude d'incidences (dans le projet soumis à l'avis de la section de législation du Conseil d'Etat, il était prévu que la réunion de consultation puisse avoir lieu avant la désignation de l'auteur de l'étude. La section de législation s'était interrogée sur le point de savoir si cette solution ne risquait pas de compromettre l'efficacité de ladite réunion «dès lors

Ces dispositions relatives au contenu minimal de la notice et au contenu minimal de l'étude d'incidences doivent encore être combinées avec les dispositions qui se rapportent au contenu de la demande de permis d'urbanisme ou de la demande de permis unique, c'est-à-dire de la demande de permis qui tient lieu de permis d'environnement et de permis d'urbanisme. A ce sujet, en matière de demande de permis d'urbanisme, aucune disposition spécifique aux sites Natura 2000 n'est prévue. Tout au plus, une instruction a-t-elle été adoptée aux termes de laquelle, toute demande de permis d'urbanisme qui s'implante dans un site Natura 2000 ou à moins de 100 mètres d'un site Natura 2000 est soumise à l'avis de la Division de la nature et des forêts[53],[54].

---

que celle-ci a pour objet comme le prévoit l'article 12 du décret du 11 septembre 1985, de «mettre en évidence les points particuliers qui pourraient être abordés dans l'étude d'incidences» et de «présenter des alternatives (...) afin qu'il en soit tenu compte lors de la réalisation de l'étude d'incidences.» (avis, op. cit., p. 20). Voir encore, J. BASTIN, op. cit., p. 375 qui estime: «Cette consultation doit avoir lieu avant l'introduction de son dossier de demande et avant l'étude d'incidences, même s'il pourrait être admis que celle--ci ait déjà été entamée mais uniquement sur la description des lieux et non sur le projet lui-même». L'administration semble partager ce dernier avis. Il ne faut pas se laisser influencer par l'intitulé erroné du titre du chapitre IV de l'arrêté du Gouvernement wallon du 4 juillet 2002 organisant l'évaluation des incidences sur l'environnement dans la Région wallonne qui pourrait amener à considérer que l'enquête doit seulement être organisée avant l'introduction de la demande.».

[53] Instruction de la Direction générale de l'aménagement du territoire, de l'urbanisme et du patrimoine et de la Direction générale de l'environnement du 19 janvier 2005 (MRW/DGATLP-DGRNE/2005/01): toute demande de permis de lotir, de permis d'urbanisme ou de certificat d'urbanisme, hormis celles qui sont reprises dans une annexe, sont soumises à l'avis des services extérieurs de la Division de la nature et des forêts (8 directions). Figure également en annexe à cette instruction «un canevas d'évaluation appropriée des incidences sur l'environnement relatif aux sites Natura 2000, qu'il y a lieu de prescrire lors des procédures de demande de permis d'urbanisme». Le texte de la circulaire n'est pas clair sur le point de savoir si ce canevas se rapporte à toute évaluation des incidences sur l'environnement (notice et étude) ou uniquement à l'évaluation qui prend la forme d'une étude.

[54] Alors précisément que le gouvernement avait pris en considération la problématique des sites Natura 2000 en soumettant à permis d'urbanisme les défrichements et modifications de végétation des habitats naturels d'intérêt communautaire proposés à la Commission, tant qu'ils ne sont pas couverts par un arrêté de désignation (article 84, §1er, 12°, du CWATUP et article 452/27, 4°), il n'a pas estimé utile de préciser le contenu du dossier de demande de permis d'urbanisme à cet effet. Le gouvernement s'est borné à exiger à l'article 297 que le dossier contient «une note décrivant la nature de la

Par contre, s'agissant de la demande de permis unique, il convient d'observer que le formulaire de demande formant l'annexe Ière à l'arrêté du Gouvernement wallon du 4 juillet 2002 relatif à la procédure et à diverses mesures d'exécution du décret du 11 mars 1999 relatif au permis d'environnement, comporte une rubrique relative à l'impact du projet sur un site Natura 2000: voir plus particulièrement la deuxième partie: effets du projet sur l'environnement; IV.: autres effets sur l'environnement; 4: impact du projet sur un site Natura 2000. Deux questions y sont posées: le projet est-il situé dans le périmètre d'un site Natura 2000[55]. La seconde question posée est la suivante: le projet est-il susceptible d'affecter un site Natura 2000 de manière significative? On observera que la question ne distingue pas les projets destinés à être implantés à l'intérieur d'un site Natura 2000 ou à l'extérieur d'un site Natura 2000[56].

---

végétation, le but des travaux et la situation prévue après le défrichement.» Au sujet de cette catégorie d'actes et travaux soumis à permis d'urbanisme, voir notre contribution, in Commentaire systématique du nouveau CWATUP, ouvrage sur feuillets mobiles, Kluwer, la circulaire n°2668 relative à la compétence des directeurs, des chefs de cantonnement et des préposés de la Division de la nature et des forêts pour rechercher et constater des infractions aux dispositions du CWATUP du 23 février 2004, plus spécialement les pages 7 et 8, et la circulaire d'interprétation de l'article 84, §1er, 12°, point 5°, défini par l'arrêté du Gouvernement wallon du 17 juillet 2003 déterminant les zones protégées visées à l'article 84, §1er, 12°, du CWATUP (M.B. du 9 avril 2004).

[55] Le formulaire précise: «Des informations relatives à la proximité d'un site Natura 2000, les objectifs de conservation de celui-ci, les contraintes en résultant peuvent être obtenues auprès de l'administration, à savoir, la direction extérieure territorialement compétente de la Division de la nature et des forêts (DNF). Par territorialement compétente, on entend la direction extérieure ayant dans son ressort la commune du lieu d'implantation du projet. Des informations utiles sont également disponibles via Internet.»

[56] Le formulaire comporte les termes suivants: «Une attention particulière devra être portée sur les impacts potentiels sur les espèces et habitats d'intérêt communautaire du site, et en particulier les habitats prioritaires (décret du 6 décembre 2001). Le remplissage de ce cadre constitue une évaluation appropriée des incidences sur le site. Dans le cas où les impacts de ce projet sur le site Natura 2000 sont défavorables au maintien de l'état de conservation des habitats et/ou des espèces d'intérêts communautaires, vous devez préciser: qu'il n'y a pas d'alternative à ce projet; s'il existe des raisons impératives majeures, y compris de nature sociale ou économique qui justifieraient néanmoins sa réalisation; si le site concerné abrite un type d'habitat naturel prioritaire; s'il existe des considérations liées à la santé de l'homme et à la sécurité publique à des conséquences bénéfiques primordiales pour l'environnement qui justifieraient néanmoins sa réalisation et les mesures compensatoires éventuelles envisagées. Le dossier ne pourra pas être

Dans l'arrêté du Gouvernement wallon du 4 juillet 2002 arrêtant la liste des projets soumis à étude d'incidences et des installations et activités classées, il convient de relever que la Division de la nature et des forêts est consultée par le fonctionnaire technique sur le caractère complet de la partie relative à Natura 2000 du formulaire de demande de permis (article 3, alinéa 2)[57]. Enfin, indépendamment de cet avis sur le caractère complet du dossier de demande, il convient encore d'indiquer que la Division de la nature et des forêts est consultées au cours de l'instruction de la demande de permis sur certains projets (article 2, §5, du même arrêté). Mais, cette consultation est rendue obligatoire pour des projets indépendamment du point de savoir s'ils s'implantent dans ou à proximité d'un site Natura 2000 et s'ils sont susceptibles d'avoir un effet significatif sur l'état de conservation des habitats et des espèces protégées[58].

3.2. Les règles encadrant la délivrance des autorisations

Une autorisation d'urbanisme peut-elle être refusée pour une atteinte à un site Natura 2000:
- en application de la législation transposant la directive
- en application des règles d'urbanisme: nationales, régionales, locales

---

considéré comme complet, au sens de l'article 19 du décret du 11 mars 1999, relatif au permis d'environnement, si cette évaluation n'est pas effectuée.»

[57] Au sujet de cette disposition, la section de législation du Conseil d'Etat avait émis l'observation suivante: «Force est de constater qu'en l'espèce, le texte à l'examen ne contribue à l'exécution de l'article 29, §2, de la loi du 12 juillet 1973, que pour une partie assez limitée du champ d'application de cette disposition législative. Pour assurer au mieux l'exécution de celle-ci, et notamment pour garantir la cohérence du dispositif mis en place, il s'indiquerait que le gouvernement adopte en même temps l'ensemble des mesures que requiert ladite exécution.» (avis n°36.057/4, p.17). On ajoutera qu'alors que l'arrêté du 4 juillet 2002 prévoyait jusqu'à sa modification du 22 janvier 2004 que l'avis de la Division de la nature et des forêts devait respecter les délais prévus à l'article 20 du décret du 11 mars 1999 relatif au permis d'environnement, la modification intervenue ne donne aucune précision sur le délai endéans lequel la Division de la nature et des forêts est invitée à formuler son avis.

[58] Dans le même sens, C.-H. BORN, CJCE, C-209/02, 29 janvier 2004, Amén.-Env. 2004/3, p. 155 et suivantes, plus spécialement la note subpaginale n°16.

En application de la législation transposant la directive

L'article 29, §2, de la loi du 12 juillet 1973 relative à la conservation nature porte entre autres: «L'autorité compétente ne marque son accord sur le plan ou le projet qu'après s'être assurée qu'il ne porte pas atteinte à l'intégrité du site concerné.»

Il faut relever que cette disposition ne concerne que les sites Natura 2000 désignés par le gouvernement et non «les sites Natura 2000» qui sont désignés par un autre Etat membre ou par une autre région de la Belgique.

Ainsi que l'a écrit C.-H. BORN, «la notion «d'intégrité du site» n'est pas définie mais se réfère clairement aux objectifs de conservation du site et s'évalue par rapport au site et non par rapport à l'état de conservation des espaces et habitats concernés sur le territoire de la Région wallonne, ou dans l'ensemble de leurs aires de répartition.»[59]. La marge d'appréciation de l'autorité compétence est limitée puisqu'il lui appartient d'abord de s'assurer que le projet porte ou ne porte pas atteinte à l'intégrité du site concerné, ensuite, de refuser le permis sollicité si elle n'est pas certaine que le projet ne porte pas atteinte à l'intégrité du site concerné. Plus exactement, en pareille hypothèse, l'autorité compétente peut soit refuser la demande, soit octroyer le permis à des conditions dont la réalisation permettra de l'assurer que le projet ne porte pas atteinte à l'intégrité du site concerné.

Pour rappel, alors qu'en Région wallonne, aucun site Natura 2000 n'a fait l'objet d'un arrêté de désignation, l'administration applique d'ores et déjà l'esprit de cette disposition, en raison de l'effet direct qui s'attache à l'article 6, §3, de la directive[60]. Bien entendu, il serait préférable que le législateur intervienne pour prévoir expressément que le pouvoir d'appréciation de l'autorité compétente est limité même si le site Natura 2000 ne fait pas encore l'objet d'un arrêté de désignation.

---

[59] Op. cit., p. 234.
[60] CJCE, 7 septembre 2004, «Mer de WADDEN», point 69: «Il s'ensuit que l'article 6, §3, de la directive habitats peut être pris en considération par le juge national en vue de contrôler si l'autorité nationale qui a délivré une autorisation relative à un plan ou à un projet est restée dans les limites de la marge d'appréciation tracée par la disposition en cause.»

En application des règles d'urbanisme

L'article 29, §2, de la loi du 12 juillet 1973 sur la conservation de la nature trouve à s'appliquer à toute demande de permis d'urbanisme, avec les mêmes réserves que celles que nous avons indiquées lorsque nous avons examiné la législation transposant la directive.

Il reste que certaines dispositions complémentaires figurent dans le Code wallon de l'aménagement du territoire, de l'urbanisme et du patrimoine. C'est ainsi que l'article 452/35 porte en son alinéa 2: «la préservation des caractéristiques d'un site voisin sur pied de la loi sur la conservation de la nature du 12 juillet 1973 ou des directives 79/409/CEE et 92/43/CEE ne peut être mise en péril.» Cette disposition ne trouve à s'appliquer qu'aux demandes de permis d'urbanisme qui portent sur boisement, la culture intensive d'essences forestières, la pisciculture, les refuges de pêche et les activités récréatives de plein air, à réaliser en zone agricole au plan de secteur[61].

Quant à l'article 452/42, il a un contenu identique et se rapporte exclusivement aux demandes de permis d'urbanisme relatives aux constructions indispensables, à la surveillance des bois, leur exploitation et à la première transformation du bois, à la pisciculture et aux refuges de chasse et de pêche à réaliser en zone forestière au plan de secteur.

3.3. Les mesures compensatoires

En cas d'atteinte à un site Natura 2000, quelles sont les mesures compensatoires qui sont prévues en application de l'article 6, § 4, de la directive?

Le seul mécanisme de dérogation prévu l'est à l'article 29, §2, alinéas 4 et 5, de la loi sur la conservation de la nature.

Cette disposition porte: «Si, en dépit de conclusions négatives de l'évaluation des incidences et en l'absence de solution alternative, le plan

---

[61] Il s'agit d'une disposition réglementaire qui a été adoptée par le Gouvernement wallon avant la promulgation du décret modificatif de la loi du 12 juillet 1973 sur la conservation de la nature, qui a véritablement transposé les directives 79/409 et 92/43//CEE.

ou le projet doit néanmoins être autorisé pour des raisons impératives d'intérêt public majeur, y compris de nature sociale ou économique, l'autorité compétente prend toute mesure compensatoire nécessaire pour assurer que la cohérence globale du réseau Natura 2000 est protégée et informe la Commission des Communautés européennes des mesures compensatoires adoptées. Lorsque le site concerné abrite un type d'habitat naturel prioritaire et/ou une espèce prioritaire, seules peuvent être invoquées des considérations liées à la santé de l'homme et à la sécurité publique ou à des conséquences bénéfiques primordiales pour l'environnement ou, après avis de la Commission des Communautés européennes, à d'autres raisons impératives d'intérêt public majeur.»

Comme l'a écrit C.-H. BORN[62]: «Aucune dérogation (...) n'est expressément prévue à l'égard d'activités qui ne constituent ni un plan, ni un projet soumis à permis visé par l'article 29, §2, de la loi du 12 juillet 1973 (par exemple, des activités de circulation, certaines activités cynégétiques, agricoles ou sylvicoles...). Les activités en question devraient donc être soumises à autorisation ou à un mécanisme similaire (une interdiction particulière susceptible d'être levée par un mécanisme de «dérogation» prévu dans l'arrêté de désignation nous paraît constituer un tel mécanisme d'autorisation) par l'arrêté de désignation au titre de «mesures de prévention». (...) pour pouvoir tomber sous le champ de l'article 29, §2, de la loi du 12 juillet 1973 et donc du mécanisme de dérogation. La possibilité de demander une dérogation reste incertaine pour les activités interdites non soumises à une telle autorisation. Les problèmes d'articulation pourraient également se poser si l'arrêté de désignation impose une interdiction générale à l'égard de certaines activités présumées avoir un effet significatif dans tous les cas (par exemple, l'urbanisation du site). Il importe d'y être très attentif lors de la rédaction des arrêtés de désignation.»

Il y a en effet deux problèmes. Le premier problème concerne les interdictions particulières que contiendrait l'arrêté de désignation et qui portent sur les projets à implanter à l'intérieur d'un site Natura 2000 ou à l'extérieur de celui-ci. A ce sujet, il convient d'observer qu'aucune disposition de la loi sur la conservation de la nature n'organise l'articulation entre les interdictions particulières susceptibles d'être contenues dans un

---

[62] Op. cit., p. 236.

arrêté de désignation, lesquelles ont valeur réglementaire et le régime relatif à l'évaluation des incidences sur le site Natura 2000 qui porte sur les projets soumis à permis. Dès lors, à défaut de disposition spécifique dans l'arrêté de désignation, l'autorité compétente, en présence d'une interdiction particulière, ne pourrait pas faire usage du régime dérogatoire prévu à l'article 29, §2, de la loi. Mais cette solution risquerait bien de heurter fréquemment le principe d'égalité et de non discrimination, dès lors précisément que le régime dérogatoire organisé peut être mis en œuvre, lorsque la cohérence globale du réseau Natura 2000 est garantie. Autrement dit, on change d'échelle: a priori, l'interdiction particulière ne concerne qu'un site. Pourquoi ne pourrait-elle dès lors pas être levée aux conditions prévues par l'article 29, §2, de la loi?

La réponse à la seconde question risque aussi de heurter le principe d'égalité et de non discrimination: pourquoi organiser un régime plus draconien, s'agissant des projets qui ne sont pas soumis à permis alors qu'ils ont été de façon globale – pas uniquement à l'égard de la problématique des sites Natura 2000 – considérés par le législateur ou par le gouvernement comme moins importants. Nous estimons que le gouvernement, en adoptant les arrêtés de désignation des sites Natura 2000, ferait bien de modaliser les interdictions en spécifiant qu'elles sont relatives, en ce sens que s'agissant des projets déjà soumis, ils pourraient être accordés conformément à l'article 29, §2, de la loi (le cas échéant, une modification des procédures d'instruction des permis serait nécessaire pour mieux garantir que leur mise en œuvre ne porte pas atteinte à l'intégrité du site concerné). Et s'agissant des projets qui ne sont pas actuellement soumis à permis, il conviendrait qu'une autorisation puisse être délivrée conformément à une procédure similaire à celle que prévoit l'article 29, §2, de la loi.

IV. RELATIONS AVEC LA PLANIFICATION SPÉCIALISÉE

Dans la présente contribution, on se limite à examiner la planification spécialisée dans trois domaines: le domaine des eaux, celui du patrimoine et celui des déchets.

4.1. Planification spécialisée en matière d'eaux[63]

A. Le décret wallon du 21 avril 1994 « *relatif à la planification en matière d'environnement dans le cadre du développement durable* » prévoit l'adoption d'un plan d'environnement pour le développement durable (PEDD), contenant des objectifs et des actions à mener notamment dans le domaine de l'eau[64], complété par des programmes sectoriels, dont l'un est relatif à l'eau. Si le PEDD a vu le jour, le programme d'action pour la qualité des eaux, non encore élaboré, est appelé à être remplacé par le plan de gestion du bassin hydrographique, issu de la directive 2000/60/CE *instituant un cadre pour une politique communautaire dans le domaine de l'eau*, et qui constitue le véritable instrument de mise en œuvre de la gestion des eaux par bassin[65]. Ce plan synthétise en effet l'ensemble des données recueillies et des actions menées dans le bassin, et contient un résumé des documents suivants:
- l'état descriptif du bassin qui détaille les caractéristiques de celui-ci, les pressions anthropiques ayant des conséquences sur l'état qualitatif et quantitatif des eaux, ainsi que les utilisations de l'eau d'un point de vue économique;
- le programme de surveillance de l'état des eaux;
- la liste des objectifs environnementaux qui visent à assurer la restauration et le maintien à la fois de la qualité et de la quantité des eaux du bassin, en vue d'obtenir un bon état de toutes les eaux d'ici 2015;
- le programme de mesures qui contient l'ensemble des actions menées dans le bassin pour atteindre les objectifs environnementaux;

---

[63] Partie rédigée par Laurence RENOY.

[64] Comme objectifs, par exemple, la conception d'une gestion plus globale de l'eau, le développement d'un écosystème équilibré des cours d'eau, l'exploitation des nappes d'eau souterraine garantissant leur durabilité à long terme, ...Comme actions, par exemple, maintenir ou rétablir pour toutes les nappes un niveau d'exploitation durable, développer une approche globale des cours d'eau en ce compris le problème de la qualité des eaux de surface, mettre en place les mesures de protection des nappes et des captages, ...

[65] Article D. 24 du Code de l'eau, *Moniteur belge* du 12 avril 2005; err. *Moniteur belge* du 21 juin 2005.

- les mesures prises en matière d'information et de consultation du public;
- un bilan du plan de gestion précédent.

Alors que le plan de gestion possède une double nature, étant donné qu'il est à la fois descriptif et prévisionnel, le programme de mesures est plutôt de nature prescriptive. Les dispositions prescriptives du programme de mesures sont revêtues de la valeur indicative[66], tout comme les plans régis par le décret du 21 avril 1994 précité. Une motivation adéquate est donc nécessaire pour s'écarter de la prescription.

Il existe également pour tout le territoire wallon un règlement général d'assainissement[67]. Celui-ci spécifie les régimes d'assainissement pour toute zone destinée à l'urbanisation aux plans de secteur et y définit les obligations en matière de traitement et d'évacuation des eaux urbaines résiduaires. A chaque sous-bassin hydrographique wallon (ils sont au nombre de quinze) correspond un plan d'assainissement (PASH), qui fixe le régime d'assainissement des eaux usées, et précise l'emplacement des ouvrages d'assainissement, notamment dans des sites Natura 2000.

La planification en matière d'eau n'est que très partiellement intégrée à la planification en matière d'aménagement du territoire et de l'urbanisme.

En termes de planification en matière d'aménagement du territoire à l'échelon régional, le schéma de développement de l'espace régional comprend, entre autres:
- une description des objectifs de l'avant-projet de schéma de développement de l'espace régional, ainsi que ses liens avec d'autres plans et programmes pertinents (article 13, § 2, 4°);
- les aspects pertinents de la situation environnementale ainsi que son évolution probable si le schéma de développement de l'espace régional n'est pas mis en œuvre (article 13, § 2, 5°);
- les objectifs pertinents en matière de protection de l'environnement et la manière dont ils sont pris en considération dans le cadre de l'élaboration du schéma (article 13, § 2, 6°);

---

[66] Article D. 23, § 6, du Code de l'eau, *Moniteur belge* du 12 avril 2005; err. *Moniteur belge* du 21 juin 2005.

[67] Arrêté du Gouvernement wallon du 22 mai 2003 relatif au règlement général d'assainissement des eaux urbaines résiduaires, *Moniteur belge* du 10 juillet 2003.

Le schéma de développement de l'espace régional aborde succinctement les besoins en eau potable, la protection des captages et l'approvisionnement en eau de qualité, le niveau durable d'exploitation des nappes, la protection et l'assainissement des eaux de surface ainsi que le risque d'inondation et de crue[68]. Le contenu du plan communal d'aménagement et du schéma de structure communal n'est en rien directement lié à la matière de l'eau. Quant au plan de secteur, il peut comporter en surimpression un périmètre de risque naturel ou de contrainte géotechnique majeurs tels que l'inondation [69].

B. Aucune disposition n'articule les plans et programmes en matière d'eau avec les différents plans en matière d'aménagement du territoire. Alors que le plan de gestion et le programme de mesures revêtent la valeur indicative, permettant ainsi de s'en écarter moyennant due motivation, les plans de secteur et les plans communaux d'aménagement possèdent la valeur réglementaire, plus contraignante. Néanmoins, nous sommes d'avis que les plans et programmes en matière d'eau ne sont pas en principe fondés sur les plans en matière d'aménagement du territoire.

En termes de planification spécialisée en matière d'eau, la référence aux zones protégées, au nombre desquelles figurent les zones spéciales de prévention et les zones de protection spéciale, s'inscrit pleinement dans *«l'approche écosystémique et transversale intégrant l'ensemble des milieux et des ressources aquatiques»*[70], visée par la directive 2000/60/ /CE. Il s'agit plus d'attirer l'attention sur la nécessité de faire le lien entre le prescrit de la directive 2000/60/CE et les diverses législations communautaires consacrant une protection spéciale à certaines zones que de soumettre ces zones protégées à des obligations spécifiques.

Le Code de l'eau ne requiert d'ailleurs à leur sujet que l'établissement de registres les répertoriant, une représentation cartographique de

---

[68] http://sder.wallonie.be; fiche 8 «Ressources naturelles» et fiche 17 «Risques naturels et technologiques».

[69] Article 40 du Code wallon de l'aménagement du territoire, de l'urbanisme et du patrimoine (CWATUP); Circulaire du 9 janvier 2003 relative à la délivrance de permis dans les zones exposées à des inondations et à la lutte contre l'imperméabilisation des espaces, *Moniteur belge* du 4 mars 2003.

[70] B. DROBENKO, «Directive Eau: un cadre en trompe-l'œil?», *Revue européenne de droit de l'environnement*, 2000/4, p.388.

leur emplacement ainsi que l'indication de la législation sur la base de laquelle elles ont été établies[71]. Il s'impose également de mentionner dans le programme de surveillance leurs spécifications en vertu de la législation communautaire sur la base de laquelle elles ont été établies et l'adoption dans le programme de mesures des mesures requises pour l'application de cette législation[72].

Le programme de mesures, le plan de gestion ainsi que le plan d'assainissement par sous-bassin hydrographique sont par ailleurs cités parmi les plans et programmes de l'annexe Ière de la partie V du livre Ier du Code de l'environnement. Leur élaboration est ainsi soumise, dans certains cas énumérés limitativement, à une évaluation des incidences sur l'environnement décrite aux articles D. 52 à D. 61 du livre Ier du Code de l'environnement. Lors de cette évaluation, un rapport sur les incidences environnementales est établi, lequel comprend *«les problèmes d'environnement liés aux plans et aux programmes, en particulier ceux qui concernent les zones revêtant une importance particulière pour l'environnement telle que désignées conformément aux directives 79/409/ /CEE et 92/43/CEE»* (article D. 58, §3, alinéa 1er, 4°). Bien qu'aucune disposition de droit interne ne fait obligation au Gouvernement wallon de refuser d'adopter le programme de mesures et le plan de gestion[73], s'il s'avérait que ceux-ci portaient atteinte à l'intégrité d'un ou plusieurs sites Natura 2000, il n'en demeure pas moins l'effet direct de l'article 6, § 3, de la directive 92/43/CEE, dont la notion de plan s'entend plus largement que dans la loi du 12 juillet 1973 sur la conservation de la nature[74].

---

[71] Article D. 18 du Code de l'eau, *Moniteur belge* du 12 avril 2005; err. *Moniteur belge* du 21 juin 2005.

[72] Article D. 19, § 2, 3ème alinéa, et D. 23, § 3, 1°, du Code de l'eau, *Moniteur belge* du 12 avril 2005; err. *Moniteur belge* du 21 juin 2005.

[73] L'article 29, § 2, de la loi sur la conservation de la nature n'est en effet pas applicable à cette catégorie de plans: voir la définition donnée à la notion de plan par l'article 1er, 27°.

[74] Voyez à cet égard, Commission européenne, «Gérer les sites Natura 2000. Les dispostions de l'article 6 de la directive «habitats» (92/43/CEE)», 2000, spéc. P. 32-33.

4.2. Planification spécialisée en matière patrimoniale

A. Les dispositions relatives au patrimoine sont, en région de langue française, intégrées formellement au code wallon de l'aménagement du territoire, de l'urbanisme et du patrimoine (livre III).

Le livre III ne comporte pas de dispositions relatives à une planification. Tout au plus, organise-t-il la confection d'inventaires qui emportent, au reste, peu d'effets juridiques:
- L'inventaire du patrimoine (article 192);
- La liste contenant le patrimoine exceptionnel de la région (article 196, alinéa 1er et 2);
- La liste des biens pour lesquels une mission d'assistance aux propriétaires de biens classés est exercé par l'Institut du patrimoine wallon (article 218, alinéa 2);
- La liste des biens pour lesquels une mission de valorisation des propriétés régionales est exercée par l'Institut du patrimoine wallon (article 218, alinéa 3);
- L'inventaire des sites archéologiques (article 233).

En termes de planification en matière d'aménagement du territoire à l'échelon régional, le schéma de développement de l'espace régional comprend, entres autres:
- L'évaluation des besoins «patrimoniaux» de la Région wallonne (article 13, §2, 1°);
- Les objectifs généraux «de conservation et de développement du patrimoine» dans la perspective du développement durable visé par le décret du 21 avril 1994 relatif à la planification en matière d'environnement dans le cadre du développement durable (article 13, §2, 2°);
- Les incidences non négligeables probables, à savoir les effets secondaires, cumulatifs, synergiques, à court, à moyen et à long terme, permanents et temporaires, tant positifs que négatifs, sur l'environnement «y compris, le patrimoine culturel, y compris le patrimoine architectural et archéologique, les paysages» et les interactions entre ces facteurs (article 13, §2, 7°);
- «Les mesures à mettre en œuvre pour assurer le suivi de la mise en œuvre du schéma de développement de l'espace régional» (article 13, §2, 11°).

En termes de planification en matière d'aménagement du territoire, à l'échelon régional, toujours, le plan de secteur peut comporter, entres autres, en surimpression aux zones qu'il comporte, un ou plusieurs périmètres d'intérêt culturel, historique ou esthétique (article 40, alinéa 1er, 4°). L'article 452/23 précise que ce périmètre «vise à favoriser au sein d'un ensemble urbanisé l'équilibre entre les espaces bâtis ou non et les monuments qui les dominent ou les sites qui les caractérisent. Les actes et travaux peuvent y être soit interdits, soit subordonnés à des conditions particulières de protection.»

Même si les règlements régionaux d'urbanisme ne sont pas considérés comme des plans par le CWATUP (voir, entre autres, l'article 1er, §3)[75], il convient d'attirer l'attention du lecteur sur le règlement général sur les bâtisses applicable aux zones protégées de certaines communes en matière d'urbanisme (articles 393 à 405).

En termes de planification en matière d'aménagement du territoire, à l'échelon communal, voir plus spécialement l'article 16, alinéa 2, 8°, (incidences non négligeables probables sur le patrimoine culturel, y compris le patrimoine architectural et archéologique, les paysages et les interactions entre ces facteurs qui doit comporter le schéma de structure communal), et l'article 49, alinéa 1er, 2° (emplacements réservés aux sites nécessaires pour le maillage écologique que doit comporter le plan communal d'aménagement).

B. Des lors qu'il n'y a pas de planification spécialisée en matière patrimoniale qui ne soit pas intégrée dans les plans d'aménagement du territoire, la question n'a pas d'objet.

4.3. Planification spécialisée en matière de déchets

A. Le décret du 27 juin 1996 relatif aux déchets organise une double planification.

En son article 24, §1, il charge le gouvernement d'établir conformément au décret du 21 avril 1994 relatif à la planification en matière d'environnement dans le cadre du développement durable, un plan relatif

---

[75] Alors que c'est le cas en vertu de la loi sur la conservation de la nature (art. 1er bis, 28°, de la loi).

à la gestion des déchets. Ce plan constitue, au même titre que le programme d'action pour la qualité des eaux, un programme sectoriel et a la même valeur juridique.

En son article 24, §2, il charge le gouvernement d'élaborer un plan des centres d'enfouissement technique qui comporte les sites susceptibles d'être affectés à l'implantation et à l'exploitation des centres d'enfouissement technique à l'exception de ceux qui sont réservés à l'usage exclusif du producteur initial de déchets[76]. Sur ces sites, les autres activités de gestion de déchets, pour autant qu'elles soient liées à l'exploitation du centre d'enfouissement technique ou qu'elles ne compromettent pas celle-ci, peuvent être admises. Aucun centre d'enfouissement technique autre que destiné à l'usage exclusif du producteur initial de déchets ne peut être autorisé en dehors de ceux prévus par ce plan. Aucune disposition du décret n'accorde valeur réglementaire à ce plan et le Conseil d'Etat lui a reconnu la valeur d'un acte individuel[77], estimant entre autres que dès lors que les sites qu'il désigne sont visés nommément quant à leur situation, le plan épuise ses effets en une fois et s'applique à un nombre déterminé de situations.

La planification en matière de déchets n'est que très partiellement intégrée à la planification en matière d'aménagement du territoire et d'urbanisme. C'est ainsi que le contenu du schéma de développement de l'espace régional n'est en rien directement lié aux déchets. Il en est de même du plan communal d'aménagement et du schéma de structure communal. Quant au plan de secteur, il convient de relever qu'au titre de zone de services publics et d'équipements communautaires marquée de la surimpression CET, le plan de secteur réserve des terrains principalement à l'implantation et l'exploitation d'un centre d'enfouissement technique ainsi que les installations de regroupement de déchets préalable à cette exploitation[78]. Au terme de l'exploitation, la zone devient auto-

---

[76] S'agissant des centres d'enfouissement technique qui doivent figurer au plan des centres d'enfouissement technique[76], il faut encore combiner l'article 24, §2, du décret relatif aux déchets avec la disposition dérogatoire prévue à l'article 70, alinéa 2, du même décret qui a été modifié par le décret du 16 octobre 2003 (au sujet de ce dernier décret, voir arrêt de la Cour d'arbitrage n° 59/2005 du 16 mars 2005). 5Des CET existent, comme on l'a vu, qui ne doivent pas figurer à ce plan°.

[77] C.E., n° 125.935, 2 décembre 2003, VILLE DE CINEY.

[78] Ces zones peuvent en outre être destinées à d'autres activités de gestion de déchets pour autant qu'elles soient liées à l'exploitation du centre d'enfouissement

matiquement une zone d'espaces verts (article 28, §2, alinéa 1er et 2). Le plan de secteur peut également comporter des zones de services publics et d'équipements communautaires marquées de la surimpression «CET.D» (article 28, §2, alinéa 3), zones exclusivement destinées au maintien d'un centre d'enfouissement technique désaffecté[79].

Il est remarquable d'observer que l'élaboration du plan qui les concerne suit une procédure simultanée à celle qui a pour but de modifier la destination des biens concernés au plan de secteur. Il y a donc une intégration temporelle des procédures qui suivent chacune leur cours, si ce n'est que la procédure entre la date à laquelle le gouvernement arrête provisoirement le plan des centres d'enfouissement technique et les modifications au(x) plan(s) de secteur et la date à laquelle il arrête définitivement le plan des centres d'enfouissement technique et les modifications au(x) plan(s) de secteur est commune aux deux catégories de plan.

B. Aucune disposition n'articule le plan relatif à la gestion des déchets avec les différents plans en matière d'aménagement du territoire. Nous sommes d'avis que le plan relatif à la gestion des déchets n'est pas en principe fondé sur les plans en matière d'aménagement du territoire.

Ce plan est par ailleurs cité parmi les plans et programmes repris à l'annexe Ière de la partie V, évaluation des incidences sur l'environnement du livre Ier du Code de l'environnement. Son élaboration est dès lors soumise à une évaluation des incidences sur l'environnement décrite aux articles 52 à 61 du livre Ier du Code de l'environnement. Parmi ces dispositions, il faut retenir que le rapport sur les incidences environnementales doit entre autres comprendre «les problèmes d'environnement liés aux plans ou aux programmes, en particulier ceux qui concernent les zones revêtant une importance particulière pour l'environnement telles que désignées conformément aux directives 79/409/CEE et 92/43/CEE

---

technique autorisé ou n'en compromettent pas l'exploitation. En outre, dans ces zones, lorsqu'elles ne sont pas encore exploitées, d'autres actes et travaux peuvent être autorisés pour une durée limitée pour autant qu'ils ne soient pas de nature à mettre en péril l'exploitation future du centre d'enfouissement technique.

[79] Voir encore l'article 30, en ce qui concerne les zones d'activité économique industrielles dans lesquelles peuvent être autorisés des dépôts de déchets inertes, et le long des voies d'eau navigables, des dépôts de boue de dragage. Voir encore l'article 32, en ce qui concerne les zones d'extraction qui sont entre autres destinées au dépôt des résidus de l'activité d'extraction.

(article 58, §3, alinéa 1ᵉʳ, 4°,). Il faut néanmoins relever que s'il s'avérait que ce plan portait atteinte à l'intégrité d'un ou plusieurs sites Natura 2000, aucune disposition de droit interne ne fait obligation au gouvernement de refuser de l'adopter[80].

Aucune disposition décrétale n'articule le plan des centres d'enfouissement technique avec les différents plans en matière d'aménagement du territoire. Nous sommes d'avis que le plan des centres d'enfouissement technique n'est pas en principe fondé sur les plans en matière d'aménagement du territoire. Mais, on l'a vu, les procédures d'élaboration ou de modification des plans – c'est-à-dire du plan des centres d'enfouissement technique, d'une part, et du ou des plans de secteur, d'autre part – sont concomitantes: à notre connaissance, il n'existe pas un nouveau centre d'enfouissement technique qui n'ait été prévu au plan des centres d'enfouissement technique et qui ne figure pas au plan de secteur dans une zone de services publics et d'équipements communautaires marquée de la surimpression centre d'enfouissement technique. Il faut encore tenir compte de ce que les actes et travaux concernant l'installation ou la modification d'un centre d'enfouissement technique sont des actes et travaux d'utilité publique au sens de l'article 127, §1ᵉʳ, alinéa 1ᵉʳ, 2°, du CWATUP, et que les permis d'urbanisme peuvent être accordés en s'écartant du plan de secteur (article 127, §2, du CWATUP, modifié par le décret du 27 octobre 2005)[81].

Le plan des centres d'enfouissement technique n'est pas considéré comme un plan au sens de la loi sur la conservation de la nature, à l'inverse du plan de secteur dont la révision est concomitante, et n'est pas davantage un plan qui obéit aux règles d'évaluation des incidences sur l'environnement décrites dans le livre Iᵉʳ du Code de l'environnement (l'article 52, §4, du livre Iᵉʳ du Code de l'environnement le prévoit expressément). Cela étant, son élaboration intègre une évaluation des incidences sur l'environnement qui est particulière. Elle est décrite à l'article 25 du décret relatif aux déchets[82]. Cette disposition a été exécu-

---

[80] L'article 29, §2, de la loi sur la conservation de la nature n'est en effet pas applicable à cette catégorie de plans: voir la définition donnée à la notion de plan par l'article Iᵉʳ, 27°, de la loi sur la conservation de la nature.

[81] Voir aussi l'article 70, alinéa 2 du décret du 27 juin 1996 relatif aux déchets.

[82] Il faut observer que l'évaluation est toutefois limitée aux centres d'enfouissement technique destinés à accueillir des déchets autres qu'inertes. Mais les modifications

tée par l'arrêté du Gouvernement wallon du 25 juillet 1996 établissant les règles de l'étude des incidences sur l'environnement et de l'enquête publique relative au plan des centres d'enfouissement technique qui comporte une annexe I intitulée «contenu et forme de l'étude d'incidences». Expressément, ce contenu déterminé avant le décret de transposition des directives 79/409 et 92/43 ne se réfère pas aux sites Natura 2000. Il n'a pas été adapté depuis. Aucune disposition de droit interne ne fait obligation au gouvernement de refuser l'adoption définitive du plan, s'il s'avérait que le plan portait atteinte à l'intégrité d'un ou de plusieurs sites Natura 2000.

V. LE CONTENTIEUX

Nous commenterons trois arrêts du Conseil d'Etat belge relatifs à Natura 2000 dans le contentieux de l'urbanisme.

C.E., n° 75.678, 4 septembre 1998, Wellens et crts (suspension); C.E., n° 96.128, 7 juin 2001, Wellens et crts (annulation)

Le contexte de l'affaire est le suivant. Le Gouvernement wallon a lancé une procédure de révision du plan de secteur (Ndlr: plan d'aménagement du territoire à valeur réglementaire) de Wavre-Jodoigne-Perwez (Brabant wallon) en vue de permettre la création d'un parc écologique et pédagogique et d'un parcours de golf dans le parc dit «Domaine de Mérode» (230 ha). Ce terrain abrite notamment les habitats du Pic noir, du Grand Butor, et de la Bondrée apivore, oiseaux visés par l'annexe I de la directive Oiseaux. Il est repris dans le périmètre d'une ZPS désignée en 1989 (ZPS de la Vallée de la Dyle) notamment pour protéger ces habitats.

Une série de procédures ont été intentées pour s'opposer à la délivrance de permis de bâtir ledit par cet le golf, au motif qu'il violait le

---

envisagées et aujourd'hui abandonnées, du plan des centres d'enfouissement technique en ce qui concerne les centres d'enfouissement technique pour déchets inertes, devaient prendre en considération les zones Natura 2000 (article 4 del'arrêté du Gouvernement wallon du 27 mai 2004 fixant les délais relatifs à l'établissement de l'avant-projet du plan des centres d'enfouissement technique).

plan de secteur. Le Gouvernement a donc lancé une procédure de révision partielle du plan de secteur afin de permettre ensuite la délivrance des autorisations nécessaires pour construire le parc et le golf. Dans l'arrêté attaqué, il modifie le plan de secteur prévoit notamment que les parcelles visées pourront accueillir un parcours de golf 18 trous et ses infrastructures, moyennant le respect de certaines conditions en vue de limiter son impact écologique.

Une requête en suspension de l'exécution de l'exécution de cet arrêté est introduite devant le Conseil d'Etat (CE). Un des moyens invoqués vise la violation de la directive oiseaux. En effet, selon les requérants (2 particuliers et une association de protection des oiseaux), l'arrêté attaqué a rendu possible l'aménagement et l'exploitation d'un golf qui ont pour effet de dégrader l'écosystème devant être protégé, à savoir l'habitat du Pic noir, du Butor étoilé et de la Bondrée apivore. Le Conseil d'Etat n'a pas retenu ce moyen, estimant que «*la superficie du golf projeté couvre environ 10 p.c. de la zone qui fait l'objet d'une protection spéciale; que, dans ces 10 p.c., la végétation ne sera pas purement et simplement abattue, mais aménagée de manière à installer un parcours de golf entre des arbres; que l'effet que cet aménagement pourra avoir sur l'habitat des espèces protégées sera précisé lors de la délivrance du permis de bâtir, laquelle devra être précédée d'une étude d'incidences, et ne sera pas nécessairement «significatif» au sens de l'article 4.4 de la directive invoquée*».

Dans le cadre de la requête en annulation introduite en même temps que la requête en suspension, les requérants ont produit une lettre de la Commission européenne adressée au Gouvernement wallon indiquant que l'aménagement du golf aurait certainement un effet significatif (au sens de la directive Oiseaux) sur les habitats concernés. Cette même lettre indiquait que «*L'obligation d'éviter ces effets s'impose en vertu de l'article 4 paragraphe 4 de la directive 79/409/CEE susmentionnée*». Une lettre subséquente de la Commission demandait au Gouvernement des informations complémentaires. Le Conseil a considéré qu'en l'absence de toute réponse de la part du Gouvernement à cette lettre, de toute explication concernant l'effet significatif du projet indiqué par la Commission, le moyen relatif à la violation de l'article 4 de la directive Oiseaux était fondé. Il a donc annulé l'arrêté décidant la modification partielle du plan de secteur de Wavre-Jodoigne-Perwez.

Bien que le Conseil d'Etat ait été très peu explicite dans sa motivation, il ressort de cet arrêt que l'article 4, § 4, 1ᵉ phrase (interdisant la détérioration d'habitats ayant un effet significatif dans les ZPS) est d'application directe en Région wallonne, aucune disposition de droit interne n'existant à l'époque pour interdire une telle détérioration. On notera que le Conseil d'Etat ne fait pas état de l'article 7 de la directive Habitats, qui rend applicable l'article 6, § 2 à 4, de cette directive aux ZPS (et non plus l'art. 4, § 4, 1ᵉ phrase précité de la directive oiseaux). En théorie, vu que le site était situé dans une ZPS désignée en 1989, le Conseil d'Etat aurait dû rejeter le moyen dès lors qu'il s'agit non pas d'une violation de l'art. 4, § 4, 1ᵉʳᵉ phrase de la directive oiseaux, mais bien de l'art 6 § 2 à 4 de la directive Habitats, rendu applicable dans les ZPS. Toutefois, l'absence de publication officielle et donc d'opposabilité des décisions adoptant le périmètre des ZPS pourrait justifier que l'on considère qu'il n'y a pas de désignation au sens de la directive[83] et qu'en conséquence c'est l'article 4, § 4, première phrase de la directive Oiseaux qui continue de s'appliquer.

C.E. n° 117.898, 3 avril 2003, Asbl Comté de Salm, Patrimoine et Environnement, Asbl Avenir de la Haute Ardenne et Rion.

Dans cet arrêt, la demande de suspension des effets de l'exécution d'un permis d'urbanisme délivré le 25 juin 2002, avant donc l'envoi par le Gouvernement wallon de la liste des sites Natura 2000 proposé à la Commission, le Conseil d'Etat examine le point de savoir si l'exécution immédiate du permis risque de causer un risque de préjudice grave difficilement réparable au titre «d'atteinte au futur réseau Natura 2000».

Le Conseil d'Etat juge: «que la demande de suspension repose à cet égard essentiellement sur des considérations d'ordre théorique; qu'elles ne contiennent aucune description précise du site, et en particulier, le ou les types d'habitats naturels prioritaires, ou des espèces prioritaires qui seraient concernées; que la seule indication concrète est une référence à l'avis de la D.N.F. du 17 avril 2002 qui contient le passage suivant: «Le projet est situé à plus ou moins 250 mètres au sud-ouest du site Natura 2000 BE34LX052 (lot 3) dit «Grand Fonds» (...). Il y aura donc lieu, lors

---

[83] C.J.C.E, 27 février 2003, aff. C-415/01, *Commission c/ Belgique*.

de la demande de permis d'exploiter de prendre en considération cette donnée et de faire réaliser par le demandeur une évaluation appropriée des incidences sur le site précité eu égard aux objectifs de conservation de celui-ci (habitats naturels communautaires)». Considérant que les requérants reconnaissent que leur position n'est pas très fouillée, et semblent ainsi tout ignorer du site dont ils considèrent pourtant que la mise en danger constituerait pour eux un préjudice moral grave et difficilement réparable; que s'il est vrai qu'au moment de l'introduction des demandes de suspension, les requérants ne pouvaient connaître les limites du site que le Gouvernement wallon proposerait définitivement à la Commission européenne puisque cette décision n'a en effet été prise que le 26 septembre 2002, il n'en demeure pas moins que comme les requérants entendent se prévaloir de l'effet direct de la directive précitée 92/43/CE qui a été reconnu notamment par l'arrêt du Conseil d'Etat n° 94.527 du 4 avril 2001 dans l'affaire des érablières de Tenneville, encore devaient-elles, dans de telles circonstances, c'est-à-dire, en l'absence de proposition de la part du Gouvernement wallon dans les délais prescrits par la directive, préciser en quoi des terrains situés à 250 mètres de l'usine répondent à leur estime aux critères figurant à l'annexe III de la directive, en sorte que la Commission pourrait, conformément à l'article 5 de la directive, proposer ce site comme étant un site d'importance communautaire; Considérant, en outre, que l'article 6.3 de la directive ne s'applique qu'à l'égard de «tout plan ou projet non directement lié ou nécessaire à la gestion du site mais susceptible d'affecter ce site de manière significative, individuellement ou en conjugaison avec d'autres plans et projets», ce que les requérants ne tentent pas de démontrer ni dans le treizième moyen ni dans leur exposé du risque de préjudice grave et difficilement réparable; qu'à la différence de l'affaire des érablières de Tenneville, il n'est pas démontré qu'un site NATURA 2000 sera détruit ou se situe à une distance très rapprochée de l'usine.» (p. 31 et 32/34).

Spain

TOWN AND COUNTRY PLANNING AND NATURA 2000 IN SPAIN

José Luis Bermejo Latre[1]

I. GENERAL FRAMEWORK

a) The Distribution of Public Powers on the Town and Country Planning Policy.

In accordance with their respective Statutes of Autonomy and the constitutional "subsidiarity clause" (Art. 149.3 of the Constitution as interpreted by the Constitutional Court Decision no. 67/1997, of 20th March), the Autonomous Communities are vested with *sole jurisdiction* (absolute and exclusive reservation of both legislative and enforcement competences) on the town and country planning matters. This distribution of powers is different to the environmental competences framework (nature conservation and forestry), where the allocation of powers is based on the notion of *shared jurisdiction* between the State and the Autonomous Communities.

There is neither a "national land planning Law" nor a "town and country planning system" in Spain, in so far these matters are fully devolved to the Autonomous Communities. They are enabled to regulate, at a legislative level, the town and country planning and development system, and they may also enact various land planning schemes within their specific territory. Nevertheless, the State boasts a number of "cross

---

[1] Auxiliary Professor at the Faculty of Law of the University of Zaragoza (Department of Public Law).

competences" that, in practice, empower the State to intervene tangentially on the matters of Autonomous sole jurisdiction, among which the town and country planning[2].

b) **The Environmental Concerns in the Town and Country Planning Law.**

The State "cross competence" on "basic rules and coordination of general economic planning" (Art. 149.1.13 of the Constitution) supports the State Land Regime and Appraisal Act 6/1998, of 13th April, that deals with town and country planning matters, within the limitations of the jurisdictions framework. This Act is the issue of a program of liberalization of the land market –in the context of a broader structural reform of the Spanish economy launched in 1996–, whose aim is to increase the supply of urban development land. In effect, the State retains the power to set out the different theoretical categories of land, as a premise of the definition of the basic conditions of the urban land property. Consequently, every local urban development plan (among the ca. 8.100 existing in Spain) must apply those theoretical categories to its land through its urban development plan. Thus, the liberalization purposes are achieved by means of a "residuary definition" of the development land, in so far this Act entitles the Local planning authorities to consider as development land any land unlikely to be incorporated to the urban process, except for that land that must be preserved in accordance with its environmental, landscape, historical, archaeological, farming, forestry, scientific or cultural values.

In short, Art. 9 of the Land Appraisal Act is binding for the local planning authorities, that must exclude of their urban development plans the land subject to any special protection regime aimed at protecting the

---

[2] I.e. the "regulation of basic conditions guaranteeing the equality of all Spaniards in the exercise of their rights and in the fulfilment of their constitutional duties", the "civil and comercial legislation", the "basic rules and coordination of general economic planning", the "basic rules of the legal system of Public Administrations and the (...) legislation on compulsory expropriation", and the "public works of general interest or whose execution affects more than one Autonomous Community" (displayed in the Art. 149.1.1, .8, .13, .18 and .24 of the Constitution).

landscape and environmental values and at preventing the natural risks. This protection regime may issue either from the country planning schemes enacted by the Autonomous Government and/or from the specialised legislation (mainly the environmental legislation). The references to environmental terms in the Urban Planning Law are clear, and remand eventually to the environmental legislation (mainly the State Wildlife Conservation and Natural Protected Areas Act 4/1989, of 27th March) to complete the legal framework of protection of the non-development areas.

c) The Participation of the Land Planning Authorities in the Implementation of the Natura 2000 Network.

The Autonomous Governments are competent to embody the country planning instruments within their specific territory, therefore they may achieve the implementation of the Natura 2000 network either by land use plans or by specific environmental plans, inasmuch they are at the same time, responsible for the environmental executive powers (nature conservation and forestry). Thus, the Autonomous Governments may be seen as a the first and bigger Municipalities over their territory, in so far they may set out the land planning at a greater scale than the local one, but with the same purposes and means that a mere Local Council would use.

Another chance for the planning authorities to intervene on the implementation of the ecological network may be found in a later moment of this process, i.e. the management period. Arts. 6.1 of the Habitats Directive and 20 *quater* .5 of the Natural Protected Areas Act recall the "*need for appropriate management plans*" for the Natura 2000 sites and, since there is not a specific management planning regime for these sites, the two planning schemes designed for the main natural protected areas (Parks and Reserves) may be regarded as models for the NATURA 2000 management purposes. This recalls both the *Natural Resources Regulation Plans* and the *Use and Management Plans*, whose respective elaboration procedures must take into account the stakes of the planning authorities[3].

---

[3] Art. 6 of the Natural Protected Areas Act states that the institutional stakeholders (i.e. Municipalities) concerned must be consulted by the Natural Resources Regulation

Beyond this likely participation in the implementation process, Municipalities are bound by the designation of the Natura 2000 sites made by the Autonomous Governments, therefore their participation in the implementation of the Natura 200 network is only incidental.

II. TOWN AND COUNTRY PLANNING SCHEMES AND NATURA 2000 NETWORK

a) The Preliminary Studies in the Elaboration Procedure of the Town and Country Planning Schemes and the Natura 2000 Concerns.

The Environmental Assessment of Certain Plans and Programmes Act 9/2006, of 28th April, has brought into force in Spain the Directive 2001/42/EC, of 27th June (farther from the *direct effect* starting point of said Directive, 21st July 2004). Under this Act, any plan and/or programme related to land use (i.e. the town and country plans) need for SEA, moreover if it is likely to affect a Natura 2000 site. The SEA study must focus on the likely significant impacts of the plan on the Natura 2000 site concerned, and the species living therein.

However, the environmental Law of some of the Autonomous Communities (Andalusia, Castille-La Mancha, Valentian Community, Canary Islands, Cantabria, Balearic Islands, Extremadure and Murcia) subject to EIA the urban development plans elaborated by the Municipalities located in their territory. Besides, two Decisions of the Supreme Court (of 30th October 2003 and 3rd March 2004), have stated that the local urban development plans are subject to EIA since they make effective the land uses. Despite this legal framework, the SEA Directive has completely overruled the need for an EIA prior to the approval of the town and country planning schemes.

Plans, whereas a compulsory report must be produced by the urban planning authorities (Municipalities) prior to the approval of the *Use and Management Plans* of the Parks, according to Art. 19.2 of said Act.

b) The Relation Between the Natura 2000 Sites Management Plans and the Town and Country Plans.

The Spanish Law does not foresee any specific management plans for the Natura 2000 sites, therefore the two planning schemes as in the Natural Protected Areas Act may be used for the purposes of managing and protecting the Natura 2000 sites. According with Arts. 5.2 and 19.2 of the Natural Protected Areas Act, both of them overrule whatsoever land development plans in force, yet the operational effects are different in each case:
- *the* Natural Resources Regulation Plans *co-ordinate the land planning schemes and their specific environmental provisions overrule any other regulation in force;*
- *the land development plans must be revised ex officio by the competent authorities to meet the Use and Management Plans, if the former appear to be incompatible with the new environmental provisions set out in the latter.*

c) The Environmental Contents of the Development Plans Aimed at the Implementation of the Natura 2000 Network.

The Municipalities are free to draw up their local development plans within the limitations issuing from the Planning Law. The main limitation issues from the State Planning Law, and requires that the land falling into a designation of a Natura 2000 sites is classified as "non development" land. Another important limitation for the local autonomy issuing from the Planning Law enacted by the respective Autonomous Communities is related to the necessary contents of the local development plan, among which those aimed at securing the protection of the environment within the town perimeter.

Nevertheless, these environmental-friendly contents are expressed in different terms in every Autonomous Town and Country Planning Act, ranging from the mere prohibition of activities to the establishment of conservation measures, a fact that, in some cases, might be redundant with the implementation and enforcement of the Natura 2000 Law[4]. In

---

[4] Because of the lack for an integration instrument between the Town and Country plans and the specific measures of protection of the Natura 2000 network (management plans and/or contracts).

general terms, any land-use plan must comply with the Natura 2000 Law or, at least, it must be compatible with the conservation of the site[5].

III. PLANNING, DEVELOPMENT AND WORKS PROJECTS

a) The Preliminary Studies.

Since 2001, the Spanish Environmental Impact Assessment Law (as well as the respective Autonomous Environmental Impact Assessment Acts) applies to the urban development projects likely to eliminate the vegetal cover of surfaces over 100 hectares. Undoubtedly, the urban planning schemes are the most likely to alterate the uses of land.

As it has been stated hereinabove, the Environmental Assessment of Certain Plans and Programmes Act 9/2006, of 28th April, has brought into force in Spain the Directive 2001/42/EC, of 27th June (later than the *direct effect* starting point of said Directive, 21st July 2004). Under this Act, any plan and/or programme related to land use (i.e. the town and country plans) need for SEA, moreover where it is likely to affect a Natura 2000 site. The SEA study must focus on the likely significant impacts of the plan on the Natura 2000 site concerned, and the species living therein.

This provision is, at first sight, redundant with the Natura 2000 Law, that obliges to assess the implications of any plan or project (i.e. development or building) likely to have a significant effect on a site, regardless of the location of said plan or project. In fact, art. 3.2. b) of the Directive 2001/42/EC subjects to SEA any plans and/or programmess

---

[5] The environmental contents of the development plans may be classified in three levels of integration, in the light of the Autonomous Planning Law: (i) *the development plans must respect and/or receive the specific regime of the protected areas* (Arts. 42.7.a of the Madrid Act, 61.1 of the Asturias Act and 33.d of the Aragon Act); (ii) *the development plans must draw up a "negative protection regime" for said areas* (i.o.w., comprehensive of the prohibited and permitted activities in the areas subject to protection: Arts. 49.2.f of the Navarra Act, 61.b of the La Rioja Act); (iii) *the development plans must draw up a "positive protection regime" for said areas* (i.o.w., comprehensive of the conservation measures to preserve and, if need be, to restore the natural status in the areas subject to protection: Arts. 50.1.b of the Cantabria Act, 36.2.c of the Castilla and Leon Act, 100 of the Murcia Act, 59.c of the Galicia Act and 27 of the Castille-La Mancha Act).

requiring an asssessment according with arts. 6 or 7 of the Habitats Directive. Therefore, a joint interpretation of the "environmental assessments system" (EIA, SEA and "Natura 2000 impact assessment") is needed.

First, to ensure compatibility and consistency with the requirements of the EIA Directive, and in order to reflect the fact that many projects which are likely to affect Natura 2000 sites will be also covered by the EIA directive, the SEA procedures included in the *Methodological guidance on the provisions of Article 6(3) and (4) of the Habitats Directive 92/43/EEC (European Commission, 2001)* are similar to those in common use in EIA. This guidance is also consistent with the general approach recommended in the European Commission's three guidance documents on screening, scoping and review in EIA (2001). Furthermore, the scope of the SEA Directive covers all plans that require a "Natura 2000 impact assessment". Where projects or plans are subject to the EIA or SEA Directives, the "Natura 2000 impact assessments" may form part of these assessments. However, the "Natura 2000 impact assessments" should be clearly distinguishable and identified within an environmental statement or reported separately. Similarly, *Managing Natura 2000 sites: The provisions of Article 6 of the 'Habitats' Directive 92/43/EEC (European Commission, 2000)* makes clear that where a project is likely to have significant effects on a Natura 2000 site it is also likely that both a "Natura 2000 impact assessment" and an EIA, in accordance with EIA Directive, will be necessary. SEA procedures have been designed to be compatible with general EIA procedures, and the "Natura 2000 assessments" can be easily integrated into a full EIA or SEA of a project or plan.

b) The Planning Permissions.

As stated hereinabove, the land falling into the perimeter of a Natura 2000 site must be classified as "non development" by the Local Urban Plan. The proprietors of this kind of land have the only right to "use and take profit of their land in accordance with its nature", and they must "assign it to farming, forestry and hunting purposes or any other related with the rational use of the natural resources, within the limitations set out by the Law or the planning instruments" (Art. 20 of the

Land Appraisal Act). Exceptionally, some specific projects and/or works of public interest may be authorized, usually through a specific procedure regulated by the Urban Planning Law enacted by the Autonomous Communities, where the Autonomous Government intervenes.

Hence the Mayors (the permitting authorities) must refuse any planning, development or building permission applied for land located inside a Natura 2000 site. A shortcoming of the Town and Country Planning Law is that beyond that case, the planning, development or building permissions likely to have a significant effect on a site or on the species living therein are not subject to that prohibition, if the land to be built is located outside the site. Nevertheless, the Natura 2000 Law (Art. 6.3 of the Royal Decree 1997/1995, of 7th December, *on the conservation of natural habitats and of wild fauna and flora* and Art. 6.3 of the Habitats Directive) applies to this latter case[6].

c) The Dispensations to the Protection Measures Allowed in Accordance with the Town and Country Planning Law.

Despite the general prohibition to permit the development and/or building of land classified as "non development" by the Local Urban Plan, some specific public interest projects and/or works may be exceptionally authorized if the environmental circumstances allow it, after a due procedure and a motivated decision, in accordance with the Urban Planning Law enacted by the Autonomous Communities (Art. 20 of the Land Appraisal Act). This is a discretionary administrative decision that may be judicially reviewed to some extent in so far the judiciary may assess the "public interest" of the project and make a balance between the environmental impact of the project and its importance. Also, the permission may contain the compensation measures

---

[6] The Natura 2000 Law obliges to assess the implications of any plan or project (i.e. development or building) likely to have a significant effect on a site, regardless of the location of said plan or project. This assessment must be carried out by the Autonomous Communities, through the Environmental Impact Assessment Law (the State Royal Legislative Decree 1302/1986, of 28th June, Consolidated text of the Environmental Impact Assessment Act, or the respective Autonomous Environmental Impact Assessment Acts).

needed to mitigate the likely negative effects of the project on the Natura 2000 site, pursuant to Art. 6.4 of the Habitats Directive.

IV. THE RELATION BETWEEN THE SPECIALISED PLANNING, THE TOWN AND COUNTRY PLANNING AND THE PROTECTION OF THE NATURA 2000 NETWORK

Notwithsanding the noteworthy variety of specialised planning schemes in the Spanish Law, there is not a general rule to range them. The environmental plans may be considered as hierarchically upper to others (protection of the cultural heritage, transport, commercial premises plans, etc.), nevertheless, the "specialised environmental plans" are also many, a fact that neither is helpful for setting out a preference order.

Despite these difficulties, some criteria issuing from the specialised legislation may apply: (i) the Natural Protected Areas (among which the Natura 2000 sites) specific Plans crown the range, and so do Basin Plans issued under the Water Act[7]; (ii) both are followed by the *Forestry Resources Regulation Plans*, that are binding and mandatory only "on forestry matters", yet "indicative for any other administrative action, plan or programme" (Art. 31 of the Forestry Act 43/2003, of 21st November); (iii) the noise protection plans and programmes must be taken into account by "any land-use planning schemes, general and/or specialised, at any level, especially the urban development planning" (Art. 17 of the Noise Act 37/2003, of 27th November.

Beyond that, other regulations simply do not foresee a planning system (i.e. the Atmospheric Environment Protection Act 38/1972, of 22nd December, or the Waste Act 10/1998, of 21st April[8]).

---

[7] Art. 43.3 of the Royal Legislative Decree 1/2001, of 20th July (Consolidated Text of the Water Act), states that the provisions of the Basin Plans must be respected by any other urban planning schemes when it comes to the protected areas designated under Arts. 42.1.c, 43.2 and 99.bis.1 of said Act, that allows the protection of certain areas, water masses and basins (totally or partially).

[8] Moreover, the designation of "polluted soils" do not affect the zoning established by the urban development plan, that may grant rights to build on land that should be classified as "non development" (Art. 27 of this latter Act).

V. THE JUDICIAL REVIEW OF THE TOWN AND COUNTRY PLANNING LAW AND THE NATURA 2000 LAW

The Spanish Litigation Law provides for a full judicial review of any kind of administrative decisions, among which all those related to town and country planning. Therefore the specialised administrative branch of the common Courts may review the compliance with the Planning Law (comprehensive of the Law and the upper planning schemes) of development plans, building projects and permissions[9].

In accordance with the Arts. 71 ss. of the Administrative Justice Act 29/1998, of 13th July, the judiciary may (i) state that an administrative decision and/or regulation does not comply with the Law and, if need be, totally or partially repeal said regulation and/or decision; (ii) oblige any public authority to cease an unlawful performance; (iii) recognize and restore an individualised legal status by means of any measure aimed at that purpose; (iv) oblige a Public authority to adopt a decision to which is bound or to perform a legal mandatory action within a certain term; and (v) grant compensations to the individuals damaged by the administrative unlawful decisions regarding the Planning Law framework. The judiciary is only unable to exercise regulatory powers, therefore it may not replace the repealed provisions of a regulation neither fix the discretionary content of the administrative decisions repealed.

When it comes to urban planning issues, this is translated into the power to (i) repeal an unlawful urban development bylaw or plan, or an illegal building permission; (ii) oblige the municipality to cease an unlawful public development programme; (iii) oblige the municipality to issue a compulsory order of demolition (or of restoration of a site) that is due under the Planning Law, or to perform a demolition within a certain term; (iv) grant a compensation to the proprietors damaged by the approval of an unlawful development plan or by the denial of a building permission. The judiciary is only unable to exercise regulatory powers, therefore it may not replace the repealed provisions of an urban planning scheme neither fix the discretionary content of the building permissions repealed.

---

[9] According with Arts. 8.1 and 10.1.a of the Administrative Justice Act, the Provincial Judges shall review all the resolutions of the municipalities dealing with urban planning except for the impeachment of development plans, that falls under the competence of the High Regional Courts.

A special legal framework applies to the civil liability of the planning authority in case of unlawful restriction of the property rights. As it has been stated hereinabove, the designation of a Natura 2000 site operates a transformation of the land covered by the perimeter of the site. The land likely to be developed so far is converted into "non development", a fact that entails a restriction that must be compensated. The content and the extent of this compensation is regulated by Arts. 41 to 44 of the Land Appraisal Act, where some cases may be distinguished, depending on the legal status of the process of urban development:

    a) *The development plan is modified to re-classificate the land covered by a site, in order to meet the designation of the site.* In this case, a compensation for lost profit is only granted if said re-classification occurs within the legal terms established to execute a development plan, or if the Municipality hinders the execution of the plan by any reason.

    b) *The development plan is modified for the purposes stated hereinabove, but the proprietor has already obtained a building permission.* In this case, the permission must be revoked if the permittee has not started building yet (ii) and if the building permitted is incompatible with the conservation of the site. Therefore a compensation for lost profit –and any other damages alleged– is granted after due hearing of the permittee. On the other hand, if the permittee has already started to build, the Municipality may either modify or revoke the building permission, after due compensation.

The compensation is due since the plan is modified, and it must be granted by the Municipality (the town planning authority), even if the Autonomous Government (the designation authority) should be liable, inasmuch the decision of the former is bound by the one of the latter. The compensation must include the expenses made to fulfil the duties required by the urban development process, if they are made within the legal terms established, and are useless for the revision of the plan renders them useless.

Finland

TOWN AND COUNTRY PLANNING AND NATURA 2000 IN FINLAND

ERKKI J. HOLLO[1]
ANTTI BELINSKIJ[2]

The aim of this theme is to assess how the objectives of the Habitats directive are integrated in the national town and country planning law, i.e. integrated in the tools of planning law such as urban plans, development plans, planning permissions, etc ...

Article 6 (1) of the directive 92/43 mentions that *"member States shall establish the necessary conservation measures involving, if need be, appropriate management plans specifically designed for the sites or integrated into other development plans ..."*.

I. GENERAL FRAMEWORK

I.A.

From a terminological point of view and in the light of Articles 1, 2 and 3 of the Habitats directive, can you let us know if your town and country planning law uses terms such as "biodiversity", "conservation status of a natural habitat", "wild fauna and flora" or "Natura 2000"?

---

[1] Professor of Environmental Law at the Faculty of Law of the University of Helsinki.
[2] Researcher in Environmental Law at the Faculty of Law of the University of Helsinki.

The Land Use and Building Act (132/5.2.1999, hereinafter LUBA) does not use the same terms as the Habitats directive. However the general objective of LUBA is to ensure that the use of land and water areas and building activities promote ecologically, economically, socially and culturally sustainable development (Section 1). One of the more specified objectives in land use planning is the promotion of biological diversity and other natural values through interactive planning and sufficient assessment of impact (Section 5). In addition to these the LUBA includes several further economical, social and cultural objectives.

Finland has enacted the rules conserning Natura 2000 by Natura Conservation Act (NCA). These rules have a «horizontal» effect. Same is true for other protective prescriptions. Thus, these objectives and measures must be respected in all planning procedures. Measures taken in favour of nature and site conservation in accordance with the NCA must be taken into account in planning decisions as well. The systematics of different laws is based on the principles that nature conservation is taken care of – especially as far as EC law is concerned – by the NCA and additional legislation, whereas planning rules does not take initiatives in this field. Same is true for specific other sectors as water and road legislation.

I.B.

Which public authorities are competent in town and country planning policy (national, regional or local level)?

National land use objectives – which is the only state-wide planning instrument for state authorities – are decided upon by the Council of State (Section 22 of LUBA). The functions of the Ministry of Environment include the general development and guidance of land use planning and building activities (section 17). State objectives do not have the position of a ratified land use plan; they are more guidelines for (municipal) planning authorities which are supposed to take the objectives into account.

The regional council carries out regional planning (Section 19 of LUBA). A "region" is not a state unit; instead it is a composition of municipalities which have the competence of joint planning action. The Ministry of Environment promotes, steers and monitors regional planning (Section 17). The Ministry lacks decisive power on the content of the plan but it ratifies the plan when in accordance with law, including the satisfactory respect of the state objectives.

The local authority takes charge of land use planning and building guidance and control within its territory (Section 20). The (state) regional environment centre promotes and steers the organization of land use planning and building activity within the areas covered by a local authority. The regional environment centre – which lacks decisive power in the matter – must especially exercise control to ensure that national land use objectives, other goals pertaining to land use and building, and provisions concerning the management of planning matters and building activities are taken into account in planning, building and other land use, as provided in LUBA (Section 18). In order to use this control the centre may appeal against the municipal planning decision or apply for correction at the municipal planning authority (which is a peculiar national solution!)

I.C.

Do these public authorities take part in the making use of the Natura 2000 network?

The same authorities are in a very central stage in the making use of the Natura 2000 network. According to section 8 of the Nature Conservation Act (NCA) the Ministry of the Environment has been responsible for the drafting of the Natura 2000 network and the network has been nationally adopted by the Council of State in plenary session.

In Finland the appropriate impact assessment (Habitats directive 6.3) includes an opinion from the regional environment centre and the authority in charge of the site in question. If the environment centre itself is the implementer of the project, an opinion shall be requested from the Ministry of the Environment (NCA 65 §).

The Council of the State decides if, in spite of a negative assessment of the implications for the Natura 2000 site, a permit can be granted or a plan adopted or ratified (NCA 66 §). The Ministry of the Environment shall take action to compensate for deterioration if a protection order on a Natura 2000 site is lifted or the provisions on its protection weakened (NCA 68 §).

The Ministry of Environment and regional environment centre are also responsible for the general administration of nature conservation. The Ministry of the Environment is responsible for the supreme guidance and supervision of nature and landscape conservation. On the other hand the regional environment centre has responsibility to promote and supervise nature and landscape conservation within its jurisdiction (NCA 6 §).

I.D.

Are there any administrative guidelines (Ministry's circulars)
– to explain stakes in Natura 2000 policy in relation to town and country planning policy;
– to take into account the objectives of the "Habitats" directive?

The Ministry of the Environment has published few instructions of the management of Natura 2000 sites. These publications are quite general. In 2002, a working group appointed by the Ministry of Environment published a report Management and Use of Natura 2000 Sites. The proposals of the working group focused on improving the existing planning systems. The report presented measures for guiding, at the national and regional levels, such planning. However the report does not instruct the planning administration at length.

The decision of the State Council on Natura 2000 sites defines a method of implementation for every site. LUBA is defined as a method of implementation if the conservation values of the site can be protected by a former regional or local master plan or by a plan at a later stage. The decision of the State Council is administrative. It does not have a binding legal effect.

II. PLANNING

II.A.

Do preliminary studies in procedure to adopt town and country plans or programmes (for example, environmental impact assessment, strategic environmental assessment) include Natura 2000 topics?

According to section 65 of the NCA if any kind of plan, either individually or in combination with other projects and plans, is likely to have significant adverse effect on the ecological value of a Natura 2000 site the project's planner or implementer is required to conduct an appropriate assessment of its impact. The assessment of impact can also be carried out as part of the assessment procedure referred to in the Act on Environmental Impact Assessment Procedure (468/1994). Hence the Natura 2000 topics should be included also in those preliminary studies.

II.B.

Do plans and programmes directly connected with or necessary to the management of the Natura 2000 sites hold some components about the relation with town and country planning law?

The plans meant in LUBA are going to be used partly also as management plans of the Natura 2000 sites. Other existing planning systems which are going to be used for the same purpose do not, as such, hold components about the relation with town and country planning act. However according to section 3 of LUBA land use objectives and plans in accordance with LUBA must be taken into account, as separately prescribed, when planning and deciding on use of the environment on the basis of other legislation. In practise different plans are interacting in Finland.

II.C.

Do development plans or programmes hold any measures which come from the making use of the Natura 2000 Network in relation to:
- measures of protection for special areas for special areas of conservation;
- measures for avoiding the determination of natural habitats and the habitats of species?

Basically, the Natura 2000 network has the same position as "nature conservation plans" which may precede e.g. the creation of national or natural parks. According to section 28 of LUBA Nature conservation programmes and decisions and designation decisions concerning landscape conservation areas referred in the Nature Conservation Act must be used as a guideline in drawing up the regional plan. As it has been mentioned before every any kind of plan impact on Natura 2000 site must also be assessed whenever it is necessary.

When a local master plan is drafted, the regional plan and environmental values must be taken into account (sec 39 of LUBA). Also, when the local detailed plan is drafted, the regional plan and the legally binding local master plan must be taken into account. The local detailed plan shall in addition be drawn up so that the natural environment is preserved and its special values are not destroyed (sec 54).

Hence development plans hold measures avoiding the deterioration of natural habitats and natural species. Instead it is very doubtful whether they include measures of protection in the proper sense of the word. The protection meant in article 6.1 of the habitats directive assumes more than just keeping Natura 2000 sites as one of the guidelines or taking them into account in addition of other objectives in drawing up the plan.

II. D.

Are town and country planning rules (like plans or programmes) linked with the measures for implementing the habitats directive (such as management plans or management contracts)?

If the answer is yes, from the legal point of view, what is the level of the constraint:
- must the land-use plan be in compliance with the Natura 2000 site?
- must it be compatible with the site?
- must it only take the site into account?

LUBA does not include any regulations linking planning rules with the measures for implementing the habitats directive. However the Council of State and the Ministry of the environment have instructed that the planning rules should be used for protection of Natura 2000 sites, as it was mentioned before. So the linking is made by an administrative way. From the legal point of view the level of constraint is rather weak. In practise these administrative instructions might still have a remarkable effect.

If the Natura 2000 site is or will be a nature conservation area it is protected by NCA, not by LUBA. In that case the plannig might be used as an expedient for protection. Usually nature conservation areas are only marked on plans with a certain symbol without any more specified provisions. Thus plans just usually confirm the situation in force taking the Natura 2000 sites into account.

It is very doubtful, if the land use plan must be in compliance or even compatible with the Natura 2000 site in Finland. The problem is that LUBA does not include proper regulations for protection of the sites. Planning in Finland also consists of a sum of compromises; environmental values do not have a higher status comparing to other objectives in LUBA.

The land use plan is the more important for protection of the Natura 2000 site the more detailed it is. However in detailed planning stress is laid on the local objectives of the land use rather than on ecological values of the Natura 2000 sites. A planning hierarchy mitigates this paradox of land use and nature conservation objectives but is unable to remove it.

From our point of view, the protection of the Natura 2000 site by LUBA would reguire that a planner would place the protection objectives above of the other objectives of LUBA. In practise the Council of State should emphasize the protection of the sites in national land use objectives. It is also worth of noting that LUBA does not control all land using in Finland. Only building meant in LUBA is grounded directly on a plan. Planning's indirect effect for other land uses is often remarkable but it does not usually extend to a land use beyond permit control or to a pre-existing land use.

Hence the planning in Finland does not seem to be a proper way to implement the protection of the Natura 2000 sites. Despite this fact planning plays an important role in preserving biological diversity. By the planning provisions it is possible to direct a community structure to maintain enough natural areas as e.g. ecological corridors. If only conservation sites in isolation would be foreseen, these would not be satisfactory to prevent the fragmentation of habitats. Such considerations are possible and even expected considering the integrated function of the planning legislation.

II.E.

If there is contradiction between a land-use plan and a protected site, is it possible to switch a residential or industrial zone, for instance, from the Natura 2000 site to another zone (for.ex., agricultural zone) outside the site?

According to section 65 of the NCA if any kind of plan is likely to have significant adverse effect on the ecological value of a Natura 2000 site the project's planner or implementer is required to conduct an appropriate assessment of its impact. According to section 66 no authority is empowered to adopt or ratify a plan, if the assessment procedure indicates that the plan would have a significant adverse impact on the particular ecological value of the Natura 2000 site.

Thus it is possible to switch zones before the plan is adopted or ratified. Instead it is very doubtful is it possible afterwards. The buildings require a separate building permit which is not granted if the building or plant has a significant adverse impact on the ecological values of the Natura 2000 site. If those permits are granted then it seems it is not possible anymore to switch the zones. The problem relates on the inadequate implementation on the article 6.2 of the Habitats directive in Finland.

III. DEVELOPMENT OR PLANNING PROJECTS

III.A. Preliminary studies

If a development or planning project needs a preliminary study such as an environmental impact assessment, does this study include significant impacts on Natura 2000 sites or on protected species?

Basically, the general environmental impact assessment (for projects) should, in accordance with the EC Directive, cover needs of nature conservation, thus also of Natura 2000. If sites later on included in Natura 2000 have not been foreseen, a specific EIA is required before considering projects affecting the Natura site (NCA 65 §).

III.B.

Can public authorities refuse a planning permission because the project could have a significant effect as a site or species:
- on the basis of national Natura 2000 law;
- on the basis of national, regional or local town and country planning law?

Public authorities can and must refuse a planning permission on the basis of NCA 66 §. According to this provision no authority is empowered to grant a permit for the implementation of a project, or to adopt or ratify a plan, if the assessment procedure indicates that the project or plan would have a significant adverse impact on the particular protection values of the Natura 2000 site.

On the basis of LUBA itself it is not possible to refuse a planning permission just because the project could have negative impacts on Natura 2000 site. In LUBA Natura 2000 status does not have any independent effect; the Natura 2000 values are comparable to other ecological values. If public authorities refuse a planning permission on the basis of LUBA because a plan has negative impacts on Natura 2000 site, then it is not possible to apply for the exceptional permit for the project (Article 6(4)), since applying for the exceptional permit in Finland provides that the permit application is refused by NCA 66 §.

III.C.

When the project could have negative implications for the site or species and if the planning permission is given, which compensatory measures are taken pursuant to Article 6 (4)?

According to the section 69 of NCA if a protection order on a Natura 2000 site is lifted, or the provisions on its protection weakened, or an authority has granted a permit or adopted or ratified a plan and the decision leads to deterioration of the overall coherence of the Natura 2000 network or its ecological value, the Ministry of the Environment shall take immediate action to compensate for said deterioration.

In NAC 69 § the compensatory measures are not linked directly to the exceptional permit. NAC 69 § does not, for example, regulate is it possible to grant a permit or ratify a plan, if the needed compensation measures are not available. Thus, it is very doubtful if a demand for the compensatory measures pursuant to Article 6 (4) is implemented properly in Finland.

III.D.

Are special dispensations allowed in accordance with:
– town and country planning law;
– or national Natura 2000 law?

The special dispensations are allowed in accordance with national Natura 2000 law (NAC 66 §).

IV. RELATION TO SPECIALISED PLANNING POLICIES

IV.A.

Do town and country planning plans partly or totally integrate specialised planning policies:
– environmental plans or programmes (water, air, soil, waste, noise, ...);
– other plans or programmes (transport plans, programmes of protection of the historical sites or buildings, ...) ?

As mentioned before, according to section 28 of LUBA Nature conservation programmes and decisions and designation decisions concerning landscape conservation areas referred in the Nature Conservation Act must be used as a guideline in drawing up the regional plan.

According to section 68 of LUBA it is possible to establish a national urban park to protect and maintain the beauty of the cultural or natural landscape, historical characteristics or related values concerning the townscape, social, recreational or other special values of an area in an urban environment. Regulations concerning the national urban park must be taken into account in planning the areas of the park and in other planning and decision-making affecting the area (LUBA 70 §).

In other cases it is not legally binding to integrate specialised planning policies into the plans according to LUBA. In practise, the different planning policies integrate.

IV.B.

If the specialised plans or programmes are not integrated in town and country planning plans, what are their links with:
– the town and country planning plans;
– the protection of Natura 2000 bases?

According to section 3 of LUBA land use objectives and plans in accordance with LUBA must be taken into account, as separately prescribed, when planning and deciding on use of the environment on the basis of other legislation.

According to section 65 of NCA if any kind of plan is likely to have significant adverse effect on the ecological value of a Natura 2000 site the project's planner or implementer is required to conduct an appropriate assessment of its impact

V. CASE-LAW

Have you got any judicial decision about the link between town and country planning law and Natura 2000 law such as:
– cancellation of planning permissions,
– compulsory restoration of sites,
– financial compensations,
– ...

The Supreme Administrative Court has given some decisions on this link. In some cases a planning decision has been rejected due to insufficient assessment of the impact on Natura 2000 site (SAC 9.11.2005 Nr. 2897, 11.9.2003 Nr. 2103, 08.03.2002 Nr. 495).

France

AMÉNAGEMENT DU TERRITOIRE, URBANISME ET NATURA 2000 EN FRANCE

Bernard Drobenko[1]

En France, la mise en œuvre du réseau Natura 2000 se heurte à plusieurs difficultés. Au-delà de la transposition même du texte (cf. rapports précédents), c'est l'intégration de cette protection dans les autres politiques publiques qui est posée, notamment dans le cadre de l'urbanisme et de l'aménagement du territoire. En effet, l'article 6-1 de la directive mentionne la possibilité pour les Etats d'établir «les mesures nécessaires impliquant, le cas échéant des plans de gestion appropriés spécifiques aux sites ou intégrés dans d'autres plans d'aménagement et les mesures et programmes». D'un point de vue pratique, il s'agit d'apprécier la portée réelle de cette disposition, tant au regard de la prise en considération de ces politiques sectorielles par les modalités d'application de la directive que de déterminer les conditions de protection des espaces et des espèces du réseau Natura 2000 par les droits de l'aménagement du territoire et de l'urbanisme.

Ce double croisement doit d'abord être apprécié au niveau de la terminologie. En effet, la directive «Habitat» se réfère aux termes de «biodiversité», de «conservation des habitats naturels» ou de «faune et flore sauvage». Or, seul le terme de «Natura 2000» est repris dans le droit français de l'urbanisme, il y figure de plus de manière assez résiduelle. En effet, il n'est d'abord mentionné qu'une fois dans la partie législative à l'article L 142-2 consacré aux espaces naturels sensibles. A ce titre, il

---

[1] Professeur des Universités – Université du Littoral Côte d'Opale. Faculté de Droit de Boulogne sur mer, LARJ – Membre Associé du CRIDEAU.

ne concerne pas la mise en œuvre du dispositif de protection de ces espaces, mais seulement l'affectation de la taxe départementale des espaces naturels sensibles qui peut être affectée pour «l'acquisition, la gestion et l'entretien du réseau Natura 2000». Puis il apparaît dans la partie réglementaire pour la mise en œuvre de l'évaluation environnementale en application de la directive «évaluation des plans et programmes». Ainsi les rapports de présentation des documents d'urbanisme soumis à cette évaluation et à la mise en œuvre de la directive 2001/42 relative à l'évaluation des incidences de certains plans et programmes du 27 juin 2001 doivent exposer «les problèmes posés par son adoption sur la protection des zones revêtant une importance particulière pour l'environnement....», dont Natura 2000 (articles R 111-28 l'évaluation des DTA, R 122-2 l'évaluation des SCOT, R 123-2-1 l'évaluation des PLU, R 141-1 l'évaluation du SDRIF).

Au-delà des mots eux-mêmes, la prise en considération du réseau Natura 2000 par le droit de l'urbanisme impose d'examiner les divers aspects de ce droit au regard de cette politique spécifique contribuant à la protection de la biodiversité. Il s'agit dans un premier temps d'apprécier le rôle des acteurs du droit de l'urbanisme (I), d'identifier l'impact des planifications sur la gestion et la préservation des sites Natura 2000 (II), de déterminer les conditions de cette protection dans le cadre de la réalisation de projets ou d'aménagements (III), de rechercher le niveau d'intégration avec les planifications spécialisées(IV), enfin de situer le contentieux en vigueur au regard des objectifs de protection des sites retenus pour le réseau Natura 2000 (V).

I. LES ACTEURS DU DROIT DE L'URBANISME ET LE RÉSEAU NATURA 2000

En France, le droit de l'urbanisme est une compétence partagée, répondant ainsi à cette exigence d'une République indivisible dont l'organisation est décentralisée (Article 1 de la Constitution). Il en résulte que les institutions compétentes en droit de l'urbanisme sont à la fois étatiques (centrales et locales) mais aussi locales et relevant de la mise en œuvre de la décentralisation, avec l'intervention des collectivités territoriales et leurs groupements, mais il existe aussi des institutions spécialisées.

A – L'Etat

Il intervient au niveau central et au niveau local:
- au niveau central par le Ministère de l'équipement, des transports, du logement, du tourisme et de la mer. C'est la direction générale de l'urbanisme, de l'habitat et de la construction qui est chargée du domine spécifique de l'urbanisme,
- au niveau régional les Directions régionales de l'équipement
- au niveau départemental: les Directions départementales de l'équipement
- au niveau inférieur: des subdivisions de l'équipement

La réforme de l'administration déconcentrée de l'Etat conduit aujourd'hui à créer des pôles de compétentes, avec un rapprochement entre les services locaux de l'équipement et ceux de l'agriculture.

Ces acteurs étatiques ne disposent pas de compétences en matière de mise en œuvre du réseau Natura 2000, c'est le Ministère chargé de l'environnement qui dispose ici de l'essentiel des prérogatives, au plan local les direction régionales de l'environnement occupant une place centrale, même si le Ministère de l'écologie et du développement durable ne dispose pas en France d'une organisation administrative départementale.

B – Les collectivités territoriales et leurs groupements

Leur rôle en matière de mise en œuvre du réseau Natura 2000 a été renforcé. De manière générale, leurs compétences leurs permettent d'intervenir de manière directe ou indirecte selon le schéma suivant:
- les Régions peuvent créer des sociétés d'investissement en zone rurale, elles interviennent au titre de l'aménagement du territoire, elles peuvent créer des Parcs naturels régionaux et des réserves régionales, elles peuvent aussi désormais élaborer «des orientations régionales de gestion et de conservation de la faune sauvage et de ses habitats (L 414-8 issu de la loi DTR du 23 février 2005). Le schéma régional d'aménagement et de développement du territoire, qui doit être compatible avec le schéma des services collectif des espaces naturels et ruraux, devrait comporter un volet «Natura 2000)

- les Conseil généraux: interviennent au titres de la gestion des espaces naturels sensibles (L 142-1 et s. c.urb.) et des espaces agricoles et naturels péri-urbains (L143-1 c.urb.). Si aucun élément ne permet d'identifier le réseau Natura 2000, l'intervention du Conseil général concerne des espaces à préserver pouvant inclure des zones du réseau Habitat. De plus les Conseils généraux peuvent affecter une partie de la taxe départementale des espaces naturels sensibles à l'acquisition et la gestion des espaces Natrua 2000.
- les communes et leurs groupements occupent une place centrale en raison de leurs compétences en matière de planification urbaine, d'aménagement et de délivrance des autorisations d'urbanisme. En effet, elles déterminent le zonage du territoire dont les espaces à préserver, tant dans le cadre de la planification stratégique (les schémas de cohérence territoriale), que de la planification réglementaire (plan local d'urbanisme, carte communale). Elles mettent en œuvre les politiques locales de maîtrise foncière et d'aménagement, mais le rôle des exécutifs est aussi déterminant lors de la délivrance des autorisations d'urbanisme: permis de construire, permis d'aménager, permis de démolir comme les déclarations préalables pour chacune de ces catégories (ces contrôles ont été réformés en France avec l'ordonnance 2005-1527 du 8 décembre 2005 relative au permis de construire et aux autorisations d'urbanisme – JO du 9 décembre 2005).

Il existe par ailleurs un ensemble d'opérateurs publics et privés spécialisés qui contribuent à l'administration opérationnelle du droit de l'urbanisme: établissements publics, associations et sociétés ou établissement publics d'aménagement. Leur rôle est cependant subordonné au cadre juridique déterminé par les acteurs publics compétents en matière d'urbanisme.

D'un point de vue opérationnel, si la mise en œuvre du réseau Natura 2000 était placée sous la responsabilité de l'Etat, la réforme intervenue en 2005 donne aux collectivités territoriales une place prépondérante (L 414-2 c.env.). En effet, la loi relative au développement des territoires ruraux du 23 février 2005, place les collectivités territoriales au cœur du dispositif de mise en œuvre du réseau, les représentants de l'Etat ne siégeant désormais dans le comité de pilotage

Natura 2000 «qu'à titre consultatif», le Président de ce comité étant en principe un représentant des collectivités territoriales(L 414-1 et 414-2 c.env. issus des articles 141 et s. de la loi DTR). *Le texte d'application de ce dispositif précise le rôle de chacun ainsi que les modalités de mise en œuvre des instruments de gestion du réseau*[2]. *Or les mêmes acteurs élaborent ou participent à l'élaboration des documents d'urbanisme, d'où, en principe, la nécessité de décisions cohérentes quant à la gestion des territoires.*

Mais l'Etat approuve le document d'objectifs. En cas de difficulté quant à la mise en œuvre du comité de pilotage, c'est l'Etat qui en assure la mise en œuvre, de même que si le document d'objectifs n'a pas été soumis à l'approbation de l'Etat dans les deux ans suivant l'institution du comité de pilotage, l'autorité administrative peut (donc elle n'est pas obligée de) prendre en charge son élaboration., en cas de carence des acteurs locaux, il assure la Présidence du comité de pilotage et conduit l'élaboration du document d'objectifs[3].

Les services de l'Etat peuvent participer au suivi de la mise en œuvre du réseau Natura 2000,

Les collectivités territoriales sont des opérateurs plus significatifs aujourd'hui, mais elles sont placées, selon le principe de la décentralisation, dans un cadre préétabli où l'Etat peut se substituer à elles en cas de carence.

L'Etat et les collectivités territoriales signent une convention pour définir les modalités d'accompagnement à l'élaboration et à la mise en œuvre du document d'objectifs.

Le documents d'objectifs comporte désormais plusieurs éléments distincts:[4]

- un rapport de présentation,
- l'identification des objectifs au regard du site, justifiant de son classement,
- des propositions de mesures pour atteindre ces objectifs,
- un ou plusieurs achiers des charges applicables aux contrats N 2000,

---

[2] Décret n° 2006-922 du 26 juillet 2006 relatif à la gestion des sites Natura 2000 et modifiant le code de l'environnement – J.O n° 172 du 27 juillet 2006.

[3] Article R 414-8-1 – R 414-9 c.env.

[4] R 414-11 c.env, issu du décret 2006-922 précité

- les engagements faisant l'objet de la Charte N2000 du site,
- les conditions de suivi et le mesures de surveillance instaurées

La réalisation des objectifs repose désormais sur la mise en œuvre:
- d'une charte Natura 2000 propre au site, permettant d'identifier une «liste d'engagements contribuant à la réalisation des objectifs de conservation ou de restauration des habitats naturels et des espèces définis dans le document d'objectifs. Les engagements contenus dans la charte portent sur des pratiques de gestion des terrains inclus dans le site par les propriétaires et les exploitants ou des pratiques sportives ou de loisirs respectueuses des habitats naturels et des espèces. La charte Natura 2000 du site précise les territoires dans lesquels s'applique chacun de ces engagements»[5].
- le contrat Natura 2000, qui n'est pas incompatible avec l'adhésion à la Charte de site Natura 2000. Ce contrat est «conclu pour une durée minimale de cinq ans par le préfet et le titulaire de droits réels ou personnels portant sur des parcelles incluses dans le site»[6].

Le cadre d'intervention de la mise en œuvre de ces compétences est précisé par les textes législatifs et réglementaires intégrés au code de l'environnement, les politiques d'urbanisme et d'aménagement relevant du code de l'urbanisme. Ces dispositions sont précisées par diverses circulaires, seules celles relatives à la mise en œuvre du réseau Natura 2000 font expressément références à la prise en considération de l'aménagement. Il n'y a pas eu en France de circulaire spécifique orientant les actions de l'administration pour la mise ne œuvre du réseau Natura 2000 au regard du droit de l'urbanisme. Toutefois, dans le cadre de l'application de la directive plans et programmes, une circulaire relative aux modalités de mise en œuvre des documents d'urbanisme, fait référence à la prise en considération du réseau Natura 2000: Circulaire UHC/PA2 n° 2006-16 du 6 mars 2006 relative à l'évaluation des incidences de certains documents d'urbanisme sur l'environnement – Texte non paru au *Journal officiel*

---

[5] R 414-12 c.env, tel qu'issu du décret 2006-922 précité.
[6] R 414-13 c.env. tel qu'issu du décret 2006-922 précité.

Il résulte de ce qui précède que la circulaire de référence en matière d'application des textes relatifs au réseau Natura 2000 est la circulaire interministérielle du 5 octobre 2004 relative à l'évaluation des incidences des programmes et projets de travaux, d'ouvrages ou d'aménagements susceptibles d'affecter de façon notable les sites Natura 2000 – BO MEDD n° 21/ 2004.

C'est bien au regard de la planification qu'il faut apprécier le niveau d'intégration de ces politiques publiques et la prise en considération du réseau Natura 2000 par le droit de l'urbanisme.

II. LES PLANIFICATIONS URBAINES ET LE RÉSEAU NATURA 2000

Les planifications urbaines développement toutes un volet environnemental, mais la coordination entre les orientations, les mesures d'application destinées à mettre en œuvre ainsi qu' à préserver la biodiversité et le droit de l'urbanisme doivent être appréciée à un double titre. Elles peuvent résulter du contenu même des planifications urbaines, mais elles peuvent aussi relever des obligations générées par les règles de transposition de la directive «Habitat». Cette démarche intégrée sera donc déterminée par ce double examen.

A – Les documents d'urbanisme

Si le droit français de l'urbanisme a développé une démarche intégrée dès les années soixante, aucun document d'urbanisme n'est soumis à étude d'impact. En revanche, ce sont les rapports de présentation de tous les documents d'urbanisme, dont le contenu et la portée ont été renforcés qui comportent un bilan environnemental ainsi qu'une appréciation de la portée des orientations sur l'environnement.

Jusqu'à la transposition de la directive «plans et programmes», aucun élément ne permettait d'identifier une prise en considération directe du réseau Natura 2000 par le droit de l'urbanisme, même d'un point de vue terminologique aucune mention ne figurait dans le code de l'urbanisme.

La transposition de la directive 2001/42 relative à l'évaluation des incidences de certains plans et programmes du 27 juin 2001, est intervenue en France avec l'ordonnance 2004-489 du 3 juin 2004, mise en œuvre selon deux modalités, un décret pour les plans et programmes en droit de l'environnement et un décret pour les plans et programmes en matière d'urbanisme, avec le décret 2005-608 du 27 mai 2005 (JO du 29 mai 2005).

Ce texte impose l'évaluation préalable de la plupart des documents d'urbanisme, qu'ils soient stratégiques (directives territoriales d'aménagement – DTA –, schéma de cohérence territoriale – SCOT –, schéma directeur de la région Ile de France – SDRIF –) ou réglementaires (plan local d'urbanisme – PLU –, sachant que pour les PLU, l'ordonnance limite cette évaluation aux PLU «susceptibles d'avoir des incidences notables sur l'environnement».

Les articles du code de l'urbanisme relatifs au contenu du rapport des documents d'urbanisme soumis à évaluation préalable font expressément référence à la nécessité d'analyser «les incidences notables prévisibles ainsi que d'exposer les problèmes posés par l'adoption du document sur la protection de ces zones revêtant une importance particulière pour l'environnement telles que celles désignées conformément aux articles R 214-18 à R 214-22 du code de l'environnement, ainsi qu'à l'article 2 du décret n°2001-1031 du 8 novembre 2001 relatif à la procédure de désignation des sites Natura 2000». Il en est ainsi du rapport de présentation des DTA: article R 111-28 c.urb., des SCOT article R 122-2 c.urb., du SDRIF: article R 141-1 c.urb. et des PLU lorsqu'ils y sont soumis: article R 123-3-2 c.urb..,

En dehors de l'évaluation, aucune autre disposition du code de l'urbanisme ne se réfère au réseau Natura 2000. La France ayant choisi uniquement la voie contractuelle pour transposer la directive «habitat», aucune servitude d'utilité publique n'est instaurée, il en résulte que, parmi les éléments devant figurer en annexe des documents d'urbanisme ou dans les documents cartographiques, aucune mention n'apparaît au regard des protections Natura 2000.

Toutefois le contenu de ces documents relève d'un large pouvoir discrétionnaire, aussi, à ce titre, leurs auteurs peuvent intégrer dans leur zonage ou leur réglementation la prise en considération du réseau Natura 2000. A titre d'exemple, les SCOT peuvent «déterminer des espaces et les sites naturels ou urbains à protéger et peuvent en définir la localisation ou la délimitation»[7], tandis qu'avec le zonage le PLU les acteurs locaux peuvent déterminer des emplacements réservés, les zones agricoles (zones A) à protéger en raison de leur potentiel biologique[8] ou les zones naturelles et forestières présentant une qualité environnementale à préserver[9]. De plus les communes ou leur groupement peuvent classer des sites Natura 2000 en espaces boisés classés[10], de même que le Conseil général peut les intégrer à sa politique des espaces naturels sensibles[11]. Mais toutes ces possibilités de protection reposent sur le pouvoir discrétionnaire des autorités locales qui, par ailleurs disposent de la possibilité de réviser ou modifier les règles instaurées afin d'ouvrir ces mêmes espaces à l'urbanisation. De plus depuis juillet 2003, le législateur a instauré une possibilité de modification ou révision simplifiée, facilitant ainsi l'aménagement et le développement urbain, tout en générant de ce fait à une véritable instabilité.

A noter par ailleurs que, dans le cadre de l'élaboration des documents d'urbanisme, l'intervention de l'Etat, avec le «porter à la connaissance», impose au préfet d'identifier la portée du réseau Natura 2000[12], puisque dans le cadre de l'élaboration des documents d'urbanisme «les éléments de référence issus du schéma de services collectifs des espaces naturels et ruraux orienteront le contenu «des porter à la connaissance» établis par le préfet. L'intérêt de cette disposition doit être relativisé en raison de la portée juridique de ces schémas.

B – Les plans et programmes du réseau Natura 2000

Les développements du droit français de l'environnement consacrés à la protection et la gestion du réseau Natura 2000, ne font pas expressément référence au droit de l'urbanisme.

---

[7] Article L 122.1– 5° aliéna du code de l'urbanisme
[8] Article L 123.7 du code de l'urbanisme
[9] Article R 123.8 du code de l'urbanisme
[10] Article L 130.1 et s. du code de l'urbanisme
[11] Article L 142.1 et s. du code de l'urbanisme
[12] Décret 2002.560 du 18 avril 2002 approuvant les schémas de services collectifs. JO du 24 avril 2002, se référant expressément au réseau Natura 2000, dans le cadre de la mise en œuvre des politiques environnementales des espaces ruraux.

Cependant, une prise en considération indirecte est développée dans le cadre de la mise en œuvre des projets et des opérations d'aménagement. En effet, la mise en œuvre «de programmes ou projets de travaux, d'ouvrage ou d'aménagement soumis à un régime d'autorisation ou d'approbation administrative, et dont la réalisation est de nature à affecter de façon notable un site Natura 2000 font l'objet d'une évaluation de leurs incidences au regard des objectifs de conservation du site – ...article L 414-4 c.env.). Mais le même article prévoit une atteinte possible à la conservation du site, dès lors que des mesures compensatoires sont prévues.

C – La coordination des politiques publiques

En l'état du droit, il n'existe pas d'articulation formelle entre les réglementations d'urbanisme et les mesures de transposition de la directive, tels les plans de gestion ou les contrats de gestion. Seule l'évaluation préalable y fait directement référence. Il en résulte que ni les documents d'objectifs ni les contrats Natura 2000 ne sont mentionnés dans le code de l'urbanisme au nombre des éléments avec lesquels fait l'objet d'un ordonnancement juridique.

La réforme des autorisations d'urbanisme, intervenue en France avec l'ordonnance 2005-1527 du 8 décembre 2005 instaure une coordination avec «les opérations soumises à un régime d'autorisation prévu par une autre législation» (article 15 de l'ordonnance instaurant les articles L 425-1 et s du code de l'urbanisme), mais elle n'évoque pas les outils Natura 2000, qui, en raison des choix opérés, n'instaurent pas d'autorisation préalable, donc n'entrent pas dans le champ d'application de ce dispositif.

Il en résulte que, en raison d'une très faible articulation entre les législations soumise pour l'essentiel au pouvoir discrétionnaire, les hypothèses de contradiction entre affectation par les documents d'urbanisme et un périmètre Natura 2000 ne sont pas à exclure en droit français. De plus, en prévoyant de possibles atteintes à un site Natura 2000 moyennant compensation, le législateur français semble privilégier l'aménagement à la protection (L 414-4 c. env.)

Les instruments du droit de l'urbanisme s'inscrivent dans le cadre d'une démarche intégrée que les évolutions législatives les plus récentes ont renforcé. Ainsi le législateur impose aux acteurs locaux de l'urbanisme de mettre en œuvre les instruments de cette politique publique en les articulants avec d'autres planifications précisément dénommées. En instaurant avec ces instruments un rapport de compatibilité, il oblige les auteurs de ces documents à intégrer d'autres politiques sectorielles. A titre d'exemple, les documents de planification de l'eau (SDAGE ou SAGE) peuvent désigner des zones humides à préserver, or souvent, ces zones humides relèvent du réseau Natura 2000. Les documents d'urbanisme (cartes communales, PLU et SCOT doivent être compatibles avec les SDAGE et les SAGE (articles L 122-1, L 123-1 et L 124-2 c.urb.). L'opposabilité du SAGE a été renforcée dans le cadre de la réforme du droit de l'eau[13]. Outre l'extension du champ d'application de leur contenu, eau, milieux aquatiques et piscicoles, le législateur impose qu'ils comportent un règlement et des documents cartographiques «opposables à toute personne publique ou privée pour l'exécution de toute installation, ouvrage, travaux ou activité mentionnés à l'article L 214-2»[14]. Les documents d'urbanisme devant être compatibles avec les dispositions du SAGE, l'opposabilité générale intéressant les décisions dans le domaine de l'eau, le niveau d'intégration des sites du réseau Natura 2000 déterminera la portée réelle de ces nouvelles dispositions.

III. LES PROJETS ET LES OPÉRATIONS D'AMÉNAGEMENT

La planification stratégique ou réglementaire détermine les conditions d'occupation du sol ou de l'espace, et, de ce fait les conditions de préservation des sites Natura 2000. La réalisation de projets ou d'aménagements est déterminée par cette réglementation, mais elle résulte aussi des autorisations délivrées pour ce faire, subordonnées, pour les projets qui y sont soumis, à des études préalables (étude d'impact, étude ou document d'incidence).

---

[13] LOI n° 2006-1772 du 30 décembre 2006 sur l'eau et les milieux aquatiques (1) J.O n° 303 du 31 décembre 2006

[14] Nouvel article L212-5-2 issu de l'article 77 de la loi 2006-1772 EMA précitée.

A – les études préalables

La protection effective des sites relevant du réseau Natura 2000 résulte bien des modalités d'évaluation préalables des projets ou programmes susceptibles les affecter. Le droit français permet de distinguer à ce titre deux hypothèses majeures.

1° – les projets ou programmes soumis à une étude au titre des législations en vigueur. Dans ce schéma, il s'agit d'apprécier les conditions de prise en considération des sites Natura 2000 dans le cadre du régime général des études préalables telles que développées en application des lois de 1976 (décret du 21 septembre 1977 – ICPE – décret du 12 octobre 1977 protection de la nature – L 122-1 – 122-4 et R 122-1 c.env;), ou les documents d'incidence du droit de l'eau (décret 93 – 742 du 30 mars 1993) ne mentionnent pas expressément les sites Natura 2000, toutefois la protection des zones humides, de la faune et de la flore y apparaissent expressément,

2° – les projets ou programmes, non soumis au régime général de l'étude d'impact ou d'incidence, mais étant néanmoins soumis à un contrôle administratif préalable. Dès lors que ces projets ou programmes sont susceptibles «d'affecter de façon notable» un site Natura 2000» (formule de l'article L 414-4-I c.env.), ils doivent faire l'objet d'une évaluation préalable en application des dispositions de l'article L 122-4 c. env.. Mais le dispositif instauré permet de distinguer selon que le projet ou l'aménagement relève de l'une des catégories suivantes (R 214-34 c. env.):

– les projets situés à l'intérieur d'un site N 2000 doivent obligatoirement faire l'objet d'une évaluation sur le site N 2000 dès lors qu'ils relèvent de l'une des catégories suivantes: d'un contrôle préalable au titre du droit de l'eau (L 214-1 à L 214-6 c. env.), d'un contrôle au titre des parcs nationaux, des réserves naturelles ou des sites classés (L 331-3, L 332-9 et L 341-10 c. env.), s'ils relèvent d'un autre régime d'autorisation ou d'approbation administrative et doivent faire l'objet d'une évaluation (document d'incidence ou étude d'impact), enfin, si, tout en étant dispenses d'une notice ou d'étude d'impact, ils relèvent d'un autre régime d'autorisation (qui pourrait donc être d'urbanisme) et figurent sur une liste départementale arrêtée par le préfet).

– les projets situés en dehors du périmètre N 2000 mais susceptible de l'affecter, devront faire l'objet d'une évaluation au regard du site N 2000 dès lors qu'ils relèvent d'une catégorie soumise à autorisation préalable (cf R 414-19-2° c.env.).

Ce dispositif général est assorti d'atténuation. En effet, sont exclus de cette procédure d'évaluation préalable les travaux, ouvrages et aménagements prévus par les contrats Natura 2000. De plus, en droit français, l'existence d'un PLU approuvé dispense certains projets d'évaluation préalable (annexe 2 du décret 77/1141 du 12 octobre 1977 – tableau à l'annexe R 122-6 c.env.))

B – La délivrance des autorisations d'urbanisme

Les conditions de délivrance des autorisations d'urbanisme sont déterminées par le code de l'urbanisme. C'est le champ d'application de ces autorisations qui détermine la portée réelle du dispositif. En effet, les évolutions intervenues depuis 1986 tendent à réduire la protée de ce contrôle en soumettant de nombreux projets à simple déclaration préalable. La réforme intervenue avec l'ordonnance du 8 décembre 2005 amplifie cette évolution en faisant de la déclaration préalable du permis de construire et du permis d'aménager une catégorie en soi. La délivrance de ces autorisations est par ailleurs déterminées par le cadre juridique de leur intervention. Ainsi, en étendant progressivement les exceptions aux règles de protection (ce qui est notamment le cas pour les espaces littoraux et de montagne), en renforçant le pouvoir discrétionnaire des autorités locales dans la détermination des conditions d'occupation du sol et de l'espace, le législateur ne favorise pas la protection des sites et espaces, dès lors que ceux-ci ne relèvent pas d'une régime de protection spécifique ou renforcé. De plus, en application dans le contentieux de l'urbanisme, du principe jurisprudentiel dit «de l'indépendance des législations», en principe l'autorité compétente ne pourrait refuser un permis de construire pour une atteinte à un site Natura 2000 s'il ne fait pas l'objet d'une protection réglementaire que sanctionne le droit de l'urbanisme lui-même.

Ce cadre général est assorti d'aménagements résultant soit du régime propre aux sites Natura 2000, soit de dispositions relatives à la protection de l'environnement du droit de l'urbanisme. Ainsi:
- les dispositions du code de l'environnement qui imposent une étude en cas d'atteinte notable à un site Natura 2000 ou qui autorisent une compensation ne pourront être mises en œuvre qu'aux conditions posées par les textes. Mais l'autorité compétente «ne peut autoriser ou approuver un programme ou un projet si l'évaluation fait apparaître une atteinte au site (L 414-4-II) c. env.). Il paraît nécessaire de se référer aussi aux protections sectorielles instaurées par certains textes, ces protections pouvant intégrer des sites Natura 2000, c'est le cas par exemple des zones humides, des parcs nationaux, des réserves naturelles, des forêts de protection ou des sites...
- les règles nationales d'urbanisme peuvent, par application du pouvoir discrétionnaire, permettre de refuser une autorisation d'urbanisme, en application des dispositions générales des articles R 111-14-2 ou R 111-21 c.env, où en application des articles de protection des zones montagne (L145-1 et s.) ou littoral (L 146-1 et s.),
- les régions n'ont pas en France de compétence réglementaire en droit de l'urbanisme, seule une protection de site Natura 2000 instaurée par une Charte de parc naturel régional, seulement opposable à un document d'urbanisme, pourrait produire des effets sur l'affectation du sol. En application du schéma de service collectif des espaces naturels et ruraux, le schéma régional d'aménagement et de développement du territoire peut préconiser certaines protection, mais en l'absence d'opposabilité de ce document aux décisions administrative ou aux documents d'urbanisme, sa portée sur la protection des sites Natura 2000 est limitée,
- les départements peuvent protéger des espaces naturels sensibles ou des espaces agricoles et naturels péri-urbains, le Conseil général peut ainsi produire des zones inconstructibles où les projets et aménagements ne pourraient être autorisés. Il peut affecter la taxe départementale des espaces naturels sensibles pour l'acquisition et l'entretien des sites Natura 2000 (L 142-2 c. urba),

– les règles locales d'urbanisme sont déterminantes. Outre le fait que les autorités locales peuvent déterminer l'affectation du sol et de l'espace avec les documents de planification (SCOT, PLU, cartes communales), elles sont compétentes pour assurer le contrôle de l'utilisation du sol et de l'espace en délivrant les autorisations d'urbanisme. Elles peuvent ainsi refuser ou conditionner les autorisations d'urbanisme dès lors qu'un projet pourrait porter atteinte à la protection d'un site Natura 2000. Cette possibilité sera renforcée dès lors que les acteurs locaux ont intégré une telle protection dans leur réglementation locale d'urbanisme (par exemple en classant en zone N du PLU, ou en espace vert, ou en espace boisé classé dans le PLU ou en interdisant la constructibilité dans une carte communale). A noter toutefois qu'un tel classement relève du pouvoir discrétionnaire des acteurs locaux, tandis que les conditions du contrôle administratif préalable fait aussi apparaître un large pouvoir d'appréciation. De plus les textes prévoient des aménagements ou des compensations.

C – Les aménagements

Au-delà des principes et des mesures de préservation, des atteintes aux sites Natura 2000 sont admises à titre exceptionnel, même si plusieurs dispositions prévoient des mesures compensatoires. Aux termes de l'article L 414-III c. env. des atteintes à un site Natura 2000 peuvent intervenir dès lors que des mesures compensatoires sont mises en œuvre et à condition que:
- il n'existe pas d'autre solution pour la réalisation du projet,
- l'autorisation est délivrée pour des raisons impératives de nécessité publique
- les mesures compensatoires doivent maintenir la cohérence du site
- le maître d'ouvrage ou le pétitionnaire expose dans le dossier d'évaluation:
  - les raisons pour lesquelles il n'existe pas d'autre solution satisfaisante.
  - les mesures «pour compenser les effets dommageables que les mesures prévues au II ne peuvent supprimer ainsi que l'estimation des dépenses correspondantes».

En fait le droit français n'impose pas de mesures compensatoires spécifiques d'application générale, elles sont appréciées au cas par cas (R 414-19-III c.env.)

De plus, les textes admettent des exceptions aux mesures de protection.

Le dispositif français de protection des sites Natura 2000 repose sur des mesures essentiellement contractuelles. Il s'agira donc d'apprécier, au cas par cas, le contenu du document d'objectif, puis du contrat Natura 2000. Ces mesures de protection sont qualifiées (L 414-1-V c.env.) de «mesures destinées à conserver ou à rétablir dans un état favorable à leur maintien à long terme les habitats naturels les espèces de faune ou de flore sauvage qui ont justifié leur délimitation» ou «de mesures de prévention appropriées pour éviter la détérioration...»

Les textes qui admettant des exceptions à ces meures de protection résultent du dispositif même de transposition de la directive et sont relatifs:
- aux possibles atteintes à un site protégé, aux conditions fixées par les textes (L 414-4 III et IV c.env.), il s'agit notamment de maintenir la cohérence globale du réseau Natura 2000
- aux atteintes éventuelles avec mesures compensatoires (cf. supra)
- à des interventions relevant de la défense nationale (R 414-8 – R 414-17 c.env.)

La gestion d'un site Natura 2000 peut elle-même comporter un ensemble d'opérations d'aménagement, expressément prévue dans le document d'objectifs, ils sont dispensés d'évaluation préalable (L 414-4--I-2° alinéa c.env.)

IV. RELATION AVEC LA PLANIFICATION SPÉCIALISÉE

Les évolutions les plus récentes du droit français de l'urbanisme ont opéré une intégration plus aboutie des préoccupations environnementales. Toutefois cette intégration n'est pas «intégrale», certains documents de planification ne faisant pas l'objet d'une coordination avec les documents d'urbanisme.

A – Les planifications intégrées

Cette intégration se développe selon deux modalités:
- une «environnementalisation» du droit de l'urbanisme, avec des exigences renforcées quant à la prise en considération de ces exigences. Ceci apparaît en particulier au regard des principes généraux du droit de l'urbanisme (L 110 c.urb.) imposant «la protection des milieux naturels et des paysages», mais aussi avec le cadre d'intervention de la planification urbaine imposée par la loi SRU (L 121-1 c.urb.), notamment au regard de la préservation des grands équilibres, dans le cadre des objectifs du développement durable et par l'exigence de préservation de la qualité de l'eau, du sol, des écosystèmes, des espaces verts, des milieux, sites et paysages naturels ou urbains. Chaque document d'urbanisme pouvant par ailleurs comporter des mesures de protection spécifiques de certains espaces (L 122-1, L 123-1 et L 124-2 c.urb.).
- une coordination des législations renforcée, notamment depuis la loi solidarité et renouvellement urbain du 13 décembre 2000, le législateur imposant en effet un rapport de «compatibilité» entre les documents d'urbanisme et la plupart des documents du droit de l'environnement. Par ailleurs, la loi de transposition de la directive cadre dans le domaine de l'eau du 21 avril 2004 impose aux SCOT, aux PLU et aux cartes communales, doivent être compatibles avec les SDAGE et les SAGE

Pour les documents d'aménagement du territoire, ils comportent un volet environnemental. L'instauration d'un schéma des services collectifs des espaces naturels et ruraux en 1999, faisant directement référence au réseau Natura 2000, consacre cette intégration, les schémas régionaux d'aménagement et de développement du territoire doivent être compatibles avec ses orientations.

La création d'un parc naturel régional (PNR), outil de protection de l'environnement et de l'aménagement du territoire, est aussi intégrée par le droit de l'urbanisme, les document de planification urbaine devant être compatibles avec les orientations de la Charte du PNR.

B − Les planifications spécialisées non intégrées

Certaines planifications sectorielles ne permettent pas d'identifier une démarche intégrée, c'est à dire la prise en considération des préoccupations environnementales telles qu'issues de la mise en œuvre du réseau Natura 2000. En effet, pour certaines de ces planifications aucune mesure de coordination n'étant envisagée, l'autorité administrative compétente (par exemple le maire qui délivre une autorisation) ne pourrait se prévaloir de ce texte pour refuser la réalisation d'un projet.

Cependant, dans le cadre de la mise en œuvre du réseau Natura 2000, le législateur français instaure un dispositif de coordination qui permet à l'autorité administrative de neutraliser un projet dès lors qu'il est soumis à «un régime d'autorisation ou d'approbation administrative». Les textes font expressément référence à un dispositif précis d'intégration, puis à un dispositif local plus aléatoire, puisqu'il dépend du pouvoir discrétionnaire du préfet de déterminer par arrêté, les contrôles administratifs concernés (cf. R 214-34 c.env.).

Dans ces deux hypothèses, en l'absence d'une coordination formelle, les juridictions feront application du principe dit «de l'indépendance des législations» qui conduit à refuser à un texte non «intégré ou coordonné» une portée juridique. Le principe posé par le juge lui-même dès 1959: CE Piard 1° juillet 1959 Rec. p.413, et confirmé de manière récurrente depuis, notons par exemple: CE 22 août 2002 SFR req. 245622 Droit de l'environnement novembre 2002.

Ce principe pourrait conduire le juge à rejeter tout recours contre un permis de construire ne pouvant être fondé que sur des dispositions d'urbanisme, au motif du respect des prescriptions éventuelles relatives à un site, comme il pourrait refuser tout recours contre un projet d'aménagement dont aucun texte n'a établi de coordination avec la législation sur les sites N 2000. En effet, selon cette jurisprudence, en l'absence de coordination, il ne peut être fait référence à une législation A pour contester une autorisation relevant d'une autre législation B. Cette théorie peut conduire à neutraliser des protections issues d'un dispositif Natura 2000.

Ainsi, l'affirmation de l'indépendance entre le droit de l'urbanisme et un arrêté de biotope conduit le juge a rejeter un recours contre un permis de construire qui affecterait la zone protégée, l'arrêt précisant par ailleurs que le projet étant situé «aux confins de la zone de protection du biotope», il ne pouvait appliquer l'article R 111.14.2 du code de l'urbanisme[15].

Nonobstant son caractère éminemment contraire à une démarche intégrée, la confirmation du principe d'indépendance des législations pourrait conduire à neutraliser les objectifs poursuivis pour la protection des sites du réseau Natura 2000.

En droit français l'inscription des sites dans le réseau Natura 2000 fait aussi apparaître l'intégration d'espaces protégés au titre d'autres législations. Il en résulte que souvent ce sont les mesures de protection résultant de l'application de ces législations et des instruments qu'elles instaurent qui constitueront les mesures de protection pour les sites du réseau Natura 2000, il en est ainsi notamment (cf. Article L 414-1 dernier alinéa) des parcs nationaux, des réserves naturelles, des biotopes et des sites classés.

V. LE CONTENTIEUX

En France, les premiers développements du contentieux «Natura 2000» intéressent les conditions de transposition des directives. La France ayant été condamnée à plusieurs reprises, notamment pour ne pas s'être conformée à l'article 6 (CJCE 11 décembre 1997 affaire C 83/97) et pour n'avoir pas transmis les listes de référence aux annexes I et II de la directive Habitat (CJCE 11 septembre 2001 affaire C 220/99).

Le contentieux interne relatif aux relations conflictuelles entre urbanisme – aménagement et Natura 2000 est encore peu développé, mais il est néanmoins révélateur de la difficulté des autorités publiques à réaliser une transposition conforme aux objectifs de la directive Habitat. En l'état, ce contentieux est quasi exclusivement un contentieux de la légalité. Les décisions sont relatives:
- soit, pour l'essentiel, un contentieux lié à des opérations d'aménagement pouvant affecter directement ou indirectement un site Natura 2000

---

[15] TA Strasbourg 21 décembre 1992 Association fédérative régionale pour la protection de la nature contre ville de Wissembourg AJDA 1993, p.318.

— soit aux mesures relatives à la planification urbaine qui ne prendrait pas en considération les objectifs du réseau Natura 2000.

De manière synthétiques les décisions intervenues au cours des dernières années font apparaître:
— que généralement les juridictions valident les opérations d'aménagement, même si une atteinte à site Natura 2000 est constatée, sachant que souvent le constat que l'étude d'impact prévoit les mesures compensatoires suffit à valider le projet, c'est le cas avec l'arrêt CAA de Nantes 13 décembre 2005 Association Talmont Nord Sud req. n° 03NT00632. Sans en tirer toutes les conséquences d'un point de vue pratique car il valide un projet d'aménagement, le Conseil d'Etat considère que, conformément aux dispositions de la directive Habitat, sur un site en attente de classement (où études scientifiques ont démontré l'intérêt du classement), l'Etat français ne peut prendre aucune mesure faisant obstacle à la réalisation des objectifs de cette directive (CE 30 décembre 2002 Association fédération régionale pour la protection de la nature du Haut-Rhin req. 232752),
— la théorie du «bilan coût/avantages» qui sert de fondement à l'analyse de l'impact d'un projet sur l'environnement conduit à valider celui-ci le plus souvent. Ainsi, sans nier l'impact d'un projet sur un site Natura 2000, les juridictions constatent que l'étude d'impact démontre qu'il n'y a pas d'incidence significative (Conseil d'État 27 juin 2005 Association jeune Canoé Kayak Avignonais req. n° 262681). Le juge retient par exemple dans l'affaire CE 24 février 2006 Association interdépartementale et intercommunale pour la protection du lac de Ste Croix req. n° 289394 – qu'il n'y a pas urgence à suspendre un projet de ligne électrique dans un PNR, avec un site Natrura 2000 et l'application de l'espace remarquable au titre de la loi littoral. Le Conseil d'Etat constatant ainsi «qu'aucune méconnaissance du dispositif juridique relatif à la protection du réseau Natura 2000 ne peut être relevée», les études préalables démontrant «l'absence d'effet significatif du projet de ligne par référence aux objectifs de conservation des sites». Par ailleurs, ce qui résulte de l'analyse de la jurisprudence, c'est que pour être protégé, le site doit effectivement être classé et non en projet de classement ou de

qualité telle qu'il puisse être classé. L'atteinte portée à un site retenu pour figurer au réseau Natura 2000 n'est pas excessif au regard des avantages procurés par un projet d'aménagement routier, compte tenu notamment des précautions prises pour la protection de l'environnement: Conseil d'État 9 février 2004 Association Manche Nature req. n° 223121.
– l'analyse de l'étude d'impact constitue l'élément central de l'appréciation de la prise en considération d'un site Natura 2000. Assez exceptionnellement sont insuffisance conduit à l'annulation d'une opération d'aménagement: TA Nice 18 janvier 2001 Association Lei Granouie et autres req. 005513 et 005516,
– l'application de mesures de protection instaurées par des approches sectorielles, tels les espaces fragiles ou remarquables de montagne ou du littoral, ou des sites protégés, qu'ils soient classés ou inscrits, conduisent les juridictions à sanctionner les atteintes. Ces qualifications ou protections confortent en fait la qualification du site Natura 2000 et en valident la protection renforcée: CE 10 décembre 1993 MELT c/ ARPON et autres req.110697 AJDA Février 1994, p.149. Conclu. R.Schwartz (opération d'aménagement UTN annulée, CE 13 novembre 2002 Commune de Ramatuelle AJDA 24 février 2003 note J. Morand-Deviller (construction dans un espace remarquable et un site classé).

Pour être pris en considération, le site doit effectivement être classé. En effet, faute d'un classement validé par un document d'objectif, les juridictions refusent d'apprécier les atteintes à «un site susceptible d'être protégé»: CAA Nantes 8 avril 2004 Département du Morbihan req. n° 01NT02146 – De même qu'une société de chasse n'est pas fondée à contester le classement d'un Parc naturel régional au motif qu'il ne comporte pas d'évaluation préalable au regard de l'atteinte éventuelle à un site Natura 2000, la zone n'ayant encore été désignée comme telle Conseil d'Etat 24 février 2003 Fédération départementale des chasseurs de Loire-Atlantique req. n° 236822 – Inédit au Recueil Lebon

En revanche la combinaison des instruments territorialisés préservation de l'environnement permet de se référer à la proximité d'un site Natura 2000 pour valider une politique cohérente de protection. Ainsi un Conseil général peut, dans le cadre de sa politique des Espaces naturels sensibles (L 142-1 c. urba) préempter une propriété, les caractéristiques du site justifiant cette opération: Cour Administrative d'Appel de Marseille 27 janvier 2005 Société Terres et Demeures req. n° 01MA00847 – Inédit au Recueil Lebon.

En l'état de la jurisprudence, les indemnisations ou les remises en état des sites n'apparaissent pas directement dans le contentieux public Natura 2000.

Le dispositif résultant des évolutions du cadre d'intervention, tant au regard de la mise en œuvre de la gestion des sites Natura 2000, du droit de l'eau que du droit de l'urbanisme pourrait conduire les juridictions à mieux apprécier l'impact des activités humaines sur les sites Natura 2000. En précisant le régime juridique des zones Natura 2000 et en relevant que le document d'objectifs doit être considéré comme contenant «des dispositions susceptibles de produire des effets juridiques», le Conseil d'Etat a ouvert une nouvelle perspective, ce d'autant qu'il vérifie, dans la même décision, les conditions d'application du processus participatif, tant au regard de l'article L110-1 du code de l'environnement que de la Convention d'Aarhus[16].

---

[16] CE 19 juin 2006 Fédération départementale des syndicats d'exploitants agricoles de Vendée req.266435.

Great Britain

TOWN AND COUNTRY PLANNING AND NATURA 2000 IN GREAT BRITAIN

Kathryn Last[1]

GENERAL FRAMEWORK

Within Great Britain, town and country planning is a matter of both law and policy. Policy on planning and development matters is created by both central government and the devolved administrations, however it is local planning authorities[2] that implement this policy.

Under the land use planning system no owner or occupier is able lawfully to develop their land unless they have obtained planning permission from the local planning authority. Planning control does not extend below the low water mark. There are two types of development subject to control: the carrying out of building, engineering, mining or other operations in, on, over or under land; and making any material change of use of any buildings or other land.[3] Certain changes of use are excluded from the need for planning permission[4] and in respect of certain operations

---

[1] Senior Lecturer at the School of Law of the Universidade of Aberdeen.

[2] These are usually local government but can also be National Park Authorities.

[3] These were defined in *Parkes* v *Secretary of State for the Environment* [1978] 1 WLR 1308. Operations comprise activities which result in some form of physical alteration to the land which has some degree of permanence to the land itself, use comprises activities which are done in, alongside or on the land but do not interfere with the actual physical characteristics of the land. For further details of the regime in England and Wales see: Moore V, *A Practical Approach to Planning Law 9th edition*, Oxford University Press, 2005. For further details of the regime in Scotland see: McAllister A. and McMaster R., *Scottish Planning Law 2nd edition*, Butterworths, Edinburgh, 1999.

[4] Town and Country Planning (Use Classes) Order 1987 and Town and Country Planning (Use Classes) (Scotland) Order 1997.

on land, known as permitted development rights, planning permission is granted automatically by the general development order.[5] Thus a change of use of land from an existing use to use for the purpose of agriculture or forestry does not amount to development[6] nor does any change from one kind of agriculture or forestry use to a different kind.[7] Therefore changes in the course of husbandry between pasture and arable, woodland and open meadow, and many other changes of use concerned with agriculture, all of which may pose a threat to natural areas, are all outside the general system of development control.[8] However, these permitted development rights are modified in respect of Natura 2000 sites.[9]

Unlike many European systems, each application for planning permission is considered on its own merits and the local planning authority has discretion whether or not to grant permission. In making their decisions on whether to grant planning permission, local planning authorities are required to have regard to all material considerations, which include planning policy documents. These planning policy documents must also be taken into account when regional spatial strategies and local development plans are prepared. Often the local planning authority is under a statutory obligation to consult the conservation agency before deciding whether or not to grant planning permission and the presumption in favour of development may be reversed in certain protected areas. Furthermore, the effect of EC Directive 85/337 on *The Assessment of the Effect of Certain Public and Private Projects on the Environment* is that certain development applications cannot be decided until an environmental assessment is conducted and has been taken account of by the local planning authority.

Primary responsibility for town and country planning lies with local planning authorities, which are conferred powers by the town and country

---

[5] Town and Country Planning (General Permitted Development) Order 1995 and Town and Country Planning (General Permitted Development) (Scotland) Order 1992.

[6] Town and Country Planning Act 1990, s.55(2)(e) and Town and Country Planning (Scotland) Act 1997, s.26(2)(e).

[7] *Crowborough Parish Council* v *Secretary of State for the Environment*, Journal of Planning Law, 1981, p. 281.

[8] Many building and other operations concerned with agriculture and forestry are also permitted development and as such do not require express planning permission.

[9] Conservation (Natural Habitats) Regulations 1994, SI No 2716, regulation 60.

planning legislation. In some parts of England there is a two-tier system whereby the powers of the local planning authority are exercisable by the county council and the district council whereas in other parts of England there are unitary authorities. Scotland and Wales have unitary authorities. In National Parks, a National Park Authority may be constituted which will carry out the functions of the local planning authority in respect of the Park. At a national level, the powers exercisable by the local planning authorities are subject to the supervisory role of the Secretary of State in England, the Scottish Minister or the National Assembly of Wales.

Local planning authorities are separate from the authorities responsible for nature conservation,[10] and their role in respect of Natura 2000 sites is therefore rather limited. They play no part in the designation or management of sites, which are within the remit of the conservation agencies. However, they are responsible for determining applications for planning permission, although this must be in consultation with the conservation agencies.[11]

PLANNING LEGISLATION AND NATURA 2000

The legislation relevant to development control is the Town and Country Planning Act 1990 (for England and Wales) and the Town and Country Planning (Scotland) Act 1997 for Scotland. Although the town and country planning legislation does not utilise the same terminology as the Habitats Directive,[12] many of the terms are indirectly incorporated through the Conservation (Natural Habitats) Regulations 1994. These Regulations transposed the Habitats Directive in the UK and they amend the town and country planning legislation in respect of Natura 2000 sites.

The term 'Natura 2000' appears in regulation 2(1) which is the definition section. However, rather than using the term 'Natura 2000 site' throughout the regulations reference is usually made to 'a European Site', which is defined in Regulation 10 to include *inter alia*: a Special Area of

---

[10] Natural England, Scottish Natural Heritage and the Countryside Council for Wales.
[11] Conservation (Natural Habitats) Regulations 1994, SI No 2716, regulation 48(3).
[12] For example: "biodiversity"; "conservation status of a natural habitat"; "wild fauna and flora"; and "Natura 2000".

Conservation and an area classified pursuant to Article 4(1) or (2) of the Wild Birds Directive. One exception to this is regulation 53, which deals with compensatory measures 'to ensure that the overall coherence of Natura 2000 is protected'. Regulation 48(1)(b) refers to a 'site's conservation objectives' and regulations 48(5), 52(3)(b), 54(3)&(4) and 56(3) refer to the 'integrity of a European site'. However, the term 'conservation status of a natural habitat' does not appear. Similarly, the terms 'biodiversity' and 'wild fauna and flora' do not appear in the Regulations.

The relevant provisions of the Conservation (Natural Habitats) Regulations 1994 are detailed below in the discussions of the different aspects of town and country planning and Natura 2000.

MINISTERIAL PLANNING GUIDANCE AND NATURA 2000

The planning policy documents are material considerations in decisions on whether to grant planning permission[13] and are also to be taken into account when formulating development plans or spatial strategies.[14]

For England, *Planning Policy Statement 9* sets out a number of key principles to which local planning authorities should adhere to ensure the full consideration of any potential impacts of planning decisions on biodiversity.[15] Development plan policies and planning decisions should be based upon up-to-date information about the environmental characteristics of the area and should aim to maintain, enhance or restore biodiversity interests. When making decisions, local planning authorities should ensure that appropriate weight is given to designated conservation sites. Plan policies should take a strategic approach to conservation,

---

[13] The procedures for these decisions are discussed *infra* note 226 and associated text.

[14] Discussed *infra*.

[15] *Planning Policy Statement 9: Biodiversity and Geological Conservation* (2005), paragraph 1. ODPM Circular 06/2005 *Biodiversity and Geological Conservation – Statutory Obligations and Their Impact within the Planning System* provides guidance on the application of the law in England. It is intended to complement the national planning policy set out in Planning Policy Statement 9. This is accompanied by another document ODPM, *Planning for Biodiversity and Geological Conservation: A Guide to Good Practice*.

enhancement and restoration of biodiversity and should promote opportunities for the incorporation of beneficial biodiversity features within the design of development. Development proposals should be permitted where the principal objective is to conserve or enhance biodiversity interests. The aim of planning decisions should be to prevent harm to biodiversity. If a grant of planning permission would result in significant harm to biodiversity interests, local planning authorities will need to be satisfied that the development cannot reasonably be located on any alternative sites that would result in less or no harm. In the absence of any such alternatives, adequate mitigation measures must be put in place before planning permission is granted. If the harm cannot be adequately mitigated against, appropriate compensation measures should be sought. If significant harm cannot be prevented, adequately mitigated against, or compensated for, then planning permission should be refused.

In Scotland, government policy[16] is set out in National Planning Policy Guideline 14.[17] It states that the government's objectives for the natural heritage of Scotland are to conserve, safeguard and, where possible, enhance: the overall populations and natural ranges of native species and the quality and range of wildlife habitats and ecosystems; geological and physiographical features; the natural beauty and amenity of the countryside and the natural heritage interest of urban areas; and opportunities for enjoying and learning about the natural environment.[18]

The guidance for Wales, *Technical Advice Note (Wales) 5: Nature Conservation and Planning* (1996) is currently under revision. Consultation on the revision was undertaken during 2006 and new guidance should be forthcoming soon.

---

[16] In Scotland, National Planning Policy Guidelines provide statements of government policy. The relevant NPPG is *National Planning Policy Guideline 14: Natural Heritage* (1999). Circulars, which also provide statements of government policy, contain guidance on policy implementation through legislative or procedural change. The relevant circular is Scottish Executive *Habitat and Birds Directives* (2000). Planning Advice Notes provide advice on good practice. The relevant PAN is Scottish Executive Development Department *Planning Advice Note 60: Planning for Natural Heritage* (2000).

[17] *National Planning Policy Guideline 14: Natural Heritage* (1999).

[18] *National Planning Policy Guideline 14: Natural Heritage* (1999), paragraph 6.

DEVELOPMENT PLANS AND NATURA 2000

Development plans are not subject to assessment under the Habitats Regulations because they were not considered by the UK to be plans or projects that could have a significant effect on Natura 2000 sites. However, the ECJ has held that this represents a failure properly to transpose the Directive[19] because, although development plans do not in themselves authorise a particular project to be carried out, applications for authorisation must be determined in the light of the relevant development plans.[20] As a result of this, development plans have a considerable influence on development decisions and, as a consequence, upon Natura 2000 sites. The Scottish Executive produced a consultation paper in response to this case proposing to apply the assessment requirements to land use plans.[21] The consultation process closed in July 2006 and amending regulations are awaited.[22]

However, proposals in development plans affecting Natura 2000 sites will be subject to assessment under the Strategic Environmental Assessment Directive.[23] The requirements of the Directive are incorporated through mandatory sustainability appraisal of local development documents under the Planning and Compulsory Purchase Act 2004 and the Environmental Assessment of Plans and Programmes (Scotland) Regulations 2004.[24] The effects of a plan on Natura 2000 sites would be considered in the environmental report that is produced as part of the strategic environmental assessment process.[25]

---

[19] *Commission of the European Communities* v *United Kingdom* (Case C6/04) [2005] ECR I-9017.

[20] Planning and Compulsory Purchase Cat 2004, s.38(6); Town and Country Planning (Scotland) Act 1997, s.25.

[21] Scottish Executive, *Consultation on the Conservation (Natural Habitats) Amendment (Scotland) Regulations 2006* (2006).

[22] Draft Conservation (Natural Habitats) Amendment (Scotland) Regulations 2007.

[23] Directive 2001/42/EEC on the assessment of the effects of certain plans and programmes on the environment.

[24] Environmental Assessment of Plans and Programmes (Scotland) Regulations 2004 SSI 258/2004.

[25] For further information see: Scottish Executive Development Department, *Circular 2/2004: Strategic Environmental Assessment for Development Planning etc* (2004).

Furthermore, planning authorities have a general duty to have regard to the requirements of the Habitats Directive[26] in exercising their functions, including the making of plans. According to the ministerial circular, planning authorities in England should adopt the precautionary principle[27] when undertaking an assessment at the development plan stage, even though such assessment would not be as detailed as that required for a specific project.[28] If a proposal for a particular type of development in a particular location would be likely to adversely affect the integrity of a Natura 2000 site,[29] the local planning authority should not allocate the site for that type of development in the development plan.[30] There is an exception to this: if the planning authority is satisfied that any subsequent planning application for that proposal would be likely to pass the test of overriding public interest and there is a reasonable prospect that compensatory measures can be secured so as to protect the coherence of the Natura 2000 network.[31]

ENGLAND

In England, the planning policy documents discussed above must be taken into account when regional spatial strategies and local development plans are prepared. The system is, however, currently in transition since the Planning and Compulsory Purchase Act 2004, which provides for the replacement of the non-statutory regional guidance, structure plans, local plans, waste plans, mineral plans and unitary development plans. They will be replaced over a 3-year period by regional spatial strategies and local development documents. The new regional spatial strategies and local development documents have a statutory basis. Local development documents must comply with strategic environmental assessment under Directive 2001/42.

---

[26] Conservation (Natural Habitat) Regulations 1994, regulation 3(4).

[27] ODPM Circular 06/2005 *Biodiversity and Geological Conservation – Statutory Obligations and Their Impact within the Planning System*, paragraph 55.

[28] Conservation (Natural Habitat) Regulations 1994, regulation 48.

[29] This also applies where the effects on the site are uncertain.

[30] ODPM Circular 06/2005 *Biodiversity and Geological Conservation – Statutory Obligations and Their Impact within the Planning System*, paragraph 55.

[31] ODPM Circular 06/2005 *Biodiversity and Geological Conservation – Statutory Obligations and Their Impact within the Planning System*, paragraph 55.

Planning Policy Statement 9 provides that regional spatial strategies should, *inter alia*, incorporate biodiversity objectives, include policies to conserve and enhance biodiversity, include targets for the restoration and re-creation of priority habitats and identify suitable indicators for monitoring biodiversity.[32] When formulating local development documents, local planning authorities should ensure that the policies in these documents reflect national, regional and local biodiversity priorities and objectives. Local development frameworks should indicate the location of designated sites and identify any areas or sites for the restoration or creation of new priority habitats.[33] However, local development documents should not include specific policies in respect of Natura 2000 sites.[34]

SCOTLAND

In Scotland, NPPG 14 states that a development plan "should set out the locational policy framework for the protection and enhancement of the natural heritage within the context of an integrated strategy for social, economic and environmental development."[35] Furthermore, in the formulation of development plan proposals, natural heritage considerations should be taken into account. Development plans provide the policy framework for safeguarding sites and these policies should indicate the criteria against which development proposals will be assessed.[36] Development plan policies should reflect the precautionary principle and this principle should be applied where the impacts of a proposed development are uncertain, but there are good scientific grounds for believing that significant irreversible damage could occur.[37]

Structure plans set out general policies and proposals on particular issues. According to NPPG 14, they should include policies for the protection

---

[32] *Planning Policy Statement 9: Biodiversity and Geological Conservation* (2005), paragraph 3.
[33] *Planning Policy Statement 9: Biodiversity and Geological Conservation* (2005), paragraph 5.
[34] *Planning Policy Statement 9: Biodiversity and Geological Conservation* (2005), paragraph 6.
[35] *National Planning Policy Guideline 14: Natural Heritage* (1999), paragraph 63.
[36] *National Planning Policy Guideline 14: Natural Heritage* (1999), paragraph 64.
[37] *National Planning Policy Guideline 14: Natural Heritage* (1999), paragraph 81.

and, where appropriate, enhancement of Natura 2000 sites.[38] Furthermore, planning authorities should take account of the implications for natural heritage in considering possible locations for new strategic development. With regard to local plans, planning authorities should ensure that these make adequate provision for the protection and enhancement of natural heritage.[39] Within the strategic framework established by the structure plan, the local plan should, *inter alia*: include policies for the protection and, where appropriate, enhancement of Natura 2000 sites; and indicate the criteria against which a development affecting a site will be assessed.[40]

DEVELOPMENT PROJECTS AND NATURA 2000

If a person wishes to undertake development of land, he must apply for planning permission. The majority of Natura 2000 sites are designated as Sites of Special Scientific Interest under the Wildlife and Countryside Act 1981. Under the General Development Procedure Order 1995[41] local planning authorities in England[42] are required to consult Natural England[43] before granting planning permission for development that is likely to damage a Site of Special Scientific Interest whether or not the development is located within the site. Furthermore, when considering an application for planning permission, if it is likely to have a significant effect on a Natura 2000 site and it is not directly connected with the management of the site, the local planning authority is under an obligation to make an assessment of the implications for the site in view of the site's conservation objectives.[44] The decision as to whether an

---

[38] *National Planning Policy Guideline 14: Natural Heritage* (1999), paragraph 69.
[39] *National Planning Policy Guideline 14: Natural Heritage* (1999), paragraph 71.
[40] *National Planning Policy Guideline 14: Natural Heritage* (1999), paragraph 71.
[41] SI No. 1995/419, article 10 and paragraph (u) of the table.
[42] Similar provisions exist in Scotland with respect to consultation with Scottish Natural Heritage.
[43] Wildlife and Countryside Act 1981, section 28I.
[44] Conservation (Natural Habitats) Regulation 1994, regulation 48(1). It is important to note that these provisions apply not only within the boundaries of Natura 2000 sites but also to projects proposed outside of those boundaries if they would have an effect on a site.

assessment is necessary should be made on a precautionary basis,[45] and the possibility of avoiding or minimising adverse effects is irrelevant as regards determining the need for an assessment.[46]

For the purposes of the assessment, the local planning authority must consult the conservation agency and have regard to any representations made by that body.[47] In addition, they may take the opinion of the general public.[48] The assessment is made in respect of each interest feature for which the site is classified.[49]

Planning permission must not be granted if the project will adversely affect the integrity of a Natura 2000 site.[50] The integrity of a site is defined as "the coherence of its ecological structure and function, across its whole area, that enables it to sustain the habitat, complex of habitats and/or the levels of populations of the species for which it was classified."[51] In order to refuse the application, it is not necessary to show that the proposal would harm the site, but the decision maker must consider the likely and reasonably foreseeable effects and ascertain that the proposal will not have an adverse effect on the integrity of the site.[52] Therefore the precautionary principle also informs the assessment. The decision of the English High Court in the case of *ADT Auctions Ltd* v *Secretary of State for Environment, Transport and the Regions*[53] concerned an application for planning permission for a development close to a Site of Special Scientific Interest that was proposed for designation as a Special Protection Area. Under the Planning Policy Guidelines, a proposed

---

[45] ODPM Circular 06/2005 *Biodiversity and Geological Conservation – Statutory Obligations and Their Impact within the Planning System,* paragraph 13.

[46] *Landelijke Vereninging tot Behoud van de Waddenzee* v *Staatssecretaris Van Landbouw, Natuurbeheer en Visserij* (Case C-127/02) [2005] 2 CMLR 31, Advocate General's opinion AG71.

[47] Conservation (Natural Habitats) Regulation 1994, regulation 48(3).

[48] Conservation (Natural Habitats) Regulation 1994, regulation 48(4).

[49] ODPM Circular 06/2005 *Biodiversity and Geological Conservation – Statutory Obligations and Their Impact within the Planning System,* paragraph 17.

[50] Conservation (Natural Habitats) Regulation 1994, regulation 48(5).

[51] ODPM Circular 06/2005 *Biodiversity and Geological Conservation – Statutory Obligations and Their Impact within the Planning System,* paragraph 20.

[52] ODPM Circular 06/2005 *Biodiversity and Geological Conservation – Statutory Obligations and Their Impact within the Planning System,* paragraph 20.

[53] *ADT Auctions Ltd* v *Secretary of State for Environment, Transport and the Regions* [2000] JPL 1155.

SPA fell to be treated the same as a classified SPA and Regulation 48 of the Habitat Regulations therefore applied. One of the issues was whether the proposed development would adversely affect the site. The court held that it was implicit in the wording of regulation 48(5) that the adverse effect on the integrity of the site had to be significant.[54] However, the European Court of Justice has ruled in *Waddenzee* that any effect on the conservation objectives of the site is regarded as a significant effect.[55] A project may be authorised only if the authority has made certain that it will not adversely affect the integrity of the site. According to the court, it will be certain where no reasonable scientific doubt remains as to the absence of such effects.[56] Thus the authority must be convinced that there will not be an adverse affect. If any doubt remains as to the absence of adverse effects, the authority must refuse authorisation.[57]

Planning permission can, however, be granted subject to conditions and any assessment of whether the project would adversely affect the integrity of the site should have regard to any such conditions or restrictions proposed by the local planning authority.[58] If the project will have adverse effects, or the effects are uncertain but could be significant,[59] and these cannot be mitigated by conditions, planning permission can only be granted if the project must be carried out for imperative reasons of overriding public interest and there are no alternative solutions.[60] The ECJ has held in the *Bassses Corbières* case that if the site is an SPA that has not been designated then the provisions of the Habitats Directive that allow projects for overriding reasons of public interest do not apply.[61]

---

[54] *ADT Auctions Ltd v Secretary of State for Environment, Transport and the Regions* [2000] JPL 1155 para 55.

[55] *Landelijke Vereniging tot Behoud van de Waddenzee v Staatssecretaris Van Landbouw, Natuurbeheer en Visserij* (Case C-127/02) [2005] 2 CMLR 31, Advocate General's opinion, AG86.

[56] *Landelijke Vereniging tot Behoud van de Waddenzee v Staatssecretaris Van Landbouw, Natuurbeheer en Visserij* (Case C-127/02) [2005] 2 CMLR 31.

[57] *Landelijke Vereniging tot Behoud van de Waddenzee v Staatssecretaris Van Landbouw, Natuurbeheer en Visserij* (Case C-127/02) [2005] 2 CMLR 31, 686.

[58] Conservation (Natural Habitats) Regulation 1994, regulation 48(6).

[59] *ADT Auctions Ltd v Secretary of State for Environment, Transport and the Regions* [2000] JPL 1155.

[60] Conservation (Natural Habitats) Regulations 1994, regulation 49(1).

[61] *Commission of the European Communities v France* (Case C-374-98) [2000] ECR I-107993.

As a matter of policy, for the purposes of development control, potential SPAs in Great Britain are treated as if they had already been classified.[62] As a consequence, if there is a negative assessment of the effects of a project on a site these can be authorised for overriding reasons of public interest. This may seem to directly contradict the decision in *Basses Corbières*, however, in the case of *Humber Sea Terminals v Secretary of State for Transport*[63] the court distinguished the *Basses Corbières* case.

In *Humber Sea Terminals* there was a challenge to a decision of the Secretary of State to allow an extension to port facilities that would have an adverse effect on a potential SPA. Because of the policy on potential SPAs, an assessment was carried out as required by the Habitats Regulations. This concluded that the adverse effects of the development could not be avoided by mitigation measures. Thus, consent was granted and an agreement reached as to compensatory measures. This was challenged, arguing that the decision in *Basses Corbières* precluded the possibility of permitting the project on the grounds of imperative reasons of overriding public interest. The English court held that the decision of the ECJ applied only in cases where the lack of classification of a SPA arose from a breach of the requirements of the Wild Birds Directive and that no such breach was evident in this case. However, the applicability of this decision is unclear because of the difficulty of determining when non-classification would not constitute a breach of the Directive.

If the site hosts a priority natural habitat type or a priority species, the imperative reasons of overriding public interest must relate to either human health, public safety or beneficial consequences of primary importance to the environment, or other reasons which in the opinion of the European Commission are imperative reasons of overriding public interest.[64] If the site does not host a priority natural habitat type or species, planning permission can be granted if the proposed development has to be carried out for reasons including those of a social or economic nature.[65] A Scottish Office circular sets out a number of guiding principles relevant to deciding whether imperative reasons of overriding public interest are

---

[62] *Planning Policy Statement 9: Biodiversity and Geological Conservation* (2005), paragraph 6; *National Planning Policy Guideline 14: Natural Heritage* (1999), paragraph 39.

[63] *Humber Sea Terminals v Secretary of State for Transport* [2006] Env LR 4.

[64] Conservation (Natural Habitats) Regulations 1994, regulation 49(2).

[65] Conservation (Natural Habitats) Regulations 1994, regulation 49(1).

demonstrated. These are: a need to address a serious risk to human health and public safety; the interests of national security and defence; the provision of a clear and demonstrable direct environmental benefit on a national or international scale; a vital contribution to strategic economic development or regeneration; where failure to proceed would have unacceptable social and/or economic consequences.[66] Projects that are of national importance are most likely to be considered as giving rise to imperative reasons of overriding public interest. For projects of local significance this is much less likely.

It should be noted that the obligation to assess alternatives arises only if a project is to be carried out for reasons of overriding public interest.[67] An alternative solution could be the identification of a site that is a reasonable alternative for the development or finding a different approach that would have a lesser impact.[68] According to the Scottish Executive, it will be possible in many cases to negotiate a sustainable development solution that would remove or reduce apparent conflict.[69]

Where the local planning authority believes that a development should proceed despite adverse effects, they must notify the Secretary of State and allow a period of 21 days before authorising the project.[70] The Secretary of State may give directions to the authority prohibiting them from agreeing to the project either temporarily or permanently.[71]

When a project is agreed to notwithstanding a negative assessment of the implications for a Natura 2000 site, the Secretary of State is under an obligation to secure any necessary compensatory measures to ensure that the coherence of Natura 2000 is protected.[72] This stems from the obligation in Article 6(4) of the Directive. The Scottish Executive Circular *Habitats and Bird Directives* states that "if the habitat types or species affected are relatively abundant and only part of the national resource has been designated or proposed the designation, it may be possible for an area of similar quality and character to be identified for

---

[66] Scottish Executive, *Habitats and Birds Directives* (2000), paragraph 15.
[67] *Commission of the European Communities* v *Netherlands* (Case C146/04) [2005] Env L R 39.
[68] Scottish Executive, *Habitats and Birds Directives* (2000), paragraph 14.
[69] Scottish Executive, *Habitats and Birds Directives* (2000), paragraph 14.
[70] Conservation (Natural Habitats) Regulations 1994, regulation 49(5).
[71] Conservation (Natural Habitats) Regulations 1994, regulation 49(6).
[72] Conservation (Natural Habitats) Regulations 1994, regulation 53.

designation which could, at least in part, replace the loss to the network."[73] However, ODPM Circular 06/2005 *Biodiversity and Geological Conservation – Statutory Obligations and Their Impact within the Planning System* highlights that classification of an alternative, existing area of bird habitat as a Special Protection Area will not normally meet the compensatory requirements in respect of the EC Birds Directive.[74] The reason for this is that all such suitable territories should already be classified as Special Protection Areas and compensatory measures would, therefore, rely on the restoration of damaged habitat or creation of new habitats. ODPM Circular 06/2005 notes that such compensatory measures may be costly and are often technically difficult or ecologically untried.[75] Furthermore, in some cases the habitat may be irreplaceable. In Scotland, Ministers expect the developer to bear the cost of compensatory measures under the polluter pays principle.[76] The issue of compensatory measures was considered in *Humber Sea Terminals v Secretary of State for Transport*.[77] The court held that compensation measures do not have to be in place before consent is granted. This is merely the point at which the duty to secure them arises.[78]

The requirement to make an assessment under the Habitats Regulations is in addition to the obligation to assess the effect of projects under the Environmental Impact Assessment Directive.[79] Environmental impact assessment is mandatory for projects that are "EIA development" within the meaning of the Town and Country Planning (Environmental Impact Assessment) (England) Regulations 1999.[80] Some projects will be assessed because of their likely significant effects on nature conservation interests.

---

[73] Scottish Executive Circular *Habitats and Bird Directives* (2000), paragraph 17.

[74] ODPM Circular 06/2005 *Biodiversity and Geological Conservation – Statutory Obligations and Their Impact within the Planning System*, paragraph 30.

[75] ODPM Circular 06/2005 *Biodiversity and Geological Conservation – Statutory Obligations and Their Impact within the Planning System*, paragraph 29.

[76] Scottish Executive Circular *Habitats and Bird Directives* (2000), paragraph 17.

[77] *Humber Sea Terminals v Secretary of State for Transport* [2006] Env LR 4.

[78] *Humber Sea Terminals v Secretary of State for Transport* [2006] Env LR 4, paragraph 65.

[79] Directive 85/337 on *The Assessment of the Effect of Certain Public and Private Projects on the Environment*.

[80] SI no. 1999/293 as amended by the Town and Country Planning (Environmental Impact Assessment) (England and Wales) (Amendment) Regulations 2000 SI no. 2000/2867.

As mentioned above,[81] there are certain developments, know as permitted development rights, for which a general planning permission is granted by the general development orders.[82] Restrictions are placed upon permitted development rights to ensure compliance with article 6 of the Habitats Directive. Permitted development rights are not automatically withdrawn but must be subject to a prior approval process. If a development granted planning permission by a general development order is likely to have a significant effect on a Natura 2000 site and is not directly connected with or necessary to the management of the site, the development shall not be begun until the developer has received written notification of the approval of the local planning authority.[83] Similarly, any such development that was begun but not completed before the commencement of the Conservation (Natural Habitats) Regulations 1994 shall not be continued until the developer has received written notification of the approval of the local planning authority.[84] In order to determine whether the development is likely to have a significant effect on a Natura 2000 site the nature conservation agency[85] can be consulted for their opinion.[86] The opinion of the nature conservation agency is conclusive.[87] Alternatively, application can be made to the local planning authority for their approval.[88] The local planning authority must assume that the development would have a significant effect on the site and consult the nature conservation agency.[89] The local planning authority must then make an assessment of the implications of the development for the site and can only approve the development after having ascertained that it will not adversely affect the integrity of the site.[90]

In addition, the local planning authority is under an obligation to review any planning permission granted on a site before it became a

---

[81] *Supra* note 187 and associated text.
[82] For example, Town and Country Planning (General Permitted Development) Order 1995, schedule 2.
[83] Conservation (Natural Habitats) Regulations 1994, regulation 60(1).
[84] Conservation (Natural Habitats) Regulations 1994, regulation 60 (2).
[85] Natural England, Scottish Natural Heritage and the Countryside Council for Wales.
[86] Conservation (Natural Habitats) Regulations 1994, regulation 61.
[87] Conservation (Natural Habitats) Regulations 1994, regulation 61(5).
[88] Conservation (Natural Habitats) Regulations 1994, regulation 62.
[89] Conservation (Natural Habitats) Regulations 1994, regulation 62(3).
[90] Conservation (Natural Habitats) Regulations 1994, regulation 62(6).

Natura 2000 site if the consequences of the planning permission are likely to have a significant effect on the site.[91] As part of that review they shall make an assessment of the implications for the site in the same manner as for new applications for permission.[92] As a consequence of this review, the permission can be affirmed, modified or revoked but this cannot affect any activities undertaken in pursuance of the planning permission before the site became a Natura 2000 site. A number of options are available to the local planning authority. A legal agreement could be entered into to adapt the means of working to remove the risk of an adverse effect on site integrity.[93] An alternative location to that of the existing permission might be agreed for which planning permission could be given.[94] Some planning permissions may lapse through the expiry of time or the developer may voluntarily relinquish all or part of the planning consent.

Any modification or revocation of the permission must be effected under the procedures in the town and country planning acts. Under the town and country planning acts, a local planning authority is empowered to revoke or modify any planning permission before the operations are completed or the change of use has taken place.[95] If the order is opposed it will not come into effect until confirmed by the Secretary of State. Revocation or modification of a planning permission entitles persons interested in the land to claim compensation.[96] This is payable by the local planning authority to compensate for any expenditure, loss or damage incurred in carrying out work rendered abortive by the revocation or modification and any other attributable losses. Furthermore, where development has been completed the local planning authority can require

---

[91] Conservation (Natural Habitats) Regulations 1994, regulation 50(1). This does not apply if the development has been completed: Conservation (Natural Habitats) Regulations 1994, regulation 55(1)(a).

[92] Conservation (Natural Habitats) Regulation 1994, regulation and 50(2).

[93] ODPM Circular 06/2005 *Biodiversity and Geological Conservation – Statutory Obligations and Their Impact within the Planning System*, paragraph 39.ii.

[94] ODPM Circular 06/2005 *Biodiversity and Geological Conservation – Statutory Obligations and Their Impact within the Planning System*, paragraph 39.iii.

[95] Town and Country Planning Act 1990, s.97; Town and Country Planning (Scotland) act 1997, s.65.

[96] Town and Country Planning Act 1990, s.107; Town and Country Planning (Scotland) act 1997, s.76.

that any use of land should be discontinued or that conditions should be imposed on its continuance, or that any buildings or works should be altered or removed.[97] Such a discontinuance order must be confirmed by the Secretary of State. Compensation is payable to any person who has suffered damage in consequence of the order.[98]

Local planning authorities can designate simplified planning zones within their area.[99] For types of development specified in the simplified planning zone scheme[100] planning permission is granted without the need for an application.[101] However the adoption of a simplified planning zone scheme after the commencement of the Conservation (Natural Habitats) Regulations 1994, will not have the effect of granting planning permission for a development which is likely to have a significant effect on a Natura 2000 site. Furthermore, every simplified planning zone scheme already in force ceases to have the effect of granting permission for development which is likely to have a significant effect on a Natura 2000 site, whether or not the development has begun.[102] If the development has begun however, compensation is payable.[103] There are similar restrictions relating to enterprise zones and special development orders.[104]

CONCLUSION

Overall, the implementation of the requirements of the Habitats Directive in respect of town and country planning in Great Britain has

---

[97] Town and Country Planning Act 1990, s.100; Town and Country Planning (Scotland) act 1997, s.71.

[98] Town and Country Planning Act 1990, s.115; Town and Country Planning (Scotland) act 1997, s.83.

[99] Town and Country Planning Act 1990, ss. 82-87; Town and Country Planning (Scotland) act 1997, ss. 49-54.

[100] These schemes may be either general or specific. General schemes grant permission for almost all types of development with a list of exceptions for which an application for planning permission is required. Specific schemes will list specific types of development that are permitted.

[101] However, deemed permission cannot be granted for developments requiring an environmental impact assessment.

[102] Conservation (Natural Habitats) Regulations 1994, regulation 65.

[103] Conservation (Natural Habitats) Regulations 1994, regulation 67.

[104] Conservation (Natural Habitats) Regulations 1994, regulations 64, 65 &66.

broadly been achieved. The failings highlighted by the case *Commission of the European Communities* v *United Kingdom*[105] are being dealt with through the proposed changes in Scotland and the introduction of strategic environmental assessment. The main issue of concern is the ambiguity surrounding the requirement to secure compensatory measures that was highlighted in the *Humber Sea Terminals* case.[106]

---

[105] *Commission of the European Communities* v *United Kingdom* (Case C6/04) [2005] ECR I-9017.

[106] *Humber Sea Terminals* v *Secretary of State for Transport* [2006] Env LR 4.

Greece

TOWN AND COUNTRY PLANNING AND NATURA 2000 IN GREECE

Marios Haidarlis[1]

The aim of this theme is to assess how the objectives of the Habitats directive are integrated in the national town and country planning law, i.e. integrated in the tools of planning law such as urban plans, development plans, planning permissions, etc. ...

Article 6 (1) of the directive 92/43 mentions that *"member States shall establish the necessary conservation measures involving, if need be, appropriate management plans specifically designed for the sites or integrated into other development plans ..."*.

I. GENERAL FRAMEWORK

Before embarking into giving detailed answers to the questions put hereunder a brief presentation of the regulatory framework for town and country planning in Greece is necessary.

One could distinguish between two levels of planning, one could be termed "strategic" and it is provided under Law 2742/1999 "Town and Country Planning and Sustainable Development" (Official Gazette A 207 7/10/1999) (hereinafter "Law 2742/1999") and the second level could be termed "regulatory planning". The latter is provided under Law 2508//1997 "Sustainable urban development of towns and cities" (Official Gazette A 124 13/6/1997) (hereinafter "Law 2508/1997").

---

[1] Lecturer in Environmental Law at the University of Ioannina (Department of Environmental Management).

I.A.

From a terminological point of view and in the light of Articles 1, 2 and 3 of the Habitats directive, can you let us know if your town and country planning law uses terms such as "biodiversity", "conservation status of a natural habitat", "wild fauna and flora" or "Natura 2000"?

Under article 1 of Law 2508/1997 where the aims and guiding principles of the law are presented, all references to the environment are essentially general, without any specific reference to the above terms, apart from a stated aim *inter alia* 'the protection of the natural environment'.

Nevertheless, when Law 2508/1997, under article 4.4 provides for the establishment of Special Protection Areas (SpPAs), where urbanisation is not allowed, one of the stated areas in the non exhaustive list that is provided are "biotopes".

All references under Law 2742/1999 are limited to the term "environment" and "protection and restoration of the environment" in a general way.

I.B.

Which public authorities are competent in town and country planning policy (national, regional or local level)?

Under Law 2508/1997 it is the competence of every local authority to develop a General Planning Scheme (GPS) that covers all the geographical extension of the authority. The GPS is approved by the General Secretary of the Region with the exception of the local authorities' GPS which lie within the jurisdiction of Athens and Thessaloniki Regulatory Plan. For those, the GPS is approved by the Minister of the Environment, Planning and Public Works.

The Law 2742/1999 recognises three levels of planning; (a) General Planning Framework, which is the competence of the Minister of the Environment, Planning and Public Works and covers the whole of the country, (b) Regional Planning Frameworks which are the competence of the Regions and (c) Special Planning Frameworks which are also within the competence of the Minister of the Environment, Planning and Public Works and their aim is to provide a planning framework for specific development activities of national importance, activities whose planning spans all over the country (i.e. road networks, railroad etc.) or particular areas that require a coherent planning approach due to their characteristics (i.e. islands, mountainous regions etc.).

I.C.

Do these public authorities take part in the making use of the Natura 2000 network?

The put in place of the Natura 2000 network is following a "two track" approach in Greece. For 25 of the "most important areas" the Management Authorities have already been established or are in the process of being established with the subsequent issuance of the required Ministerial Decisions that determines their status. For the remaining Natura 2000 sites there is no equivalent initiatives taken so far.

Therefore, in relation to the 25 most important areas (track one), all the authorities that are involved in town and country planning (from local authority to Ministry) have an appointed representative in the Management Authorities of those natura 2000 sites.

As for the remaining sites (track two) the absence of a Management Authority limits direct integration of the network's needs to all the above mentioned authorities and those sites are only appreciated at a central ministerial level (that actually designated and mapped them).

I.D.

Are there any administrative guidelines (Ministry's circulars)
- to explain stakes in Natura 2000 policy in relation to town and country planning policy;
- to take into account the objectives of the "Habitats" directive?

The answer to this question should be differentiated as for Law 2508/1997 and Law 2742/1999.

Law 2508/1997

In April 2000 the Ministry of Environment, Planning and Public Works issued a Decision entitled: "Technical standards for the studies of

General Planning Schemes (GPS)..." (Dec. Nr 9572/1845/2000, Official Gazette D 209 7/4/2000) (hereinafter "the Decision"), which provides for the standards and procedures that planners should have in mind and follow when developing a GPS for the local authority. Since, under article 4.4 of Law 2508/1997, SpPAs can be established, the Decision provides that right after the mapping of the area of the local authority, the presentation of its development character and the presentation, the first data on the area is to be its natural environment. In evaluating the natural environment "all noteworthy ecosystems, natural landscapes and other protected areas or areas in need of protection" are marked. The conclusions drawn for this exercise indicate the areas which will be nominated SpPAs and will be free from urbanisation. Undoubtedly, despite the fact that there is no express reference to the natura 2000 network in the Decision, the existence of a natura site within the extent of the GPS will be taken into account at an early stage and experience from studies already developed shows that natura sites are taken into account and included in the study.

Law 2742/1999

Unlike the application of Law 2508/1997, there were no guidelines issued from the Ministry of the Environment, Planning and Public Works for the Regions to develop the Regional Planning Framework, and the General Planning Framework is still to be issued. Surprisingly enough the coherence of the natura network sites and reference to "biodiversity" is to be found in more than one Regional Plan (i.e. Ionian Islands Regional Plan, North Aegean Regional Plan expressly refer to conservation of natura sites within their jurisdiction).

II. PLANNING

II.A.

Do preliminary studies in procedure to adopt town and country plans or programmes (for example, environmental impact assessment, strategic environmental assessment) include Natura 2000 topics?

Under Ministerial Decision Nr 11014/703/F104 "Preliminary Environmental Assessment and Evaluation (PEAE) procedure and approval of environmental terms (AET)..." (Official Gazette A 332/20.03.2003) (hereinafter "the PEAE/AET Decision"), which identifies the data needed in both the Environmental Assessment Pre-study and the Environmental Assessment Study under Greek Law, reference to natura 2000 topics is not explicit. Nevertheless, the Pre-study must refer to the conditions of the area that the activity is proposed and the Study must describe impact to fauna and flora (therefore natura sites and their characteristics will eventually be presented if they are related to the project and if significant effects are foreseen). For town and planning projects both procedures (i.e. a pre-study followed by a study) are obligatory at all times. Town and Country plans, in general, are either A1 or A2 projects. When they are A1, it is the competence of the Ministry of the Environment, Planning and Public Works and when they are A2, it is the competence of the Regions to approve them. Town and country plans that fall under category A2 (and generally are approved by the Region) if they are to be carried out wholly or partly within a natura 2000 site they should follow the stricter procedures of category A1 in terms of competence of the authorisations that should be issued by the Ministry of the Environment, Planning and Public Works instead of the Region. In terms of content of the Studies a marginally less stringent content compared to that of A1 is foreseen in such cases.

There is no provision for Strategic Environmental Assessment in Greece yet since Greece has no relevant existing legislation, has failed to transpose Directive 2001/42 in time and has been referred to the ECJ for this.

II.B.

Do plans and programmes directly connected with or necessary to the management of the Natura 2000 sites hold some components about the relation with town and country planning law?

In relation to projects that fall to either categories A1 or A2 the notes under question II.A apply. In relation to project falling under category B (3 or 4), those projects are explicitly excluded from the abovementioned EIA procedure. Under the PEAE/AET Decision those projects will be determined in the regulatory provisions that relate to the protection and management of natura 2000 sites and the procedures to be followed will essentially be of an A level.

II.C.

Do development plans or programmes hold any measures which come from the making use of the Natura 2000 Network in relation to:
- measures of protection for special areas for special areas of conservation;
- measures for avoiding the determination of natural habitats and the habitats of species?

II. D.

Are town and country planning rules (like plans or programmes) linked with the measures for implementing the habitats directive (such as management plans or management contracts)?

If the answer is yes, from the legal point of view, what is the level of the constraint:
- must the land-use plan be in compliance with the Natura 2000 site?
- must it be compatible with the site?
- must it only take the site into account?

II.E.

If there is contradiction between a land-use plan and a protected site, is it possible to switch a residential or industrial zone, for instance, from the Natura 2000 site to another zone (for.ex., agricultural zone) outside the site?

It is not possible. Whereas under article 22 Law 1650/1986 "on the environment" (Official Gazette A 160/16.10.1986) the issue of a Presidential Decree is foreseen to cover compensatory measures and could potentially include such switch, this Presidential Decree has never been issued.

III. DEVELOPMENT OR PLANNING PROJECTS

III.A. Preliminary studies

If a development or planning project needs a preliminary study such as an environmental impact assessment, does this study include significant impacts on Natura 2000 sites or on protected species?

Development or planning projects (opérations d'aménagement) must essentially be broken down to their components in terms of preliminary studies that will follow the EIA procedure described above (II.A & B). In practice, such projects will most probably be enacted by special law in parliament and therefore will include an *ad hoc* preliminary study.

III.B.

Can public authorities refuse a planning permission because the project could have a significant effect as a site or species:
- on the basis of national Natura 2000 law;
- on the basis of national, regional or local town and country planning law?

When any project affects significantly a natura 2000 site, the authorisation procedure followed is the one envisaged by article 6 of Joint Ministerial Decision No. 33318/3028/1998 of 28 December 1998 (Government Gazette B 1289), the implementing tool of the Habitats Directive (hereinafter "the Joint Decision"). If it is proven, following the submission of the Environmental Impact Study, that the characteristics of the site will be damaged, the competent Ministry of Environment, Planning and Public Works refuses the issue of Environmental Terms, which is a prerequisite for the subsequent issue of the planning permission. Therefore the latter cannot be issued.

III.C.

When the project could have negative implications for the site or species and if the planning permission is given, which compensatory measures are taken pursuant to Article 6 (4)?

Under article 6.2 of the Joint Ministerial Decision a blanket obligation is provided: "the Ministry of the Environment, Planning and Public Works in cooperation with the co-competent Ministries takes every necessary administrative compensatory measure in order to guarantee the protection of the total coherence of Natura 2000 Network and informs the Commission".

III.D.

Are special dispensations allowed in accordance with:
– town and country planning law;
– or national Natura 2000 law?

There are no exceptions to this provision provided

IV. RELATION TO SPECIALISED PLANNING POLICIES

IV.A.

Do town and country planning plans partly or totally integrate specialised planning policies:
– environmental plans or programmes (water, air, soil, waste, noise, ...);
– other plans or programmes (transport plans, programmes of protection of the historical sites or buildings, ...)?

Town and country planning law does not provide for integration with specialized plans.

IV.B.

If the specialised plans or programmes are not integrated in town and country planning plans, what are their links with:
– the town and country planning plans;
– the protection of Natura 2000 bases?

As of today there are only two provisions for the establishment of environmental plans in Greece. The plans under Law 3199/2003 "Protection and Management of Water" (Official Gazette A 280/9.12.2003) and the waste management plans under Joint Ministerial Decision 50910//2727 (Official Gazette A 1909/22.12.2003). The latter does not provide for integration of waste management plans into town and country planning. The former however, in article 7.3 of Law 3199/2003 includes an explicit reference when the competent Region will draw river basin management plans it is under an obligation to "take into consideration the guidelines and proposals of the Regional Planning Frameworks under Law 2742/1999, the content of general and special development programmes, in addition to the needs emerging for the protection and management of protected areas". Protected areas should be interpreted to include natura 2000 sites.

Ireland

TOWN AND COUNTRY PLANNING AND NATURA 2000 IN IRELAND

ORAN DOYLE[1]
YVONNE SCANNELL[2]

The aim of this theme is to assess how the objectives of the Habitats directive are integrated in the national town and country planning law, i.e. integrated in the tools of planning law such as urban plans, development plans, planning permissions, etc ...

Article 6 (1) of the directive 92/43 mentions that *"member States shall establish the necessary conservation measures involving, if need be, appropriate management plans specifically designed for the sites or integrated into other development plans ..."*.

I. GENERAL FRAMEWORK

I.A.

From a terminological point of view and in the light of Articles 1, 2 and 3 of the Habitats directive, can you let us know if your town and country planning law uses terms such as "biodiversity", "conservation status of a natural habitat", "wild fauna and flora" or "Natura 2000"?

---

[1] Oran Doyle is barrister and Professor in the Law School of the Trinity College, Dublin and co-editor of the Dublin University Law Journal.

[2] Yvonne Scannell is a Professor in the Law School, Trinity College, Dublin. She is on the board of directors of several public companies and of several journals including the Journal of Environmental Law.

Yes. All these terms are used in the European Communities (Natural Habitats) Regulations 1997 which implement the Directive and, as shall be demonstrated in more detail below, make significant amendments to town and country planning law.

I.B.

Which public authorities are competent in town and country planning policy (national, regional or local level)?

The most important competent authorities in planning law are local planning authorities. These have three main roles:
- the formulation of plans for their functional area – a mandatory development plan for the whole functional area and, if desired, local area plans for specific areas;
- decisions on applications for planning permission: development (the carrying out of works or a change in use) requires planning permission unless it is specifically exempted by law. The first instance application for planning permission is made to the relevant (local) planning authority;
- enforcement of planning law – planning authorities have the major role in enforcing the terms of the planning legislation; they can serve warning notices, seek courts injunctions and institute criminal prosecutions in respect of unauthorised development. (Private citizens can also seek court injunctions against unauthorised development.)

An Bord Pleanála is a national body that adjudicates on appeals from the first instance planning decisions of planning authorities. It also adjudicates at first instance (and finally) on applications from local authorities for their own development, where that development requires an environmental impact statement. Issues as to what constitutes exempted development (and thus does not require planning permission) can be referred to An Bord Pleanála.

Regional authorities can adopt regional planning guidelines which provide a more long-term strategic plan for the development of a particular region. Planning authorities and An Bord Pleanála must have regard to these guidelines in reaching decisions on planning applications and (in the case of planning authorities) when adopting development plans.

The Minister for the Environment is the government minister responsible for planning legislation. She has a general policy role in relation to the legislation and can issue policy directives to which the other competent bodies must have regard.

I.C.

Do these public authorities take part in the making use [putting into practice] of the Natura 2000 network?

Yes. I will go into this in more detail later, but the Natura 2000 Network is a relevant consideration for planning authorities in adopting development plans and for both An Bord Pleanála and planning authorities in deciding on planning applications.

I.D.

Are there any administrative guidelines (Ministry's circulars)
- *to explain stakes in Natura 2000 policy in relation to town and country planning policy;*
- *to take into account the objectives of the "Habitats" directive?*

Not as such. But there is a legal obligation to take the objectives of the Habitats Directive into account, so this is a stronger approach.

II. PLANNING

II.A.

Do preliminary studies in procedure to adopt town and country plans or programmes (for example, environmental impact assessment, strategic environmental assessment) include Natura 2000 topics?

Yes. SI 435/2004 and SI 436/2004 implement in Ireland Council Directive 2001/42/EC of 27 June 2001 on the assessment of the effects of certain plans and programmes on the environment.[3] These regulations allow for the evaluation of plans, thereby ensuring that environmental considerations are relevant at a much earlier stage in the planning process. SI 435/2004 European Communities (Environmental Assessment of Certain Plans and Programmes) Regulations 2004 deal with plans outside the planning and development context. SI 436/2004 Planning and Development (Strategic Environmental Assessment) Regulations 2004 deal with plans in the planning and development context.[4] Under SI 436//2004, an environmental report is required for certain plans, including development plans and strategic planning guidelines. For local area plans, however, an environmental report is only required where the implementation of the plan is considered likely to have significant effects on the environment. The competent authority (usually a planning authority) must only *take into account* the environmental report, as well as any submissions or observations or consultations, both during the making (or variation) of the plan and when it is being adopted. This limited obligation to *take into account* is open to the same objection as that made with respect to SI 435/2004 above. Thus, although there is now legislative machinery in place to allow for the assessment of plans according to the requirements of articles 6(3) and 6(4), there is no legal requirement – as a matter of Irish law – to assess plans in that way. Full, formal transposition of articles 6(3) and 6(4) has not yet been achieved.

II.B.

Do plans and programmes directly connected with or necessary to the management of the Natura 2000 sites hold some components about the relation with town and country planning law?

There is very little statutory guidance on what must be in these plans. I am unsure if any have been formally adopted yet. I certainly have not seen any. So I am unsure if they specifically refer to the provisions of planning law. There is certainly no legal obligation on them to do so.

---

[3] OJ L197. This Directive is commonly known as the Strategic Environmental Assessment (SEA) Directive.

[4] I shall refer to these two sets of regulations collectively as the SEA Regulations.

II.C.

Do development plans or programmes hold any measures which come from the making use of the Natura 2000 Network in relation to:
- *measures of protection for special areas for special areas of conservation;*
- *measures for avoiding the determination of natural habitats and the habitats of species?*

Section 10(2)(c) of the Planning and Development Act 2000 (when read in conjunction with article 12 of the Planning and Development Regulations 2001) provides that every development plan must contain an objective for:

The conservation and protection of the environment including, in particular, the archaeological and natural heritage and the conservation and protection of European sites and any area designated as a natural heritage area under section 18 of the Wildlife (Amendment) Act 2000 and any area the subject of a notice under section 16(2)(b) of [that Act].

Section 10(5) of the Planning and Development Act 2000 provides that a development plan shall contain information on the likely significant effects on the environment of implementing the plan. Other statutory plans, such as local area plans (section 19 of the Planning and Development Act 2000 as amended) and waste management plans (section 22 of the Waste Management Act 1996, as amended) need not even go so far as development plans in identifying objectives for the Natura 2000 sites within the area to which the plan applies.

Development objectives for the protection of Natura 2000 sites help to protect those sites. Particular planning decisions all have regard to development objectives in development plans. Planning authorities can only grant planning permission in material contravention of the development plan following an extensive public consultation process (section 34 of the 2000 Act). An Bord Pleanála can only grant planning permission in material contravention of the development plan if the development is of national importance, if there are conflicting objectives in the development plan, if the development objective is inconsistent with regional planning guidelines, government policy or other statutory obligations of any local authority. As useful as this protection is, it is probably less significant than the explicit protection given to Natura 2000 sites in the planning application process.

II. D.

Are town and country planning rules (like plans or programmes) linked with the measures for implementing the habitats directive (such as management plans or management contracts)?

Not directly. However, I understand that, once management plans are adopted for Natura 2000 sites, those plans may be appended to the relevant development plan.

If the answer is yes, from the legal point of view, what is the level of the constraint:
- *must the land-use plan be in compliance with the Natura 2000 site?*
- *must it be compatible with the site?*
- *must it only take the site into account?*

The only level of constraint in this regard comes from SI 436/2004. As noted above, the planning authority is only obliged to take the environmental report *into account* when adopting its plan. There is thus no formal constraint to make the development plan compatible with the conservation objectives for the site. However, as also noted above, the Minister for the Environment is a statutory consultee on the environmental report. The National Parks and Wildlife Service (NPWS), within the Department of the Environment, provides advice based on the implications of the development plan for the site. I am told that planning authorities do not adopt plans (unaltered) where the NPWS raises concerns. However, I cannot confirm that this is the case. Even if it is, it is a matter of administrative practice, not legal necessity.

III. DEVELOPMENT OR PLANNING PROJECTS

III.A. Preliminary studies

If a development or planning project needs a preliminary study such as an environmental impact assessment, does this study include significant impacts on Natura 2000 sites or on protected species?

Yes, if relevant. Article 94 of the Planning and Development Regulations 2001 (read in conjunction with Schedule 6 to the Regulations) provides that an EIS shall contain, *inter alia*, a description of the flora and fauna likely to be affected by the development to the extent that such information is relevant to the type of environmental features likely to be affected. Moreover, as we shall see below, under the various authorisation procedures under the Planning and Development Act 2000, Where a significant effect is likely on a Natura 2000 site, an appropriate assessment must be carried out. Rather than carry out a separate assessment, the approach seems to be to have a chapter of the EIS focus on the Natura 2000 issues. I know of one case where the designation of the site occurred after the authorisation application had been made. The developer submitted a supplement to the decision-making authority dealing with those implications in more details.

III.B.

Can public authorities refuse a planning permission because the project could have a significant effect as a site or species:
– *on the basis of national Natura 2000 law;*
– *on the basis of national, regional or local town and country planning law?*

Yes. The authorisation processes under the Planning and Development Act 2000 require planning authorities and An Bord Pleanála to have regard to SACs, SCIs and SPAs (as well as candidate sites) when making their decisions on, *inter alia*, planning applications. Moreover, the European Communities (Natural Habitats) Regulations 1997 amended various authorisation processes to provide that an authorisation could not be granted except in the circumstances specifically allowed by articles 6(3) and 6(4) of the Habitats Directive. This more substantive application appears to be carried over by section 265 of the Planning and Development Act 2000. The position is therefore that public authorities *must* not authorise a project unless satisfied that it would not have an adverse effect on the site (as interpreted in *Wadensee*) unless there are imperative reasons of overriding public importance (as set out in article 6(4) of the Habitats Directive).

In addition, there is a power under regulation 27 of the European Communities (Natural Habitats) Regulations for a planning authority or An Bord Pleanála to revoke, on Natura 2000 grounds, a planning permission granted before those regulations came into force. As the regulations have been in force for nine years, the practical importance of this provision is no longer so significant. Note that there is no power to revoke planning permissions granted after the regulations come into force but prior to the designation of the site.

III.C.

When the project could have negative implications for the site or species and if the planning permission is given, which compensatory measures are taken pursuant to Article 6 (4)?

Regulation 33 of the European Communities (Natural Habitats) Regulations 1997 provides that, where an authorisation is granted notwithstanding a negative assessment of the implications for the site, the Minister for the Environment shall ensure that the necessary compensatory measures are taken to ensure that the overall coherence of Natura 2000 is protected. Thus, although the relevant authorisation is granted by another public authority, it is the Minister that has the responsibility to ensure that compensatory measures are taken. The legislation does not specify what compensatory might be appropriate. I know of no case where an authorisation has been granted notwithstanding a negative assessment of the implications for the site, so it is as yet unclear how this obligation will be fulfilled.

III.D.

Are special dispensations allowed in accordance with:
– town and country planning law;
– or national Natura 2000 law?

Only in the same terms as permitted by article 6(3) and 6(4) of the Directive.

IV. RELATION TO SPECIALISED PLANNING POLICIES

IV.A.

Do town and country planning plans partly or totally integrate specialised planning policies:
- *environmental plans or programmes (water, air, soil, waste, noise, ...);*
- *other plans or programmes (transport plans, programmes of protection of the historical sites or buildings, ...)?*

Buildings that have special merit are placed on the planning authority's record of protected structures, which forms part of the development plan. Consequences flow from this when planning authorities or an Bord Pleanála consider a planning application that relates to a protected structure.

Other plans, such as waste management plans and water quality management plans are not specifically integrated into development plans. However, under section 22(10A) of the Waste Management Act 1996, the objectives of a development plan are deemed to include the objectives in the waste management plan that covers the relevant functional area (most waste management plans are adopted jointly by several local authorities so as to cover a wider area).

IV.B.

If the specialised plans or programmes are not integrated in town and country planning plans, what are their links with:
- *the town and country planning plans;*
- *the protection of Natura 2000 bases?*

There are, in general, no particular links between the specialised plans and development plans. However, the process of adopting specialised plans takes some account of Natura 2000 issues. Whereas SI 436//2004 dealt with development plans, as well as other plans adopted under the Planning and Development Act 2000, SI 435/2004 deals with the various types of environmental plans adopted under other legislation.

Article 9(1)(b) requires that an environmental assessment be carried out of all plans that are not directly connected with or necessary to the management of a European site but, either individually or in combination with other plans, are likely to have a significant effect on any such site. At the same time as preparing that plan, the competent authority must prepare an environmental report that identifies the likely significant environmental effects of the plan and reasonable alternatives taking account of the objectives and the geographical scope of the plan. Both the general public and certain public authorities, including the Minister, must be consulted. Article 15 requires the competent authority to take account of the environmental report, as well as any submissions or observations or consultations, during the making of the plan and when deciding whether to adopt the plan.

Although SI 435/2004 establishes a framework for the assessment of plans, it does not transpose the stringent requirements for the authorisation of plans that are laid down by articles 6(3) and 6(4) of the Habitats Directive. Thus the competent authorities must only *take account* of the environmental report and, by implication, may – as a matter of Irish law – adopt a plan even though it will have an adverse effect on a European site. Now the Minister for the Environment, who has statutory responsibility for the Natura 2000 network, must be consulted under the regulations. It is therefore possible for the Minister to carry out a proper assessment, as required by articles 6(3) and 6(4), and inform the competent authority of the outcome of that assessment. If the competent authority treats the Minister's assessment as binding on it, then Ireland would be in substantive compliance with the Directive. Nevertheless, the absence of any legal obligation to adopt this approach is a cause for concern.

V. CASE-LAW

Have you got any judicial decision about the link between town and country planning law and Natura 2000 law such as:
- *cancellation of planning permissions,*
- *compulsory restoration of sites,*
- *financial compensations,*
- *...*

There is no case law on these specific issues. However, there is now one significant case dealing with habitats issues in the context of the planning legislation. In *Power v An Bord Pleanála* (High Court, Quirke J, 17 January 2006), an Bord Pleanála (the Board) had granted planning approval for a local authority landfill. Broadly speaking, planning approval from the Board is required for the construction of such facilities and a waste licence is required from the Environmental Protection Agency for the operation of such facilities. Given the scale of this facility, an EIS was required and the local authority was thus required, under section 175 of the Planning and Development Act 2000 to seek planning approval from the Board.

The proposed landfill facility was located next to the River Lickey, a tributary of the Blackwater river. After the site was selected for the landfill facility, a colony of freshwater pearl mussel (*margaritefera margaritefera*) was found living in the river. As a result of this, the site was submitted on Ireland's national list of sites to the European Commission. Around the time of the Board's decision, the Commission adopted the site as an SCI for the Atlantic biogeographic region. The Board granted planning approval for the landfill facility, subject to a number of conditions which reduced the size of the facility (removing a number of cells close to the river) and imposed strict requirements in relation to the construction of a new bridge over the river.

Section 175 of the Planning and Development Act requires the Board to have regard to whether the area is (or is part of) a candidate list site or an SCI/SPA/SAC. However, the parties agreed that the more stringent requirements in regulation 28 of the European Communities (Natural Habitats) Regulations also applied to the Board. The powers of the Minister for the Environment under that section had been transferred to the Board by the Planning and Development Act 2000. Regulation 28 provides:

28. (1) Where a proposed development [which requires an EIS] is neither directly connected with nor necessary to the management of a European site but likely to have a significant effect thereon either individually or in combination with other developments, the Minister for the Environment shall ensure that an appropriate assessment of the implications for the site in view of the site's conservation objectives is undertaken.

(2) An environmental impact assessment in respect of a proposed development referred to in paragraph (1) shall be an appropriate assessment for the purposes of this Regulation.

(3) The Minister for the Environment shall, having regard to the conclusions of the assessment undertaken under paragraph (1), agree to the proposed development only after having ascertained that it will not adversely affect the integrity of the European site concerned.

(4) In considering whether the proposed development will adversely affect the integrity of the European site concerned, the Minister for the Environment shall have regard to the manner in which the proposed development is being carried out or to any conditions or restrictions subject to which the proposed development is being carried out.

(5) The Minister for the Environment may, notwithstanding a negative assessment and where that Minister is satisfied that there are no alternative solutions, decide to agree to the proposed development where the proposed development has to be carried out for imperative reasons of overriding public interest.

(6) (*a*) Subject to subparagraph (*b*), imperative reasons of overriding public interest shall include reasons of a social or economic nature;

(*b*) If the site concerned hosts a priority natural habitat type or a priority species, the only considerations of overriding public interest shall be

(i) those relating to human health or public safety, or

(ii) the beneficial consequences of primary importance for the environment, or

(iii) further to an opinion from the Commission to other imperative reasons of overriding public interest.[5]

The issue in this case was whether the Board erred in concluding that the proposed development would not adversely affect the integrity of the site concerned. In this regard, the parties again agreed that the Court

---

[5] European site is the umbrella term used in Irish law to cover candidate list sites, SCIs, SACs and SPAs.

was obliged to apply the test stated by the European Court of Justice in Case C-127/02 *Waddensee*:

> 59 Therefore, pursuant to Article 6(3) of the Habitats Directive, the competent national authorities, taking account of the conclusions of the appropriate assessment of the implications of mechanical cockle fishing for the site concerned, in the light of the site's conservation objectives, are to authorise such activity only if they have made certain that it will not adversely affect the integrity of that site. That is the case where no reasonable scientific doubt remains as to the absence of such effects (see, by analogy, Case C-236/01 *Monsanto Agricoltura Italia and Others* [2003] ECR I-0000, paragraphs 106 and 113).

The evidence before the Board was that the freshwater pearl mussel was an exceptionally sensitive species, requiring a pristine aquatic water environment. However, the expert hydrologist, geologist and hydrogeologist retained to advise the Board was satisfied that any leachate and silt run-off generated by the landfill facility (in its construction phase and afterwards) could be sufficiently contained.

In holding for the Board, Quirke J relied on the case of *O'Keeffe v An Bord Pleanála* [1993] 1 IR XX, which provides that the decision of a planning authority can only be set aside on its merits where it is irrational, in the sense of there being no material before the decision-maker to support its decision. On this basis, Quirke J was not prepared to quash the decision of the Board:

> Mr Collins SC has argued eloquently that the decision of the Board is invalid because it has been made in violation of the provisions of Article 6 of the Habitats Directive and Regulation 28 of the Habitats Regulations. However, it seems to me that his argument in relation to the alleged breaches of the Habitats Directive is based upon the contention that the evidence and material before the Board did not support the Board's decision. The fundamental ground relied upon in support of the argument that the applicant should be granted leave to seek to quash the decision is, in fact, based upon that contention. The courts will not intervene by way of judicial review to quash the decisions of administrative tribunals (such as the Board) in the absence of evidence of illegality. The function of the court in an application for judicial review is limited to determining whether or not an impugned decision was legal, not

whether or not it was correct. It is decidedly not a function of this court to substitute itself for the Board for the purpose of determining whether it believes that the decision made was the correct one. This court has neither jurisdiction not the competence to undertake such an exercise. In the "Notes" attached to its Direction dated 1 December 2004, the Board specifically noted the Inspector's concern "that the development as originally proposed (a) would be likely to have significant adverse effects on the environment, particularly on the aquatic environment of the River Lickey proposed SAC...". The grant of approval was made subject to specific conditions intended to eliminate such effects. It is not contended that the decision of the Board was unreasonable or irrational in the sense outlined by the Supreme Court in *State (Keegan) v. Stardust Victims Compensation Tribunal* and *O'Keeffe v An Bord Pleanála*. On the evidence such a contention could not have been sustained.

It is questionable whether this represents sufficient compliance with the requirements of article 6(3) of the Directive, as interpreted in *Waddensee*. It is questionable whether the *Waddensee* test of "no reasonable scientific doubt as to the absence of adverse effects" is faithfully implemented by a court testing whether there was any material before the Board to support its conclusion that there would be no adverse effects.

The freshwater pearl mussel can, however, still sleep easy in its riverbed. One day before the High Court decision, the Environmental Protection Agency (EPA) issued a proposed determination refusing the local authority a waste licence to operate the landfill facility. The local authority has not appealed this proposed determination and, accordingly, the facility will not be constructed. The EPA refused the licence solely on the basis that the proposed landfill facility would be located too close to the habitat of the freshwater pearl mussel. (The EPA decision can be viewed at http://www.epa.ie/terminalfour/waste/waste-view.jsp?regno=187-1 The Board's decision can be viewed at: http://www.pleanala.ie/data1/searchdetails.asp?id=1072687&caseno=EL2018

Italie

AMÉNAGEMENT DU TERRITOIRE, URBANISME ET NATURA 2000 EN ITALIE

Domenico Amirante[1]
Roberta Novelli[2]

I. CONTEXTE GÉNÉRAL

Le droit de l'urbanisme italien trouve ses premiers fondements dans la loi n° 1150 du 17 août 1942, encore aujourd'hui en grande partie en vigueur, qui prévoit un système de planification urbaine basé sur un ensemble de plans articulés entre eux et dépendants les uns des autres de façon hiérarchique. Une des principaux débats de la doctrine italienne à ce sujet concerne l'articulation des différentes sources de la matière, à savoir entre le niveau national et celui régional[3]. Conformément à l'article 117 de la Constitution, tel que modifié par la réforme du Titre V, l'urbanisme fait en effet partie des matières entrant dans la catégorie des compétences législatives concurrentes des régions. Avant cette réforme, les régions avaient une compétence législative limitée aux seules matières expressément indiquées à l'ex article 117 de la Constitution et dans le respect des principes fondamentaux de la législation étatique. Dorénavant, suite aux modifications apportées au texte constitutionnel et en particulier audit article, les compétences Etat/Régions se répartissent selon trois catégories: a) les compétences exclusives de l'Etat, définies avec précision à l'article 117 alinéa 2; b) les compétences concurrentes

---

[1] Professeur de Droit Public et Comparé à la Faculté de Droit de l'Université de Naples II.
[2] Université de Naples II.
[3] F. Salvia-F. Teresi, *Diritto Urbanistico*, Cedam, 2002, 23 ss.

définies à l'alinéa 3 et dans le cadre desquelles le pouvoir législatif appartient aux Régions, à l'exception de la détermination des principes fondamentaux qui est une compétence réservée de l'Etat; c) les compétences résiduelles définies à l'alinéa 4 qui prévoit la compétence législative régionale pour chaque matière non expressément réservées à l'Etat et dans les limites de la Constitution, des engagements communautaires et internationaux (alinéa1 de l'article 117 de la Constitution).

L'urbanisme est désormais remplacé à l'alinéa 3 de l'art.117 (compétences concurrentes) par l'expression «aménagement du territoire», notion qui apparaît plus extensive et donc se réfère certainement également aux constructions. La difficulté est accrue par l'insertion, dans les matières de compétences exclusives de l'Etat (alinéa 2), de la «protection de l'environnement, de l'écosystème et des biens culturels». Le problème pourrait être résolu si l'«environnement» était reconnu comme représentant un «tout» dont le «territoire» en est une partie et si l'on affirmait que seuls les aspects relatifs à l'équilibre écologique sont de la compétence exclusive de l'Etat. La Cour Constitutionnelle sur ce point retient que la protection de l'environnement, plus que d'une matière au sens stricte qui se réfèrerait à une sphère de compétence législative étatique rigoureusement encadrée et délimitée, se préfigure comme une «valeur constitutionnellement protégée» faisant intervenir différentes compétences, qui peuvent être également régionales (Arrêt n° 407 du 26 juillet 2002).

En ce qui concerne les fonctions administratives relatives à cette matière, qui comprennent les fonctions d'orientation générale, celles d'autorisation, de contrôle et répressives, la répartition des compétences apparaît encore plus incertaine et requière des éclaircissements.

Il apparaît intéressant de préciser que la commune est l'échelon d'administration territoriale à qui revient la plupart des compétences administratives. En effet, la commune est responsable non seulement des principales orientations urbaines qui se concrétisent au sein du plan général d'urbanisme, mais aussi du contrôle des constructions puisque c'est elle qui délivre les permis de construire.

La commune a en outre de larges compétences réglementaires et d'une manière générale réglemente les constructions avec le règlement communal des constructions et les normes techniques d'application des plans, ce qui apparaît du reste conforme au nouveau schéma constitutionnel puisque le nouvel article 118 de la Constitution prévoit que *«les fonctions administratives sont attribuées aux communes, à moins d'être conférées, pour en assurer un exercice unitaire, aux Provinces, aux Métropoles, aux Régions ou à l'État, sur la base des principes de subsidiarité, de différenciation et d'adaptation».*

Les provinces interviennent en la matière, en fonction des prévisions issues des lois d'urbanisme régionales, en ce qui concerne la planification ou pour adopter, à la place des régions, les plans communaux ou pour rédiger, lorsque cela est prévu, le plan territorial de coordination provinciale.

Les régions fixent généralement les grandes orientations de la planification (certaines régions disposent d'un plan territorial régional) et sont responsables du contrôle de la planification locale et de l'identification des nécessités d'implanter ou non des infrastructures d'importance et d'intérêt régional.

Les compétences administratives étatiques, qui reviennent pour partie au Ministre de l'environnement et de l'aménagement du territoire et pour partie au Ministre de l'équipement et des transports, sont prévues par le Décret législatif n° 112 du 31 mars 1998 (Titre III) et sont limitées aux aspects fondamentaux de l'organisation du territoire national et à la localisation des ouvrages d'intérêt national. Cette organisation fut périodiquement remise en cause par le législateur national qui promulguait des mesures d'urgence et dérogatoires (dernièrement en ce qui concerne les centrales électriques avec le Décret Loi n° 25 du 18 février 2003, Loi n° 83 du 23 avril 2003).

De manière générale les éléments qui caractérisent la planification urbaine sont au nombre de deux. D'une part, il existe un rapport hiérarchique entre les différents niveaux de planification, en ce sens que les prévisions du niveau supérieur s'imposent au plan du niveau de inférieur. D'autre part, au contraire, une fonction de planification différenciée appartient à chacun des différents échelons des administrations territoriales de sorte que la relation entre le plan d'urbanisme et l'activité concrète d'utilisation du territoire devienne progressivement plus directe ou immédiate. Traditionnellement on distingue les plans régulateurs des plans territoriaux. Les premiers se limitent au territoire communal et ont une incidence sur la propriété privée; les seconds sont adoptés par les autres autorités sur la base d'une évaluation plus étendue du territoire et sont considérés comme les instruments d'orientation générale dans la mesure où ils fixent les principes et les lignes directrices que devra suivre la planification communale.

Les différentes catégories de plan, leurs rapports et les effets qui en découlent sont aujourd'hui réglementés d'une manière différenciée selon les régions.

Au sommet du système de la planification urbaine on retrouve le plan territorial de coordination (piano territoriale di coordinamento), instrument (facultatif) qui fixe les lignes directrices à suivre sur de vastes espaces du territoire national, qui ne sont pas déterminés par la loi, et qui concerne: a) les zones réservées à des destinations spéciales et à celles soumises à des obligations et destinations spéciales; b) la localisation de certaines constructions ou installations d'une nature et d'une importance particulière; c) le réseau des principales lignes de communication routières, ferroviaires, électriques, de navigation existantes et en projet. Après le transfert des fonctions administratives aux régions intervenu en 1972, ces plans, s'ils ne sont pas prévus par la législation régionale, sont approuvés par décret du Président du Bureau régional (Giunta Regionale) et sont élaborés avec les autres administrations intéressées.

En seconde position on retrouve le plan régulateur général (piano regolatore generale) ou, pour les plus petites communes, le «programme de fabrication» (programma di frabbicazione), élaboré par la commune et adopté par la région ou par la province. C'est l'instrument le plus important puisqu'il contient les principales prescriptions en ce qui concerne la constructibilité des différentes zones du territoire communal et les normes techniques à respecter pour la délivrance des permis de construire.

Entre le plan régulateur général et les mesures ponctuelles qui autorisent les constructions on retrouve les plans d'application (piani attuativi) qui déterminent, pour une zone territoriale déterminée, le cadre de référence plus détaillé à respecter lors de la réalisation de nouvelles constructions.

Les rapports entre la planification d'urbanisme et les objectifs de la directive Habitat ont été précisés par le Ministère de l'environnement et de l'aménagement du territoire qui, lors de la détermination des Lignes directrices pour la gestion des sites Natura 2000, a mis en évidence que les instruments de planification urbaine, territoriale et conventionnelle, des différents échelons des administrations territoriales, ne garantissent pas toujours l'intégration des objectifs environnementaux dans la planification territoriale. La réglementation nationale en matière d'urbanisme ne se réfère pas spécifiquement aux exigences de conservation de la nature et des habitats naturels. Une des principales orientations proposées par les Lignes directrices est justement d'intégrer l'ensemble des mesures de conservation dans les plans des différents échelons des administrations territoriales, conformément à l'article 6 paragraphe 1 de la directive Habitat.

Le décret ministériel vise donc à ce que les choix urbanistiques ayant des incidences sur le territoire, quelque soit le niveau où elles interviennent, aient pour finalité principale d'atteindre un niveau élevé de protection et de conservation de la nature.

Les Lignes directrices fixées par le Ministère ont été transposées par la Région Lazio par la délibération du Bureau régional n° 1103 du 2 août 2002[4]. Ces Lignes directrices se retrouvent à l'annexe A de la décision et constituent un support technico-normatif pour l'élaboration des mesures de conservation des sites Natura 2000. Ces mesures prennent la forme de plans, de règlements pour la protection des valeurs d'importance communautaire et d' «interventions pour la sauvegarde et l'assainissement des situations particulièrement vulnérables et menacées».

II. LES PLANIFICATIONS

A. Les études préalables aux plans et programmes d'urbanisme (études d'incidence, études d'impact et autres) comportent-elles des rubriques relatives au réseau Natura 2000, lorsqu'il en existe un dans le périmètre?

En droit italien il n'y a pas d'études préalables à l'élaboration des plans et programmes d'urbanisme, tel qu'on l'entend en droit de l'urbanisme français. En Italie, les études préalables publiques ne sont pas prévues par les procédures d'adoption des instruments de planification communaux et supra communaux, mais les administrations publiques pourvoient aux évaluations préventives nécessaires en faisant appel à des consultations techniques privées.

---

[4] Délibération du Bureau régional n° 1103 du 2 août 2002 concernant «Approvazione delle Linee guida per la redazione dei piani di gestione e la regolamentazione sostenibile dei SIC e ZPS, ai sensi delle direttive nn. 92/43/CEE (Habitat) e 79/409/CEE concernenti la conservazione degli habitat naturali e seminaturali della flora e della fauna selvatiche di importanza comunitaria presenti negli Stati membri», BUR (Bollettino Ufficiale Regionale) de la Région Lazio, 10 octobre 2002, n° 28.

Au niveau régional, la réglementation d'urbanisme plus récente a prévu des procédures d'évaluation en vue de préserver l'environnement et le territoire[5]. Par exemple, la loi régionale de l'Emilie-Romagne n° 20 du 24 mars 2000, publiée au B.U.R. n° 52 du 27 mars 2000, a doté la région d'un instrument d'évaluation des plans territoriaux (élaborés par ladite région, la province et les communes) potentiellement innovateur: l'évaluation préventive des effets sur l'environnement et le territoire (VALSAT) dérivants de leur application. L'article 4 de cette loi dispose *«le cadre cognitif qui représente l'élément constitutif des instruments de planification territoriale et urbaine. Celui-ci pourvoit à la représentation et à l'évaluation organique de l'état du territoire et des processus d'évolution qui le caractérisent et constitue la référence nécessaire pour la définition des objectifs et du contenu du plan et pour évaluer la possibilité de préserver l'environnement et le territoire. Le cadre cognitif des plans généraux, en cohérence avec les prescriptions de chaque niveau de planification, concerne également les éléments du paysage, culturels et naturels».*

De même, la Région Calabre, par la loi n° 19 du 16 avril 2002, publiée au B.U.R de la Région Calabre n° 7 du 16 avril 2002, prévoit en son article 10 que *«la région, la province et les communes pourvoient, dans le cadre des procédures d'élaboration et d'adoption des plans, à l'évaluation préventive en vue de préserver l'environnement et le territoire des effets dérivants de leur application dans le respect de la norme communautaire et de la république, à travers des vérifications de cohérence et de compatibilité.*

La vérification de la cohérence assure que les systèmes naturalistico-environnementaux, existants et relationnels, définis sur la base des principes et des procédures prévus par la présente loi, sont cohérents avec celles de la planification en vigueur des différents niveaux, et s'applique aux objectifs de la planification structurelle et opérationnelle; ce qui revient à parler: a) de la protection et de la conservation du système naturalistico-environnemental; (...) ».

---

[5] la loi de la Région Campania n° 16 de 2004 (art.47), B.U.R. de la Région Campania, supplément au n° 65 du 28.12.2004; la loi de la Région Veneto n° 11 du 23.04.2004 (art.4), B.U. R n° 45 de 2004.

B. Les plans et programmes mis en œuvre spécifiquement pour le réseau Natura 2000 s'articulent-ils avec le droit de l'urbanisme?

Le réseau Natura 2000 se pose comme un objectif principal de gestion intégrée du territoire intéressé. Ce qui implique, conformément aux Lignes directrices d'application de la directive Habitat telles qu'elles résultent du décret du Ministre de l'environnement du 3 septembre 2002, que les plans de gestion doivent s'intégrer ou du moins faire référence aux échelons des administrations territoriales des provinces, des bassins hydrographiques, des régions ou des provinces autonomes en ce qui concerne les attributions de leur compétence. En cas d'absence de plans de gestion, les instruments de planification et d'organisation du territoire doivent nécessairement tenir compte des caractéristiques des sites d'importance communautaire et de leurs périmètres.

C. Les plans et programmes d'urbanisme comportent-ils des dispositions qui résulteraient de la mise en œuvre du réseau Natura 2000?

Lesdites Lignes directrices soulignent la nécessité d'intégrer, dans les instruments de planification urbaine des différents niveaux territoriaux, les mesures de protection de la biodiversité et du réseau Natura 2000.

Au niveau régional, l'ordre juridique italien dispose d'un instrument de aménagement du territoire qui détermine les principes et les orientations à observer lors des dernières étapes de la planification. Il s'agit des plans, définis par les lois régionales selon des dénominations différentes (Plan d'urbanisme régional, plan d'organisation territoriale, plan territorial de coordination) qui réalisent une importante opération de synthèse, en prévoyant quel est l'instrument de coordination qui est nécessaire et en confrontant les intérêts d'importance supra communale. Il apparaît indispensable, pour autant, que ces plans comprennent les caractéristiques des sites d'importance communautaire de façon à ce que les plans élaborés dans les niveaux de gouvernance inférieurs, et notamment les plans territoriaux de coordination provinciale et le plan régulateur communal en tiennent compte dès lors que les objectifs de développement dudit territoire sont identifiés.

Le plan territorial régional élaboré par la Région Campania se présente comme un plan d'encadrement, d'orientation et de promotion des actions intégrées. En vue de réduire les conditions d'incertitude, en terme de connaissance du territoire pour les actions des différents opérateurs institutionnels, ce document a créé cinq Cadres Territoriaux de Référence permettant d'organiser une planification sur une zone étendue, en collaboration avec les Provinces et les Intendances. Le premier Cadre territorial de référence relatif aux réseaux comprend le Réseau écologique et les orientations de planification du paysage. D'ailleurs, les lignes directrices pour la Planification Territoriale Régionale, approuvée par la décision de l'Assemblée régionale du 30 septembre 2002, ont prévu, parmi les orientations stratégiques à partir desquelles s'articulent les contenus des plans, la défense de la biodiversité et la constitution du réseau écologique régional.

La loi de la Région Toscane n° 56 de 2000 (première loi régionale d'application de la directive habitat) prévoit expressément que les exigences relatives aux sites Natura 2000 doivent être nécessairement prises en compte lors de l'adoption du plan d'urbanisme régional et des plans d'orientation territorial, de manière à identifier un système intégré régional qui comprend des zones régionales, nationales et communautaires.

La région des Pouilles a introduit le Document régional d'organisation générale (Documento regionale di assetto generale) qui vise à coordonner la planification provinciale et communale avec les objectifs de protection des sites Natura 2000[6]. Ce document, en définissant les lignes générales de l'organisation du territoire et les objectifs à poursuivre, détermine entre autre les orientations à suivre pour la protection des sites Natura 2000.

La région Umbria a, par la loi n° 27 de 2000[7], consacré la nécessité selon laquelle les plans d'urbanisme territoriaux fassent référence aux sites d'importance communautaire, auxquels ils reconnaissent une «valeur esthétique, culturelle et environnementale».

La région Emile-Romagne s'est dotée depuis peu d'une réglementation concernant le réseau écologique européen. Les fonctions régionales,

---

[6] Loi régionale des Pouilles du 13 décembre 2004 n° 24, «*Principi, indirizzi e disposizioni per la formazione del Documento regionale di assetto generale (DRAG)*», B.U.R. des Pouilles du 14 décembre 2004 n° 148.

[7] Loi régionale Umbria du 24 mars 2000, n° 27 «Piano urbanistico territoriale», B.U.R du 31 mars 2000 n° 31.

provinciales et des autorités du parc relatives aux sites d'importance communautaire sont déterminées par la loi n° 6 de 2005[8]. Conformément à l'article 12 de ladite loi, le conseil régional est tenu, au moins tous les trois ans, d'élaborer un programme régional pour la protection de l'environnement qui doit contenir, entre autre, un rapport relatif à l'état de conservation des sites du réseau Natura 2000, l'identification des zones à désigner comme sic ainsi que l'indication des critères et des orientations auxquels les provinces et autorités du parc doivent s'attacher lors de la gestion du réseau Natura 2000. Notamment les provinces, en application du principe de subsidiarité, sont chargées de toutes les fonctions relatives à la réglementation des sic et, lorsque les zones de liaison y afférant n'entrent pas dans le cadre d'une zone naturelle protégée la compétence reste à la charge de l'administration du parc intéressé.

Le Plan territorial de coordination provincial (PTCP) de la province de Bologne[9] a pour objectif prioritaire la protection, la conservation, l'amélioration et la valorisation des écosystèmes et de la biodiversité présente sur le territoire provincial. Le réseau écologique du niveau provincial, identifié par le plan, s'étend sur toute la province et est constitué de zones humides de différents types, de forêts et de bosquets, de prairies, de haies et de cours d'eau, éléments qui sont reconnus comme étant d'un intérêt particulier en tant que Sites d'importance communautaire conformément à la directive Habitat ou en tant que Zone de Protection Spéciale conformément à la directive oiseaux, ou en tant que zones protégées, lesquelles coïncident en partie avec les SIC et les ZPS, et sont une occasion d'assainir ou de valoriser les éléments naturels ou semi naturels qui sont menacés. Afin de gérer correctement le territoire dans les zones pSIC/ZSC, la Province de Bologne s'est dotée d'un instrument de planification très innovateur pour supporter l'application de la directive Habitat dans le cadre provincial. Il s'agit du «*Plan d'action pour la gestion des pSIC du territoire provincial*», adopté par la décision du Conseil

---

[8] Loi régionale Emile-Romagne n° 6 du 17 février 2005, «Disciplina della formazione e della gestione del sistema regionale delle aree naturali protette e dei siti della rete Natura 2000», B.U.R du 31 mars 2005 n° 31.

[9] Le Plan Territorial de Coordination Provincial a été adopté par la délibération du Conseil Provincial n° 19 du 30 mars 2004, B.U.R de la Région Emilie-Romagne n° 47/2004, le plan peut être consulté sur le site http://cst.provincia.bologna.it/ptcp/elaborati.htm

Provincial n° 109 du 1 octobre 2002 et reporté à l'annexe 4 du PTCP, qui fixe les lignes directrices que les collectivités locales compétentes devront suivre pour assurer la sauvegarde du patrimoine naturalistico-environnemental d'intérêt communautaire constitué des habitats et des espèces présentes dans les SIC, et les conditions pour les transformations desdites zones. Les communes dans le territoire desquelles se trouve un pSIC doivent, lors de l'élaboration des instruments de planification, faire des choix d'utilisation et de gestion du territoire qui soient en cohérence avec le patrimoine naturalistico-environnemental des pSIC, et à cette fin elles doivent pourvoir à la réalisation d'une évaluation d'incidence que les prévisions du plan ont sur le site. Dans le cas où un SIC intéresse plusieurs communes, des formes de collaboration intercommunale devront être assurées de manière à garantir la bonne planification et gestion du site.

La loi de la région Veneto n° 11 de 2004 prévoit que le plan régulateur communal s'articule en des dispositions structurelles, prévues au sein du plan d'organisation du territoire, et en des dispositions opérationnelles, prévues dans le plan d'application. Le plan d'organisation du territoire détermine les choix stratégiques d'organisation et de développement du territoire communal, en identifiant les vocations spécifiques, conformément aux orientations exprimées dans la planification territoriale de niveau supérieur. Ce plan doit entre autre intégrer les sites qui comprennent des habitats naturels d'intérêt communautaire et définir les mesures les plus à même d'éviter ou de réduire les effets néfastes pour les habitats et pour les espèces floristiques et faunistiques (art.13). L'article 22 de ladite loi détermine le contenu du Plan territorial de coordination provincial, entendu comme instrument de planification qui délimite les objectifs et les éléments fondamentaux d'organisation du territoire provincial en cohérence avec les orientations visant le développement socio-économique provincial (avec une attention particulière aux vocations spécifiques, aux caractéristiques géologiques, géomorphologiques, hydrogéologiques, environnementales et paysagers) et doit entre autre intégrer les sites qui comprennent des habitats naturels et des espèces floristiques et faunistiques d'intérêt communautaire et les protéger (art.24).

D. Les documents d'urbanisme tels les plans et programmes, s'articulent-ils avec les mesures de transposition de la directive?

Il y a une tendance à intégrer les exigences de protection des sites Natura 2000 dans les instruments de planification urbaine. Lorsqu'un plan de gestion est adopté il est d'application immédiate et se substitue aux plans préexistants sur le territoire. Si le décret 357/1997 ne fait pas explicitement référence au plan de gestion, l'article 12 de la loi cadre relative aux zones protégées, selon lequel «le plan du parc est une déclaration d'intérêt publique et entraîne l'impossibilité d'ajourner les interventions prévues», s'applique par analogie aux plans de gestion. La référence dans les plans de gestion aux éléments paysagers implique la substitution des plans territoriaux paysagers par ces premiers et l'obligation de prévoir des mesures pour les protéger.

E. En cas de contradiction entre les affectations d'un plan d'urbanisme et celles d'un périmètre Natura 2000 est-il possible de transférer une zone constructible vers une zone non constructible en dehors du périmètre Natura 2000?

La loi de «délégation environnementale» n° 308 du 15 décembre 2004[10] a introduit aux alinéas 21 à 24 la notion de «compensation environnementale». Cette loi prévoit en outre qu'en cas de servitudes survenues au préalable qui ne soient pas de nature urbanistique il n'est plus possible d'édifier dès lors que le permis de construire a déjà été consenti par les prescriptions en vigueur. Le titulaire de ce droit peut demander d'exercer ce même droit sur d'autres zones du territoire communal où il a obtenu le permis de construire. Lorsque la procédure de l'alinéa 21 est accueillie, le transfert du droit de construire sur des zones différentes entraîne la cession à la commune, à titre gratuit, de la zone intéressée. La commune peut apporter les modifications nécessaires au document d'urbanisme en vue de permettre la cession du droit de construire prévue à l'alinéa 21. L'autorisation prévue aux alinéas 21 et 22 n'entraîne pas

---

[10] www.parlamento.it

un droit à indemnisation lorsque, selon les normes en vigueur, la servitude n'est pas indemnisable. Lorsque le titulaire du permis de construire a droit à indemnisation, le transfert du droit de construire sur des zones différentes, conformément aux alinéas 21 et 22, est calculé en fonction de la détermination de l'indemnisation. Conformément donc à la loi de délégation, la compensation consiste en un transfert de «volumétrie» qui n'est pas applicable aux zones soumises à des servitudes environnementales, alors qu'antérieurement les formes de compensation consistaient en une amélioration des installations ou encourageaient la compatibilité des activités.

III. LES PROJETS ET OPÉRATIONS D'AMÉNAGEMENT

A. Les études préalables

Le droit de l'urbanisme italien ne prévoit pas d'études préalables aux plans et aux projets tel qu'on l'entend en droit français (Cf réponse II A).

B. Une autorisation d'urbanisme peut-elle être refusée pour une atteinte portée à un site Natura 2000?

Le code de la construction, adopté par le DPR 380/2001, définit le permis de construire comme la mesure qui légitime les transformations urbanistiques et des édifices. Le permis de construire est délivré par la commune à condition que l'ouvrage, objet du permis de construire, soit conforme aux prescriptions du plan régulateur général. Ce titre ne peut être concédé que s'il respecte donc les prescriptions des instruments de planification qui, comme on l'a vu, bien souvent intègrent les sites d'intérêt communautaire. Il est important de souligner en outre que le plan régulateur général représente pour la commune le principal instrument de planification urbaine. Ce dernier doit donc évaluer, harmoniser et programmer les intérêts existants avec le développement du territoire. Il est apparaît évident que le choix de la commune de protéger les valeurs environnementales comprises dans une ou plusieurs parties du territoire puisse avoir des incidences, et normalement c'est ce qui advient, sur les intérêts privés[11].

Dans de nombreuses régions, les sites Natura 2000 sont soumis à des servitudes de paysages qui dans ce cas rendent nécessaire l'acquisition d'une autorisation de paysage, instrument permettant de vérifier la compatibilité du paysage avec les interventions proposées, qui est délivrée par la région ou par la collectivité locale à qui la région a confié une telle compétence. Cette dernière se distingue pour autant du permis de construire que ce soit du point de vue du support matériel que de sa fonction juridique[12]. Les deux compétences peuvent être confiées à la même administration territoriale; en effet la commune peut se trouver être dans le même temps titulaire de la compétence de «construction» et de celle environnementale.

C. En cas d'atteinte portée à un site Natura 2000, quelles sont les mesures compensatoires prévues en application de l'article 6§4 de la directive?

Le DPR n° 357 de 1997, en transposant intégralement le contenu de la disposition de l'art. 6§4 de la directive, prévoit en son art.5 al.9 que les mesures compensatoires sont adoptées par les administrations compétentes et communiquées au Ministère de l'environnement et de l'aménagement du territoire. En droit italien, la notion de mesure compensatoire a été précisée sur la base des indications fournies par la Commission Européenne dans son Guide sur l'interprétation de l'article 6[13].

Les documents régionaux visant à réglementer l'évaluation d'incidence prévoient des exemples de mesures compensatoires telle que la

---

[11] Consiglio di Stato, Section IV, 6 mai 1996 n° 566 Salati e altri c. Regione Toscana e altri, Foro amministrativo, 1996, 1471.

[12] La doctrine et la jurisprudence vont dans ce sens, Cf. Consiglio di Stato, section VI, 21 février 2001, n° 913, Rivista giuridica edilizia 2001, 389 et s.; G.F. Cartei, L'autorizzazione paesaggistica nel Codice dei beni culturali e del paesaggio, Gior. dir. amm., 2004, 1270.

[13] Commission Européenne, La gestion des sites du réseau Natura 2000. Guide sur l'interprétation de l'article 6 de la Directive habitat 92/43/CEE, Luxembourg, Office des publications officielle de la Communauté Européenne, 2000, in www.europa.eu.int

remise en état de l'habitat dans le respect des objectifs de conservation du site, la création d'un nouvel habitat, proportionnel à celui qui a été détruit, sur un nouveau site ou en élargissant celui existant, l'amélioration de l'habitat proportionnellement à la perte occasionnée par le plan ou le projet, l'identification et la proposition d'un nouveau site (hypothèse assez limitée)[14].

D. Existent-ils des exceptions aux mesures de protection, exigées par la directive, admises par des dispositions réglementaires?

Dans l'hypothèse où des habitats particuliers ou des espèces végétales ou animales seraient présents dans un site dont la protection est considérée comme une priorité au niveau communautaire, le dpr 357//1997 prévoit que les éventuels résultats négatifs issues de la procédure d'évaluation d'incidence peuvent être surmontés en se référant aux exigences relatives à la santé de l'homme, à la sécurité publique ou aux exigences environnementales de première importance, ou encore, après avis de la commission européenne, pour d'autres motifs impératifs d'intérêt public, évalués au cas par cas.

Les dérogations aux mesures compensatoires sont substantiellement celles prévues par la directive Habitat. L'art.11 al.1 du dpr 357/1997 prévoit que le Ministère de l'environnement et de l'aménagement du territoire, après consultation du Ministère de l'agriculture et de l'Institut national pour la faune sauvage, peut autoriser des dérogations aux dispositions prévues aux art. 8, 9 et 10 al. 3 a) et b), à condition qu'aucune autre solution ne soit envisageable et que, dans tous les cas, la dérogation ne porte pas atteinte au maintien, dans un état de conversation satisfaisant, des espèces de la zone de distribution naturelle. Les finalités pour lesquelles les dérogations peuvent être concédées sont inscrites dans les alinéas suivants. Pour autant, pour des raisons d'ordre privé ou public l'application est exclue.

---

[14] Bureau régional de la Calabre, Délibération du 27 juin 2005 n° 604, B.U.R du 1 août 2005, n° 14; Bureau régional Abruzzo, Délibération du 14.05.2004 n° 371, B.U.R du 7 juillet 2004, n° 19; Bureau régional de la Campania, Délibération du 22 mars 2002 ° 119, B.U.R du 14 juin 2002, n° 73.

La loi de la Région Toscane n° 56 de 2000 outre la reprise des définitions de la directive et du décret n° 357, prévoit différentes interdictions et autorisations pour protéger la flore et la faune. Toutefois, le législateur régional a considéré que les opérations normales d'exploitation des terrains agricoles, les opérations inhérentes au nettoyage des talus routiers ou de chemin de fer, les interventions dans les forêts réalisées dans le respect du droit forestier en vigueur ainsi que les améliorations réalisées dans les forêts et pour l'arrangement hydrolico-forestier ne peuvent pas être interdits (art.7).

IV. RELATION AVEC LA PLANIFICATION SPÉCIALISÉE

Dans la mesure où la réglementation de l'urbanisme doit pourvoir à l'aménagement du territoire et réglementer ses transformations, dans le respect des différents intérêts publics attenants, dont fait partie entre autre la protection de l'environnement, potentiellement la planification urbaine et les instruments de contrôle adjacents sont en mesure de répondre aux exigences et aux finalités propres au droit de l'environnement. Cette potentielle capacité qu'aurait le droit de l'urbanisme d' «englober» également la protection de l'environnement se retrouve notamment au sein de la définition de la matière de l'art.80 du dpr n° 616 de 1977, selon lequel *«les fonctions administratives relatives au droit de l'urbanisme concernent la réglementation de l'utilisation du territoire, y compris les aspects cognitifs, normatifs et de gestion afférents aux opérations de sauvegarde et de transformation du sol et de la protection de l'environnement»*. L'art.20 du *Testo Unico degli enti locali*, décret loi n° 267/2000, (Code des collectivités territoriales) confirme cette tendance à associer la protection de l'environnement à l'urbanisme dans la mesure où, dans le cadre de la définition du contenu des orientations générales relatives à l'organisation du territoire (définition qui revient aux provinces), *«les interventions pour l'organisation hydrique, hydrogéologique et hydraulique des forêts et d'une manière générale pour la préservation du sol et le régime juridique des eaux »*, ainsi que l'identification *«des zones dans lesquelles il apparaît opportun d'instituer des parcs ou des réserves naturelles»* y sont insérées.

Pour autant il est à noter que le législateur n'a jamais consacré ce processus d' «incorporation» des deux matières, au contraire il continue à multiplier les formes de protection sectorielles (non seulement pour ce qui concerne l'environnement mais aussi pour les problématiques afférentes), au moyen de systèmes de planification particuliers et parallèles à ceux territoriaux et de mesures d'autorisation et de contrôle.

Cette «attitude» du législateur a rendu nécessaire l'identification et l'expérimentation de différentes formes de coordination et de raccord entre les différentes autorités et les différentes mesures et documents de planification, d'administration qui ont été adoptés ponctuellement. De même les conférences de service entre les différentes administrations compétentes pour adopter une initiative commune, prévue en général par la loi n° 241 de 1990, plusieurs fois modifiée sur ce point, le volet unique pour les activités de production, prévu aux art. 23, 24 et 25 du Décret loi n° 112/98 et du DPR n° 447 de 1998, et l'autorisation environnementale intégrée, prévue par le décret loi n° 372 de 1999 empêchent toute évolution et donc toute modification de l'actuelle situation de fragmentation.

Les réglementations qui s'attachent à préserver les valeurs environnementales finissent par interférer avec celle de l'urbanisme et ont une incidence sur l'organisation du territoire. Traditionnellement on parle de protections différenciées ou parallèles à l'urbanisme.

Le plan de bassin (piano di bacino)[15], bien que définit par la loi comme un «plan territorial de secteur», n'est pas en réalité un plan d'urbanisme (Arrêt de la Cour Constitutionnelle n° 85 du 26 février 1990), mais un instrument complexe de planification du territoire, comprenant des normes didactiques relatives à l'organisation hydrogéologique et des normes programmatiques relatives à la coordination des intérêts environnementaux identifiés dans le bassin hydrographique et formant un objet du plan. Si l'on examine les objectifs du plan de bassin, prévus aux articles 17 et 3 de la loi n° 183 de 1983, on se rend compte que ceux-ci ne concernent pas seulement la réglementation relative à l'organisation hydro-géologique mais aussi celles relatives à la sauvegarde et à l'utilisation des ressources hydriques, «agricoles», «forestières» et «minières» (e), aux servitudes et aux ouvrages de nature à «permettre la conservation du sol et la protection de l'environnement» (f et m), les normes antipollution (dont font partie les standards) (n), les utilisations autorisées de l'eau (p, q, r, s). Le plan de bassin apparaît donc être un

---

[15] Cf. Dell'Anno, *la difficile difesa del suolo*, in Gea, 1989, 49.

instrument de planification qui, à la différence des autres plans qui protègent des éléments naturalistiques ou écologiques spécifiques, a pour objectif spécifique de coordonner les intérêts publics environnementaux du bassin hydrographique, entendu comme une sorte d'écosystème. Pour ces motifs, le plan de bassin national prévaut sur tous les autres instruments de planification territoriale énumérés à l'art.17 al. 4 de la loi n° 183 et sur tous les documents d'urbanisme et de secteur prévus aux alinéas 5 et 6 de la loi n° 183. Il est à noter également que le premier exemple de «protection de l'environnement» est identifiable dans la planification de bassin.

Ces considérations peuvent être reprises en partie pour ce qui concerne le plan relatif au parc[16] et notamment pour le plan du parc national. Ce dernier a pour objet un territoire protégé, puisqu'il constitue un écosystème particulièrement intéressant du fait de la présence d'éléments naturels et culturels hétérogènes (qui peuvent être du paysage, historico-artistiques, faunistiques, botaniques, en rapport avec les ressources naturelles ou avec la fonction même du parc, à savoir la sauvegarde d'un large écosystème qui soit national ou supranational). Du fait de ces caractéristiques, et que les intérêts publics poursuivis sont, par définition, d'un niveau supra régional, le plan du parc national est en mesure de coordonner tous les intérêts environnementaux et prévaut sur tous les autres instruments de planification, y compris sur le plan de bassin.

La supériorité hiérarchique du plan du parc n'entraîne pas pour autant, comme on pourrait le penser à la lecture de l'art.12 al.7 de la loi n° 394 de 1991, l'anéantissement des autres plans. L'art.13 infirme l'interprétation littérale de l'art.12 puisqu'il prévoit le maintien de toutes les autres autorisations nécessaires à l'obtention de l'autorisation préalable de l'administration du parc, ce qui implique donc le maintien de tous les plans qui représentent des paramètres normatifs pour obtenir ces autorisations. Mais surtout la nécessité de respecter les autonomies locales, qui ne pourraient plus légitimement être exclues du pouvoir de planification urbaine, et la fonction essentielle du plan du parc qui, bien que prévoyant de nombreuses normes didactiques (telles que celles par

---

[16] Cf. P. Maddalena, Legge quadro sulle aree protette, Riv. Trim. dir. Pubbl., 1992, 649 et s.; E. Piccozza, La legge quadro sulle aree protette, Il corriere giuridico, 211-216; G. Di Plinio, Diritto pubblico dell'ambiente e aree naturali protette, Turin, 1994.

exemple relatives au «zonage») est, essentiellement, à l'instar du plan de bassin, un instrument de coordination, vont à l'encontre d'une telle interprétation littérale de l'art.12.

Le plan du parc présente une différence fondamentale par rapport au plan de bassin. En effet le plan de bassin réduit notablement l'importance des buts poursuivis par le plan du parc parce que, à la différence du premier, le plan du parc concerne qu'une faible portion du territoire national (actuellement environ 5%), et à un domaine d'application limité puisque les parcs, en tant qu'écosystèmes particuliers, représentent par définition des zones «franches» par rapport au reste du territoire et, par conséquent, la réglementation qui les concerne doit rester «exceptionnelle».

En ce qui concerne les plans paysagers, le nouveau code de l'urbanisme prévoit en son article 145 que ces plans doivent comprendre des mesures de coordination avec les instruments de planification territoriale et de secteur, ainsi qu'avec les instruments nationaux et régionaux visant le développement économique.

Les prévisions des plans paysagers prévus aux art.142 et 156 qui sont obligatoires pour les documents d'urbanisme des communes, des villes métropolitaines et des provinces, prévalent directement sur les dispositions qui se trouvent éventuellement dans les documents d'urbanisme, fixent des mesures de sauvegarde applicables tant que les documents d'urbanismes n'ont pas été adoptés, et ont des effets contraignants pour les interventions sectorielles. En ce qui concerne la protection du paysage, les dispositions des plans paysagers sont supérieures aux dispositions contenues dans les autres instruments de planification.

Il est également intéressant d'analyser la planification prévue en matière de droit du bruit (loi cadre n° 447 de 1995). Selon cette réglementation, le bruit est divisé selon des «catégories» de bruit qui visent à confier, à chaque portion de territoire homogène, une des six catégories de bruit en fonction de l'usage effectif du territoire. La «classification acoustique», obligatoire pour toutes les communes, est un document technique politique de gestion du territoire, puisqu'il en réglemente l'usage et détermine les modalités de développement des activités présentent sur le territoire intéressé. L'objectif étant de prévenir la détérioration des zones tranquilles et de fournir un instrument, nécessaire, de planification, de prévention et d'assainissement du développement urbain, commercial, artisanal et industriel. En ce sens, la «classification acoustique» doit tenir compte du plan régulateur général puisque celui-ci constitue le principal instrument de planification du territoire. Il apparaît fondamental que cette «classification acoustique» soit coordonnée avec le plan régulateur général et avec les autres instruments de planification dont les communes doivent se doter[17]. Ils manquent toutefois certains instruments procéduraux qui permettraient de garantir une telle coordination et éviter les incohérences. En effet, les nombreuses communes qui ont adopté la pratique du zonage acoustique n'ont pas prévu de mesures adaptées à la planification urbaine. Il est intéressant de souligner qu'il y a une tendance à intégrer la protection de l'environnement dans l'urbanisme communal. La province de Trento a adopté un règlement, approuvé par décret du président du conseil provincial du 26.11.1998 et entré en vigueur en février 1999, dont l'article 12 précise que le zonage acoustique peut être définit par le plan régulateur général; ouvrant ainsi la voie à un modèle de planification intégrée qui apparaît effectif et pas seulement formel[18].

V. LE CONTENTIEUX

Le Tribunal Administratif Régional de la Friuli-Venezia Giulia, dans son arrêt n° 877 du 26/11/2002, a affirmé que la commune qui, de manière autonome, s'est rendue compte, dans le cadre d'un plan régulateur détaillé d'initiative privée, que de nouvelles espèces végétales ayant une valeur particulière, et dont une est une espèce prioritaire d'importance communautaire, ont poussé, peut légitimement ne pas approuver le plan en vigueur et même en révoquer l'adoption, sans que ça n'implique l'utilisation de la procédure d'évaluation d'incidence (déférée à la région) sur un des sites d'importance communautaire puisqu'elle exerce les pouvoirs de planification du territoire qui lui sont propres et qui comprennent aussi l'évaluation des intérêts environnementaux.

On en déduit donc que la destination des sites d'importance communautaire, issue des dispositions de la directive habitat et transposées en droit italien par le dpr 357/97, prévaut sur la planification urbaine.

---

[17] le plan de classification acoustique communal a été adopté par la décision du conseil communal n° 94 du 28.11.2003 conformément aux dispositions de la loi cadre n° 447 de 1995 et de la loi régionale n° 15 du 9.05.2001.cf www.comune.langhirano.pr.it

[18] S.Paolo, *Inquinamento acustico: il caso di Trento*, in *Il sole 24 ore*, 4/2000, 27 etc.

Luxemburg

AMÉNAGEMENT DU TERRITOIRE, URBANISME ET NATURA 2000 AU LUXEMBURG

EDGARD ARENDT[1]
MARC SÜNNEN[2]

I. CONTEXTE GÉNÉRAL

Dans le courant de la dernière décennie, le Luxembourg a modernisé son arsenal législatif et réglementaire tant dans le domaine de l'urbanisme et de l'aménagement du territoire[3] qu'au niveau de la protection de l'environnement[4]. L'objectif visé par ces nouveaux instruments consiste notamment à mettre les autorités publiques en état de faire un usage rationnel de l'espace disponible et d'assurer une protection efficace de la faune et de la flore sauvages.

Ainsi, la loi concernant l'aménagement du territoire déclare dans son article 1er: «*L'aménagement du territoire poursuit le développement du territoire national en respectant les particularités et les ressources propres des diverses régions qui le composent. Il a pour objectif*

---

[1] Secrétaire de l'Association luxembourgeoise pour le Droit de l'Environnement.
[2] Juge au Tribunal Administratif.
[3] Loi du 21 mai 1999 concernant l'aménagement du territoire – Mémorial A – n° 61 du 3 juin 1999 et loi du 19 juillet 2004 concernant l'aménagement communal et le développement urbain – Mémorial A – n°141 du 4 août 2004, modifiées par la loi du 26 juillet 2005; règlements grand-ducaux du 25 octobre 2004, pris en exécution de la loi du 19 juillet – Mémorial A – n° 182 du 18 novembre 2004.
[4] Loi du 29 janvier 2004 concernant la protection de la nature et des ressources naturelles abrogeant et remplaçant la loi du 11 août 1982 – Mémorial A – n° 10 du 29 janvier 2004; loi du 10 juin 1999 relative aux établissements classés – Mémorial A – n° 100 du 28 juillet 1999.

d'assurer aux habitants du pays des conditions de vie optimales par une mise en valeur harmonieuse et un développement durable de ses régions en valorisant leurs ressources respectives et en maintenant un équilibre structurel et économique entre elles.» Le deuxième paragraphe du même article précise que le développement harmonieux des structures urbaines et régionales doit se faire dans le respect du patrimoine culturel et naturel.

La loi concernant l'aménagement communal et le développement urbain, qui permet aux communes de faire face aux impératifs de leur aménagement, dispose que la poursuite de cet objectif doit se faire dans le respect du patrimoine culturel et naturel national et local. Pas moins de sept règlements grand-ducaux, dont nous examinerons quelques-uns plus en détail ci-après, entreprennent d'expliciter et de préciser cette loi.

Force est de constater que tant les administrations que les juridictions ressentent encore des difficultés pour se départir de l'empreinte de la loi du 12 juin 1937 concernant l'aménagement des villes et des autres agglomérations importantes. Cette loi n'a pas seulement régi, pendant près de sept décennies, l'aménagement du territoire communal, mais elle a également délimité le champ d'application de la législation concernant la protection de la nature. Ainsi, aux termes de son article 2, la loi du 11 mai 1982 concernant la protection de la nature et des ressources naturelles n'avait vocation à s'appliquer que dans les parties du territoire dénommées «zone verte», c'est-à-dire les zones autres que celles affectées, en vertu de la loi de 1937, à l'habitation, à l'exploitation de commerces, à l'implantation d'industries, aux installations et constructions sportives, ainsi qu'à d'autres destinations nécessitant des constructions immobilières sur la totalité de l'aire concernée. À l'intérieur de la zone verte seules peuvent être érigées, avec l'autorisation préalable du ministre de l'Environnement, des constructions servant à l'exploitation agricole ou similaire ou à un but d'utilité publique. Aux endroits où la limite de la zone verte se confond avec celle d'une surface boisée d'un hectare au moins, d'une zone protégée d'intérêt communautaire ou national ou d'une zone protégée d'importance communale, une autorisation est requise pour toute construction érigée à une distance inférieure de trente mètres de cette limite. La même condition vaut d'ailleurs aussi pour les constructions projetées à moins de trente mètres d'un cours d'eau, chaque fois que le raccordement à la canalisation n'est pas possible.

I.A. Instruments du droit national qui utilisent la terminologie de la directive «Habitats»

Le règlement grand-ducal du 25 octobre 2004 concernant le contenu de l'étude préparatoire à présenter lors de l'élaboration ou de la mise à jour d'un plan d'aménagement général d'une commune énumère à son article 15 les paramètres devant être pris en considération pour l'évaluation de l'environnement naturel et des espaces verts intra-urbains. Ces paramètres comprennent notamment la couverture végétale (végétation naturelle, unités phyto-sociologiques, espèces et formations végétales protégées ou à protéger) ainsi que la faune (espèces, répartition des espèces protégées ou à protéger).[5]

La présentation et le contenu du plan d'aménagement basé sur cette étude sont définis par le règlement grand-ducal du 25 octobre 2004 concernant le contenu du plan d'aménagement général (ci-après PAG) d'une commune. En vertu des articles 48 et 51 du règlement, la partie graphique des PAG doit faire mention des zones protégées d'intérêt communautaire formant le réseau Natura 2000.

Lorsque le collège des bourgmestre et échevins d'une commune estime nécessaire une mise à jour du PAG, il en informe le conseil communal au moyen d'un rapport établi suite à un examen approfondi de la situation existante. Ce rapport doit contenir une évaluation de la situation de la zone verte faisant partie du territoire communal, décrivant ses points forts, ses points faibles et, le cas échéant, les points à actualiser.

I.B. Les institutions d'administration du droit de l'urbanisme

Les deux lois fondamentales qui sont à la base de l'organisation spatiale nationale[6] répartissent les compétences administratives respectives dans le domaine de l'urbanisme entre l'État et les communes.

1. *Niveau national*

En vertu de la loi concernant l'aménagement du territoire, il incombe au ministre ayant l'aménagement du territoire dans ses attri-

---

[5] Voir infra II.A.
[6] Voir note 1.

butions[7] de mettre en oeuvre les moyens requis pour l'exécution de la politique gouvernementale en la matière. Il s'agit en l'espèce:
- du programme directeur du territoire;
- des plans directeurs et régionaux et des plans directeurs sectoriels;
- des plans d'occupation du sol.

Au sein du Ministère de l'Intérieur, le département de l'aménagement général du territoire ainsi que le service de l'aménagement communal sont regroupés en une seule direction, la Direction de l'Aménagement du Territoire (DATER).

2. *Niveau communal*

En principe, ce sont les communes qui sont responsables de l'aménagement de leur territoire, sous la tutelle du ministre de l'Intérieur. La loi du 19 juillet 2004 concernant l'aménagement communal et le développement urbain impose à chaque commune d'avoir un PAG couvrant l'ensemble de son territoire, composé d'une partie graphique et d'une partie écrite. Le PAG, qui est élaboré sur base d'une étude préparatoire définissant les options et objectifs du développement local, définit la répartition et l'implantation des activités humaines dans les diverses zones.

L'initiative d'élaborer et de modifier le PAG incombe au collège des bourgmestre et échevins assisté obligatoirement d'une «personne qualifiée», choisie sur une liste à laquelle seuls des membres de l'ordre des architectes et des ingénieurs-conseils qui disposent de connaissances et expériences avérées en urbanisme seront admissibles.

À l'exception des terrains situés en zone verte et de certains terrains pour lesquels les autorités communales en ont décidé autrement, les dispositions réglementaires du PAG doivent être précisées par un plan d'aménagement particulier (ci-après PAP).

---

[7] Depuis la constitution du gouvernement de 1999, ce ressort tombe dans les attributions du ministre de l'Intérieur (arrêté grand-ducal du 11 août 1999 portant constitution des Ministères – Mémorial A – n° 113 du 12 août 1999).

I.C. Institutions d'administration du droit de l'urbanisme qui participent à la mise en oeuvre du réseau Natura 2000

La loi du 19 janvier 2004 concernant la protection de la nature et des ressources naturelles dispose en son article 38 que «*L'État et les communes prennent les mesures appropriées pour éviter, en tenant compte des exigences citées à l'article 34 de la présente loi, dans les zones Natura 2000, la détérioration des habitats naturels et des habitats d'espèces ainsi que les perturbations touchant les espèces pour lesquelles les zones ont été désignées, pour autant que ces perturbations soient susceptibles d'avoir un effet significatif eu égard aux objectifs de la présente loi*».

La mise en œuvre du réseau Natura 2000 incombe dès lors tant aux autorités nationales qu'aux autorités communales, et ce dans le cadre de leurs compétences respectives et de leurs moyens d'actions spécifiques.[8]

1. *Niveau national*

Au niveau national, c'est à la DATER que revient la coordination des instruments d'aménagement du territoire nécessaires pour atteindre les objectifs fixés par la loi concernant l'aménagement du territoire. Une gestion responsable de l'environnement fait partie de ces objectifs. Les missions concrètes relatives à l'exécution de la loi comprennent la mise en oeuvre du programme directeur ainsi que l'élaboration des plans sectoriels et régionaux et des plans d'occupation du sol. Le catalogue des mesures détaillées pour la mise en oeuvre du programme directeur comprend un chapitre décrivant les mesures destinées à la sauvegarde et au développement des fonctions écologiques des espaces naturels, ainsi qu'au développement d'une politique de prévention en matière de risques naturels. Parmi les moyens préconisés figurent notamment la promotion de la mise en oeuvre du réseau Nature 2000 et de programmes de protection, de promotion et d'évaluation de la biodiversité.

---

[8] L'affaire contentieuse commentée sous V ci-après est significative des difficultés qu'ont actuellement encore les autorités nationales pour situer Natura 2000 dans le contexte administratif existant.

2. Niveau communal

Il a été mentionné ci-dessus que le règlement grand-ducal du 25 octobre 2004 concernant le contenu du PAG doit faire mention, à sa partie graphique, des zones protégées d'intérêt communautaire qui forment le réseau Natura 2000. Cette même obligation s'étend aussi aux couloirs d'intérêt écologique ou paysager qui assurent la liaison entre biotopes ou éléments marquant le paysage naturel.

Tout PAG doit être accompagné d'un rapport de présentation comportant la démonstration de la prise en compte des orientations du développement durable telles qu'elles ont été définies par le gouvernement dans le programme directeur d'aménagement du territoire.

I.D. Communications administratives visant à expliquer les enjeux de Natura 2000 et la prise en considération des objectifs de la directive

Afin d'éviter la détérioration des habitats naturels et des habitats d'espèces ainsi que les perturbations touchant les espèces se trouvant sur les sites de la liste nationale communiquée à la Commission, le ministre de l'Environnement avait ordonné, par instruction du 9 juillet 1999, aux administrations sous sa tutelle une application stricte de toutes les dispositions de la loi concernant la protection de la nature et des ressources naturelles de 1982. Bien que ne satisfaisant pas aux exigences du droit communautaire[9], cette instruction n'était pas pour autant dénuée de tout effet, étant donné que, en raison de la répartition de compétences, une autorisation du ministre de l'Environnement est requise pour toute construction à l'intérieur de la zone verte ou aux abords des massifs boisés. Avec l'entrée en vigueur, le 29 janvier 2004, de la nouvelle loi concernant la protection de la nature et des ressources naturelles, portant transposition dans le droit national de la directive «Habitats», l'instruction ministérielle est devenue caduque.

---

[9] «De simples pratiques administratives, par nature modifiables au gré de l'administration et dépourvues d'une publicité adéquate, ne sauraient être considérées comme constituant une exécution valable des obligations découlant du droit communautaire.» – Affaire C-296/01, Commission/République française, 20 novembre 2003.

Un projet de note interprétative de l'article 17 de la loi concernant la protection de la nature et des ressources naturelles, proposé par l'Administration des eaux et forêts,[10] a suscité une levée de bouclier générale. Notamment les secteurs agricole et immobilier l'ont réfutée comme étant une tentative d'ingérence excessive dans leurs activités respectives. Et même, une fois n'est pas coutume, les associations de protection de l'environnement et de la nature se sont rangées derrière les critiques pour dénoncer l'esprit paternaliste de la note qui, selon leur avis, risquerait d'attiser l'hostilité des acteurs économiques envers les mesures de protection de la nature en général. Dans sa prise de position, une des associations a déploré que d'une part l'administration irait jusqu'à exiger la protection de biotopes potentiels, mais que d'autre part elle n'aurait pas jugé nécessaire d'inclure dans sa note les sites pour lesquels la directive «Habitats» exige des mesures de protection particulières. Face au rejet de la note, l'administration a revu sa copie, et le nouveau projet semble trouver l'accord de toutes les parties.

II. PLANIFICATIONS

II.A. Les études préalables aux plans et programmes d'urbanisme

Si le règlement grand-ducal du 25 octobre 2004 concernant le contenu de l'étude préparatoire à présenter lors de l'élaboration ou la mise à jour d'un PAG ne mentionne pas de manière explicite le réseau Natura 2000, son article 15 impose en revanche un véritable «audit environnemental»:

«*Art. 15. – Environnement naturel et espaces verts intra-urbains.*

L'environnement naturel est évalué compte tenu des paramètres suivants:

1. la géologie (formations géologiques);

2. le relief (pentes et expositions);

3. le sol (types de sol, qualités des sols, aptitude des sols);

---

[10] Administration des Eaux et Forêts: Protection des biotopes – Note concernant l'application de l'article 17 de la loi du 19 janvier 2004 concernant la protection de la nature et des ressources naturelles.

238 Aménagement du Territoire, Urbanisme et Réseau Natura 2000

4. le climat (phénomènes climatiques particuliers tels que couloirs d'air frais, inversions, vents locaux);
5. l'hydrographie (réseau des cours d'eau, les eaux superficielles, profondeur);
6. la nappe d'eau phréatique;
7. la rétention d'eau – bassins de décantation, de retenue, lacs;
8. la couverture végétale (végétation naturelle potentielle, les unités phyto-sociologiques, espèces et formations végétales protégées ou à protéger;
9. la faune (espèces, répartition espèces protégées ou à protéger).

L'évaluation en question porte également sur les atteintes au paysage compte tenu des paramètres suivants:
1. érosion;
2. dégradation du micro-climat;
3. atteintes causées par la baisse de la nappe phréatique;
4. atteintes causées par la pollution des eaux;
5. atteintes causées par l'exploitation de carrières, l'enlèvement de terres arables, la mise en place de dépotoirs;
6. atteintes causées par un changement d'affectation des sols en faveur de l'agriculture ou de la sylviculture;
7. atteintes causées par une évolution indésirable des agglomérations (mitage du paysage);
8. structure écologique de l'espace à aménager (synthèse des cartes indiquant les hauteurs, les pentes, les expositions, la géologie, les types de sols, l'hydrologie, le micro-climat et la végétation naturelle potentielle).

[...]
L'analyse se réfère encore à la cartographie des biotopes respectivement à la zone verte de la commune concernée.»

Partant, même en l'absence d'une mention expresse relative au réseau Natura 2000, on peut raisonnablement admettre que la réglementation en vigueur vise également les sites faisant partie de ce réseau et qui se trouvent dans le périmètre de la commune établissant un nouveau PAG ou mettant son PAG existant à jour. Cette présomption est confortée par l'obligation pour les communes de faire mention, à la partie graphique du PAG, des zones protégées d'intérêt communautaire formant le réseau Natura 2000 qui se trouvent sur leur territoire.[11]

II.B. Relation entre les plans et programmes mis en oeuvre spécifiquement pour le réseau Natura 2000 et le droit de l'environnement

Étant donné qu'au Luxembourg toutes les zones Natura 2000 sont situées à l'intérieur de la zone verte, c'est-à-dire en dehors des zones affectées à l'habitation, à l'exploitation de commerces, à l'implantation d'industries, aux installations et constructions sportives, ainsi qu'à d'autres destinations nécessitant des constructions immobilières sur la totalité de l'aire concernée,[12] les plans et programmes mis en oeuvre pour le réseau Natura 2000 ne comportent aucune référence au droit de l'urbanisme.

L'article 5 de la loi concernant la protection de la nature et des ressources naturelles spécifie par ailleurs qu'aucune construction quelconque, incorporée ou non au sol, ne peut être érigée à une distance inférieure à trente mètres d'une zone Natura 2000, sans l'autorisation du Ministre de l'Environnement.[13]

II.C. Dispositions propres à la mise en oeuvre du réseau Natura 2000 contenues dans les plans et programmes d'urbanisme

Le programme directeur d'aménagement du territoire prévoit des actions à mettre prioritairement en oeuvre pour atteindre un développement durable du territoire. Ces priorités ont été dégagées lors du processus de discussion qui a accompagné l'élaboration du projet du programme et de la procédure de consultation effectuée sur base de ce projet. La définition des priorités d'action tient également compte de

---

[11] Sub I.C – 2.
[12] Sub I.
[13] Voir infra V.

l'expérience pratique réunie au niveau de projets concrets depuis la publication du projet du programme directeur.[14]

Parmi ces objectifs primaires figure le plan directeur sectoriel «préservation des grands espaces paysagers et forestiers». Ce plan, qui vise d'une manière plus générale la désignation des zones dans lesquelles le développement urbain et d'infrastructures de transports est soumis à des restrictions, aura pour objet:
- de définir des coupures d'urbanisation;
- d'actualiser et de délimiter les zones vertes interurbaines et les paysages à protéger;
- de définir une hiérarchie claire entre les différents statuts de protection;
- d'attribuer un cadre réglementaire aux différents types de zones;
- de proposer une intégration spatiale appropriée des différents types de zonages;
- de définir des espaces de liaison;
- d'assurer la mise en place d'un réseau des espaces naturels cohérents;
- de proposer des mesures à caractère non contraignant destinées à promouvoir le développement durable du réseau en question afin d'en assurer la pérennité.

Le rôle de l'aménagement du territoire est ainsi censé se jouer au niveau de la coordination entre le projet de réseau, dès le stade de son élaboration, et les divers documents régissant l'aménagement du territoire. Le gouvernement compte atteindre deux objectifs prioritaires par la mise en oeuvre des mesures appropriés. Aussi se propose-t-il de garantir:

1. la viabilité des écosystèmes dont dépend la survie des espèces par:
- le maintien de l'intégrité des espaces naturels faiblement morcelés;
- la création d'espaces tranquillisés pour la faune, par le biais d'une utilisation du sol adéquate dans les espaces noyaux.

---

[14] Programme directeur d'aménagement du territoire adopté le 27 mars 2003, Chapitre III – Les priorités pour un développement durable du territoire.

2. les échanges génétiques entre les populations d'espèces locales par l'instauration d'un réseau écologique national reliant entre eux les différents biotopes au travers des mesures comme:
- la mise en réseau des espaces naturels luxembourgeois, dans le contexte du réseau Natura 2000;
- la constitution de réseaux écologiques au niveau régional;
- l'identification et l'organisation des biotopes en réseau au niveau local;
- l'intégration des réseaux écologiques dans l'occupation du sol par une planification territoriale coordonnée.

Le plan directeur sectoriel «préservation des grands espaces paysagers et forestiers» est actuellement en voie d'élaboration.

II.D. Articulation entre la mise en oeuvre du réseau Natura 2000 et les réglementations d'urbanisme

Le droit luxembourgeois dans le domaine de l'urbanisme ne prévoit aucune articulation avec les mesures de transposition de la directive «Habitats».

II.E. Mesures prévues en cas de conflit entre un périmètre Natura 2000 et un plan d'urbanisme

En raison du mécanisme décrit sous II.B, toute contradiction entre un plan d'urbanisme et un périmètre Natura 2000 est, a priori, exclu.

III. LES PROJETS ET LES OPÉRATIONS D'AMÉNAGEMENT

III.A. Les études préalables

L'exécution du PAG s'opère en règle générale par un PAP, qui précise les dispositions réglementaires du PAG pour la partie du territoire communal pour laquelle il est établi. En vertu de l'article 29 de la loi concernant l'aménagement communal et le développement urbain, tout projet d'aménagement particulier doit être accompagné d'un rapport justifiant l'initiative et les orientations fondamentales retenues. Ce rapport justificatif comporte une analyse de la situation existante de la partie du territoire communal concernée, la motivation et la description précises du parti urbanistique retenu et l'évaluation des incidences éventuelles du projet sur l'ensemble du PAG de la commune.

L'évaluation des incidences du plan d'aménagement particulier est fondée sur une appréciation écrite précise de ses effets sur l'environnement urbain et naturel.[15] Comme par ailleurs tant l'établissement d'un nouveau PAG que la mise à jour du PAG existant exigent une évaluation détaillée de l'environnement naturel et des espaces verts intra-urbains telle que décrite sous II.A, il ne peut faire aucun doute que, même en l'absence d'une disposition expresse, l'évaluation des incidences accompagnant le rapport justificatif doit mentionner les implications éventuelles du projet sur les sites faisant partie du réseau Natura 2000.

Il convient de préciser que l'établissement d'un PAP n'est pas requis pour les projets de construction en zone verte.[16] Ceux-ci sont soumis aux conditions plus contraignantes énoncées par la loi concernant la protection de la nature et des ressources naturelles.

III.B. Législation permettant de refuser une autorisation d'urbanisme pour atteinte à un site Natura 2000

Comme il a été mentionné ci-avant, les sites Natura 2000 se situent par définition dans la zone verte telle que définie par l'article 5 de la loi concernant la protection de la nature et des ressources naturelles.

Une telle zone est soumise à la double compétence: du bourgmestre, en ce qui concerne la délivrance de l'autorisation de construire, et du ministre de l'Environnement, pour ce qui est des autorisations requises en vertu de la législation relative à la protection de l'environnement.

---

[15] Article 3 du règlement grand-ducal du 25 octobre 2004 concernant le contenu du plan directeur et du rapport justificatif du plan d'aménagement particulier portant exécution du plan d'aménagement général d'une commune.

[16] Article 26 de la loi du 19 juillet 2004 concernant l'aménagement communal et le développement urbain.

Enfin, un site Natura 2000 pourrait encore faire l'objet d'un plan directeur sectoriel pris sur la base de la législation nationale relative à l'aménagement du territoire. Un plan sectoriel, après délibération du Gouvernement en conseil, est déclaré obligatoire par règlement grand--ducal et est rendu public par insertion au Mémorial. Il modifie de plein droit les plans ou projets d'aménagement communaux dans la mesure où ces derniers sont incompatibles avec ce plan.[17]

Il s'ensuit qu'une autorisation d'urbanisme pourrait être refusée pour une atteinte à un site Natura 2000 tant en application de la loi concernant la protection de la nature et des ressources naturelles qu'en application des règles nationales d'aménagement du territoire et des règles locales d'urbanisme.

III.C. Mesures compensatoires prévues en cas d'atteinte à un site Natura 2000

En vertu du principe du partage des compétences décrit ci-dessus, le droit national en matière d'urbanisme et d'aménagement du territoire se borne à prescrire la prise en compte de l'environnement naturel lors de l'établissement des plans et projets, le volet de la protection étant du ressort de la loi concernant la protection de l'environnement et des ressources naturelles.

L'article 12 de cette loi prévoit que, lorsqu'un plan, projet, aménagement ou ouvrage est autorisé dans une zone Natura 2000 pour des raisons de santé ou de sécurité publiques, ou pour tout autre motif d'intérêt général, constatés par le Gouvernement en conseil, le ministre ayant l'environnement dans ses attributions impose au demandeur d'autorisation des mesures compensatoires. La loi ne spécifie cependant ni la nature de ces mesures ni un délai dans lequel elles devront devenir effectives.

---

[17] Article 19 de la loi du 21 mai 1999 concernant l'aménagement du territoire.

III.D. Textes légaux et réglementaires qui admettent des exceptions aux mesures de protection exigées par la directive.

Puisque le droit de l'urbanisme est étranger à la question de la protection de l'environnement en général et à celle du réseau Natura 2000 en particulier, aucune exception n'y figure.

Quant à la loi concernant la protection de la nature et des ressources naturelles, celle-ci prévoit certaines exceptions aux principes généraux de protection y énoncés – notamment lorsqu'il s'agit de projets d'utilité publique –, mais aucune exception ou dérogation spécifique aux mesures de protection propres aux sites Natura 2000. Cependant, le ministre ayant l'environnement dans ses attributions dispose, à l'occasion de la définition des mesures de conservation propres aux sites Natura 2000, d'un large pouvoir d'appréciation. En effet, l'article 37 de la loi prévoit que ces mesures tiennent compte des exigences économiques, sociales et culturelles, ainsi que des particularités régionales et locales.

IV. RELATION AVEC LA PLANIFICATION SPÉCIALISÉE

IV.A. Relation entre planification d'aménagement du territoire et de l'urbanisme et planification spécialisée environnementale

Le programme directeur d'aménagement du territoire défini par la loi de l'aménagement du territoire formule des objectifs relatifs au développement du territoire urbain et rural, aux transports et aux télécommunications ainsi qu'à l'environnement et aux ressources naturelles. Il s'est dégagé des débats autour du programme directeur que ces objectifs ne peuvent pas être considérés séparément et que l'intégration précoce des aspects relatifs à l'aménagement du territoire, l'organisation du trafic et la protection des espaces naturels exige de nouvelles méthodes de planification.

Le concept IVL[18] est censé répondre à cette exigence par la mise en oeuvre des objectifs essentiels du programme directeur. L'IVL est une

---

[18] IVL est l'abréviation allemande correspondant à *Concept intégré des transports et du développement spatial pour le Luxembourg*.

démarche de planification devant contribuer à coordonner à long terme le développement du Luxembourg aussi bien du point de vue de l'aménagement du territoire que de la planification des transports et de la protection des paysages. Participent à ce processus de travail interministériel: le Ministère de l'Intérieur, le Ministère des Transports, le Ministère des Travaux publics, le Ministère de l'Environnement, le Ministère de l'Économie, le Ministère du Logement ainsi que l'Administration des Ponts et Chaussées.

Lors de la présentation d'un bilan intermédiaire à la Chambre des Députés en mai 2006, le rapporteur a relevé un encadrement personnel insuffisant du projet ambitieux. Il s'est montré néanmoins confiant que les plans directeurs sectoriels «zones d'activités économiques», «logement» et «grands ensembles forestiers et paysagers» pourraient être finalisés d'ici en deux ans.

Le plan directeur sectoriel «transports» sera probablement adopté dans le courant du premier semestre 2007. Compte tenu de l'ordre chronologique de l'adoption des plans, les associations de protection de la nature notamment craignent que la définition du réseau des voies de communication puisse se faire une fois de plus au détriment de l'intégrité des grands ensembles forestiers et paysagers, ceci en dépit des déclarations solennelles du Gouvernement.

IV.B. Planification spécialisée non intégrée dans les plans d'aménagement du territoire et d'urbanisme

Dans l'état actuel du droit luxembourgeois et de manière générale, les différentes législations spécialisées coexistent sans qu'il y ait un lien hiérarchique entre elles. Il s'agit de législations souvent concurrentes, soumises à des autorités différentes qui agissent chacune dans son propre champ de compétence, ce qui, dans la pratique, aboutit fréquemment à des décisions contradictoires.

Seule la loi relative aux établissements classés[19] prévoit à cet effet un lien direct avec les législations en matière d'aménagement du territoire (national et local) et de protection de l'environnement. Son article

---

[19] Loi du 10 juin 1999 relative aux établissements classés – Mémorial A – n° 100 du 28 juillet 1999.

17 fait dépendre la délivrance d'une autorisation d'établissement de la conformité du projet d'établissement avec le zonage, c'est-à-dire que cette législation n'autorise l'établissement que lorsque celui-ci se situe dans une zone en conformité avec les législations concernant l'aménagement du territoire, l'aménagement communal et la protection de la nature.

V. LE CONTENTIEUX

Tant les projets d'aménagement que ceux de construction peuvent faire l'objet d'un recours, en première instance, devant le Tribunal administratif et, en instance d'appel, devant la Cour administrative qui, statuant en tant que juges de l'annulation, opèrent un contrôle de la légalité des décisions qui leurs sont soumises.

Jusqu'ici, une seule affaire concernant un site Natura 2000 a été plaidée devant les juridictions administratives.[20] Le jugement du tribunal administratif est révélateur des difficultés qu'ont les autorités pour sortir de l'ornière de la loi du 12 juin 1937 concernant l'aménagement des villes et des autres agglomérations importantes.

L'affaire en question portait sur une requête d'annulation du rejet, par le ministre de l'Environnement, d'une demande d'autorisation d'un lotissement comprenant une cinquantaine de maisons d'habitation ainsi que les infrastructures y relatives aux abords de la zone spéciale de conservation «Vallée de l'Ernz Blanche». Le ministre se référa à l'article 5 de la loi concernant la protection de la nature et des ressources naturelles qui dispose que, d'une manière générale, toute construction quelconque dans un périmètre de 30 mètres autour d'une zone protégée est soumise à son autorisation. Estimant que le lotissement projeté serait par ailleurs de nature à porter atteinte à la zone «Habitats» et qu'il engendrerait la destruction de biotopes ou d'habitats figurant aux annexes 2 et 3 de la loi, il refusa de délivrer l'autorisation.

Les trois sociétés impliquées dans le projet excipèrent de l'absence d'un règlement grand-ducal établissant la localisation géographique exacte du site ainsi que le relevé des espèces à protéger et les objectifs de conservation.

---

[20] Tribunal administratif, n° du rôle 20305, 3 avril 2006.

Le tribunal accueillit les arguments des requérants pour constater que le défaut du règlement grand-ducal aurait pour conséquence que la zone spéciale de conservation n'aurait pas été désignée. Et d'en conclure qu'il serait indifférent de savoir si la zone devant constituer une zone protégée d'intérêt communautaire se trouverait sur la liste nationale communiquée à la Commission. Cette circonstance ne serait pas de nature à lui donner une existence légale.

À cet endroit, il convient tout d'abord de signaler que le refus d'autorisation n'était pas seulement motivé par la protection d'une zone «Habitats», mais qu'il était également fondé sur l'article 17 de la loi concernant la protection de la nature et des ressources naturelles, qui interdit de détruire, de réduire ou de changer des biotopes. Et, aux termes dudit article, le ministre ne peut déroger à cette interdiction que pour des motifs d'intérêt public. Partant, la motivation basée sur les dispositions du droit national aurait suffi à elle seule pour refuser l'autorisation.

En invoquant l'absence de mesures de transposition nationales, le tribunal a méconnu par ailleurs l'obligation de coopération loyale qui lui incombe en vertu de l'article 10 du traité CE. En effet, la Cour de justice des Communautés européennes a décidé au fil d'une jurisprudence constante que, dans les cas où une directive n'a pas été transposée correctement ou complètement dans le système juridique national, il appartient aux juridictions nationales d'interpréter, dans toute la mesure du possible, leur droit interne à la lumière du texte et de la finalité de la directive en cause aux fins d'atteindre les résultats poursuivis par cette dernière.[21] Or, la directive «Habitats» dispose que les mesures destinées à prévenir la détérioration des zones de protection doivent être prises dès que la Commission a arrêté, de commun accord avec les États membres respectifs, la liste des zones.[22] Par conséquent, même avant sa désignation formelle par le droit national, la zone spéciale de conservation «Vallée de l'Ernz Blanche» était devenue une réalité juridique créant ainsi des obligations concrètes dans le chef des autorités nationales.[23]

---

[21] P. ex. affaire C-212/04, Konstantinos Adeneler, arrêt du 4 juillet 2006, point 124.

[22] Voir conclusions de l'avocat général Léger sous l'affaire C-371/98, Estuaire du Severn.

[23] Voir affaires C-117/03, Societá Italiana Dragaggi, points 25-26 et C-244/05, Bund Naturschutz in Bayern, points 37-44.

Puisque la protection des espèces et de leurs habitats, telle que la conçoit la directive «Habitats», poursuit un objectif de résultat, il s'entend que les mesures à mettre en oeuvre à cet effet ne pourront pas se confiner à une aire géographique déterminée. Le classement du territoire en zones tel que l'a prévu la loi de 1937, et ce qui, par la suite, a influencé les lois consécutives concernant la protection de l'environnement et des ressources naturelles, n'est partant pas approprié pour atteindre l'objectif de la directive. Ni les mesures de protection applicables dans la zone verte ni le cordon de protection de trente mètres que la loi trace autour des sites Natura 2000 n'offrent une garantie suffisante contre toute détérioration ou perturbation ainsi que l'exige l'article 6, 2 de la directive.

Contre ce jugement, le ministre de l'environnement a interjeté appel devant la Cour administrative. La Cour s'est limitée à examiner le seul moyen tiré du droit communautaire pour réformer le jugement de première instance.[24] Faisant siens notamment les arguments de la CJCE dans les affaires C-117/03 et C-244/05, elle réfuta les objections de la partie intimée selon lesquelles la zone de protection ne serait pas déterminée avec suffisamment de précision. Constatant que ni la directive ni la loi n'exigeraient une délimitation des sites proposés avec les derniers détails, la Cour jugea qu'il suffirait que, dans la phase de proposition des sites, ceux-ci fussent indiqués comme tels avec une description et une implantation propres à en permettre l'appréciation par la Commission. Les détails et précisions propres à créer la nécessaire sécurité juridique que doit revêtir la situation définitive pourraient être apportés par le pouvoir réglementaire après la décision de classement de la Commission.

Si, au regard du droit communautaire, cette décision est parfaitement pertinente, l'on peut néanmoins regretter que la Cour n'ait pas profité de l'occasion pour se prononcer également sur la question de savoir si l'établissement d'une zone de protection d'une profondeur de trente mètres autour d'un site est en toutes circonstances une mesure suffisante pour atteindre l'objectif de protection défini par la directive «Habitats». Un *obiter dictum* en ce sens aurait pu en effet inciter le législateur à revoir les dispositions afférentes lors d'une prochaine

---

[24] Cour administrative, n° du rôle 21388C, 7 novembre 2006.

modification de la loi concernant la protection de la nature et des ressources naturelles. Une telle occasion se présentera bientôt, puisque, en raison de certaines incohérences entre les dispositions de la directive et le texte de la loi relevées par la Commission européenne, il est prévu de soumettre différents articles à une révision.[25]

---

[25] Point 24 de l'avant-projet du Plan national pour la protection de la nature, novembre 2006.

Netherlands

TOWN AND COUNTRY PLANNING AND NATURA 2000 IN THE NETHERLANDS

JACQUELINE ZIJLMANS[1]

1. Introduction

The central question of this paper concerns the contribution of spatial planning to the protection of Natura 2000-sites in The Netherlands.

The protection regime for Natura 2000-sites foreseen by Article 6 Habitats Directive[2] has been implemented in the Dutch legal order by means of the 'Nature Protection Act 1998', which entered into force in October 2005[3].

This paper only concerns the protection of Natura 2000-sites and not the protection of flora and fauna species as such inside or outside Natura 2000 sites.

The species' protection regime, foreseen by the Articles 5-9 Birds Directive and articles 12-16 Habitats Directive, which has been implemented in the Flora and Fauna Act[4], will thus be left out of consideration.

Dutch spatial planning consists of spatial policy plans and legal rules.

---

[1] Mrs J.M.I.J. Zijlmans is employed with the Department of Public Works and Water Management of the Dutch Ministry of Transport, Public Works and Water Management, as senior advisor European & international law, Corporate Department, Section 'Experts'.

[2] Directive 92/43/EC, OJ L 206, p. 7.

[3] The (new) 'Nature Protection Act 1998' entered into force in October 2005, Stb. 1998, 403, lastly amended Stb. 1999, 30.

[4] Flora – en fauna Act, Stb, 1998, 402; lastly amended Stb. 2006, 236.

Spatial plans are created at several government levels. Not only the central government, but also the provinces and municipalities elaborate spatial plans, explaining how the soil in The Netherlands now and in the future has/will have to be used.

The legal rules concerning spatial planning are anchored in the 'Spatial Planning Act' ('Wet op de ruimtelijke ordening'[5]) – hereinafter 'WRO' – and the relating 'Decree on Spatial Planning' ('Besluit ruimtelijke ordening'[6]) – hereinafter 'BRO'.

Lay-out of this paper

First of all, in paragraph 2, the spatial policy plans as well as the related legal provisions of the 'WRO' and 'BRO' will be described.

Next, in paragraph 3, the provisions of the Natura Protection Act 1998, implementing Article 6 Habitats Directive, are paid attention to.

Since many spatial activities and plans not only require an appropriate assessment following Article 6 (3) Habitats Directive, but also an environment impact assessment following Directive 85/337/EEC[7] as well as, in case of certain plans, a strategic environment assessment following Directive 2001/42/EC[8], the latter two Directives will be (briefly) paid attention to as well in paragraph 4.

Finally, in paragraph 5, legal cases illustrate the relation between spatial planning and the protection of Natura 2000-sites in The Netherlands.

---

[5] Spatial Planning Act, 'Wet van 5 juli 1962 houdende vaststelling van nieuwe voorschriften omtrent de ruimtelijke ordening'; Stb. 1964, 222; lastly amended, Stb. 2006, 37.

[6] Decree on Spatial Planning ('Besluit Ruimtelijke Ordening 1985'), Stb. 1985, 627; lastly amended, Stb 2004, 155.

[7] Directive 85/337/EEC, OJ, L 175, p. 40; amended by Directive 97/11/EC (OJ L 73, p. 5).

[8] Richtlijn 2001/42/EG betreffende de beoordeling van de gevolgen voor het milieu van bepaalde plannen en programma's, OJ L 197, p. 30.

2. Spatial planning plans

Spatial policy plans at central government level: the 'pkbs'

A spatial policy plan at central government level is usually called 'national spatial planning key decision' ('planologische kernbeslissing')[9], hereafter abbreviated as 'pkb'.

The legal rules concerning 'pkbs' are found in chapter 2 'WRO'.

Following article 2a, 'WRO', the Council of ministers ('ministerraad') creates plans ('pkbs'), which are of importance for certain aspects of the national spatial policy.

A 'pkb' is to be approved by the Higer and Lower government chamber ('Eerste en Tweede Kamer').

Except for the socalled 'concrete policy decisions'('concrete beleidsbeslissingen' – see paragraph 2.2.1 below), a 'pkb' is only binding to the central government.

Provinces and municipalities only have to 'take account of' ('rekening houdend met') the provisions of a 'pkb'. This means that the other government instances can deviate from the contents of a 'pkb' provide they motivate such a decision.

Although a 'pkb' is thus – with the exception of the 'concrete policy decisions' (par. 2.2.1 hereinafter) – not legally binding, provinces and municipalities hardly deviate from the national policy foreseen in such a plan.

An example of a 'pkb' is the (second) 'National Structure Plan for Green Areas' ('Structuurschema Groene Ruimte'[10]) – hereinafter 'SGR' – for the protection of the 'Ecologische Hoofdstructuur', the Dutch National Ecological Network, which will be paid attention to in paragraph 2.1.1. below.

The contents of the 'SGR' is now part of the 'pkb' 'Nota Ruimte', the 'National Spatial Strategy' plan, described in paragraph 2.1.2 hereafter.

---

[9] Sometimes the terms 'structuurschema' or 'structuurschets' or 'nota's' are used as well.

[10] 'Structuurschema Groene Ruimte', Kamerstukken II, 1993/1994, 22 880, nr 39; lastly, Wet rechtskracht Structuurschema groene ruimte, Stb. 2004, nr 99.

With the entry into force of the 'National Spatial Strategy' in 2006, the 'pkbs' integrated in this plan, such as the 'SGR', no longer exist as such[11].

2.1.1. The National Ecological Network ('Ecologische Hoofdstructuur')

The 'EHS' ('Ecologische Hoofdstructuur') is the Dutch network of protected sites, such as the Natura 2000-sites, and is to be finalized in 2018.

The 'EHS' consists of some 450.000 ha 'dry' nature sites, which are to be interlinked by (large) linking zones ('robuuste ecologische verbindingen') to make migration of species between the nature sites possible.

The 'EHS'-sites which do not have the status of a Natura 2000-site as well, are protected by the regime of the 'SGR' (see above), integrated in the 'Nota Ruimte'.

The Natura 2000-sites in their turn are, as indicated earlier in this paper, protected by the regime of Article 6 Habitats Directive, implemented in the Nature Protection Act 1998 (see paragraph 3 below).

The regime of the 'SGR' differs from the regime prescribed by the Habitats Directive for the Natura 2000-sites and hence could never serve to implement fully and correctly the provisions of Article 6 Habitats Directive.

This is due to several reasons. On the one hand, the 'SGR' is, as indicated above, a plan which only binds the central government (the other government levels only have to 'take account of' the contents of such a plan). On the other hand, the contents of the 'SGR' differ from the provisions of Article 6 Habitats Directive[12]. For instance, the 'SGR' speaks of 'reasons of major public importance', whereas the Habitats Directive speaks of 'imperative reasons of overriding public interest'.

Next, the 'SGR' foresees in the possibility of financial compensation, which is not allowed by the Habitats Directive.

---

[11] See chapter 1.2 of the 'Nota Ruimte' cited in footnote 14 hereafter.

[12] See in this context, among others, the rulings of the 'ABRS' d.d. 11 January 2000, nr E01.97.0234, AB 2000, nr 301.

Finally, the 'SGR' does not require that compensation measures are taken in time, i.e. before any damage to the nature values in the Natura 2000-site occurs.

In those situations in which a site is part of the 'EHS' and the Natura 2000-network as well, both regimes (of the 'SGR', respectively of the Nature Protection Act 1998) are applicable to protect the respective nature values.

Another example of a 'pkb' is the third national spatial planning key decision on the Wadden Sea[13], ('Derde Nota Waddenzee'), still in preparation.

This 'pkb' describes the central government spatial policy for the Wadden Sea for the next ten years, with particular attention to nature and landscape.

This 'pkb' too will be inserted in the 'National Spatial Strategy'.

2.1.2. The 'National Spatial Strategy' ('Nota Ruimte')

The 'pkb' National Spatial Strategy ('Nota Ruimte'), which entered into force on 27 February 2006[14], contains the major lines of the central government's views on national spatial policy up to 2020 and long term views to 2030.

The 'National Spatial Strategy' pays also attention to protected areas, such as the Natura 2000-sites, for which the central government, as well as the provinces and municipalities are, following the plan, primarily responsible[15].

In accordance with the provisions of the Nature Protection Act 1998 (see paragraph 3 below) protecting Natura 2000-sites, the 'National Spatial Strategy'[16] underlines that the essential features/nature values of Natura 2000-sites have to be maintained.

---

[13] 'Derde Nota Waddenzee', Kamerstukken 2005-2006, 26431, Tweede Kamer, vergaderjaar 2004-2005, 26 431, nr. 6.

[14] The Second (Lower) and First (Higher) Chamber of the States General have agreed upon the 'National Spatial Strategy' on 17 May 2005, respectively, 17 January 2006; Kamerstukken 29435; with the announcement of the 'Nota Ruimte'' in, among others, the 'Staatscourant' 2006, 27 February 2006, nr 41, the 'pkb' entered officially into force.

[15] 'Nota Ruimte', cited in footnote 14, p. 110.

[16] 'Nota Ruimte', cited in footnote 14, par. 3.3.5.2.

Although the National Spatial Strategy does not contain 'concrete policy decisions' ('concrete beleidsbelissingen') (see par. 2.2.1 below), the policy of the central government laid down in the 'National Spatial Strategy' does carry over into the spatial policy of provinces and municipalities.

In those cases in which a province or municipality does not observe the contents of the 'National Spatial Strategy', it will have to motivate why it has decided not to do so.

As mentioned earlier, provinces and municipalities in practice usually respect the spatial policy of the central government laid down in a 'pkb'.

2.1.3. 'Concrete policy decisions' ('concrete beleidsbeslissingen')

A 'pkb' from the central government or a 'regional plan' from a province ('streekplan' – see paragraph 2.2.1 below) may contain so-called 'concrete policy decisions' ('concrete beleidsbeslissingen'), provided the central government, respectively the provinces, explicitly define that part of the plan as such (Article 1 'WRO' and Articles 3 and 7 'BRO').

These 'concrete policy decisions' have to be 'observed' by the other government authorities (Articles 2a and 4 'WRO'). So, provinces are bound by the 'concrete policy decisions' in plans from the central government and municipalities, in their turn, have to observe the 'concrete policy decisions' in 'streekplannen' (the 'regional plans' described in paragraph 2.2. below) and in 'pkbs'.

As indicated earlier, the 'National Spatial Strategy' plan does not contain any 'concrete policy decisions' to be observed by the lower governments. The reason is that the central government has chosen to give more scope for local and regional considerations.

'Regional plans' ('streekplannen')

Provinces establish regional plans ('streekplannen'), which plans describe, in more detail than in a 'pkb', the policy of the province as regards the use of the soil[17] (Article 4a (1)'WRO'; Article 11 'BRO').

---

[17] A 'regional plan' is often part of the more elaborated 'environment plan' ('omgevingsplan') of a province, which pays attention to other environment aspects as well.

Following the 'National Spatial Strategy'[18], a 'regional plan' ('streekplan') has to indicate which nature values, and thus which Natura 2000-sites too, have to be protected, as well as which protection regime (the provisions of the Natura Protection Act 1998 described in par. 3 below) is to be applied.

While establishing their 'regional' plans, the provinces have to take account of the 'pkbs' of the central government.

As indicated earlier, a province (or a municipality) is, however, allowed to deviate from the policy of the central government in a 'pkb', provided they motivate such a decision

Only the so-called 'concrete policy decisions' (concrete beleidsbeslissingen') described in paragraph 2.1.2 above, have to be observed.

2.2.1. Municipal 'zoning plans'

Municipalities makes 'zoning plans' ('bestemmingsplannen') fixing, alike other spatial plans, the destination of the soil (housing, agriculture, nature, etc.) (Article 10 'WRO' and Articles 12-17 'BRO')

'Zoning plans' ('bestemmingsplannen') play a major role in the contribution of spatial planning to the protection of nature.

Regarding protected sites, a municipal 'zoning plan' has, among others, to define/describe the Natura 2000-sites to be protected.

While defining the destination of the soil and formulating the 'zoning plan' 'instructions' ('voorschriften'; see below), the municipalities have to consider the provisions of the Natura Protection Act 1998 (and Flora and Fauna Act[19]).

Contrary to a 'pkb' and a 'regional plan', a municipal 'zoning plan', is legally binding for anyone (citizens, firms, organizations, authorities, etc.).

If, for instance, you decide to build a house in the area of the 'zoning plan', you need a licence following the Housing Act (Woningwet[20]).

---

[18] 'Nota Ruimte', cited in footnote 14 above, chapter 3, p. 112.

[19] Ch. Backes, P. van Buuren, A.A. Freriks, Hoofdlijnen natuurbeschermingsrecht, Den Haag 2004, p. 241.

[20] 'Woningwet' ('Housing Act'), 29 August 1991, Stb. 1996, nr 312, lastly amended Stb. 2001, 581.

You can only obtain such a licence if the building of your house does not trespass the destination and 'instructions' (see below) of the 'zoning plan'.

If not, the licence has to be refused following the provisions of Article 44 Housing Act ('Woningwet').

A municipal 'zoning plan' consists of an 'explanatory note' ('toelichting'), a 'map' ('plankaart') and 'instructions directives' ('voorschriften').

The explanatory note is intended to clarify the objective of the plan.

In those cases in which the 'zoning plan' is detailed enough and if one may assume that the execution of the plan or the licensing of future activities may have possible negative consequences for the nature values in a Natura 2000-site, the municipality will have to adapt the destinations or the instructions in order to meet the provisions of the Nature protection Act 1998[21].

In other words, the 'zoning plan' as such has in such a case to meet the conditions of Article 6 (3-4) Habitats Directive, implemented in the Nature Protection Act 1998 (see paragraph 3 below).

In those cases in which the 'zoning plan' itself has to meet the conditions of Article 6 (3-4) Habitats Directive, the explanatory note also has to pay attention to (-) the research on alternative solutions performed, (-) the compensation measures, and (-) motivate for which imperative reason of major public importance, the possibly damaging destinations has to realized.

When compensation measures are to be taken, the municipal 'zoning plan' has to safeguard possible compensation areas as well[22].

The legal force of a 'zoning plan' emanates from the zoning map ('plankaart') and the instructions' ('voorschriften').

The 'zoning map' indicates the exact destination of the planning area.

The 'instructions' prescribe the rules to be observed for each destination. In other words, the instructions have to indicate exactly which activities are allowed or not in the planning area.

---

[21] 'Handreiking Bestemmingsplan en Natuurwetgeving,' ('Manual zoning plans and nature protection'), Alterra, commissioned by the Ministry of 'LNV' and 'VNG' ('Vereniging der Nederlandse Gemeenten'; 'Association of Dutch municipalities'); to be downloaded from www.synbiosys.alterra.nl or www.minlnv.nl.

[22] 'Manual zoning plans and nature protection', cited in footnote 21 above, p. 39.

The obligations following the (Flora and Fauna act and) the Nature Protection Act 1998, such as, for instance, the conditions for obtaining a licence for damaging acitivities in/nearby a Natura 2000-site, are thus also part of the instructions.

Each 'zoning plan' contains also a 'general use' provision, which forbids to use the grounds of the planning zone contrary to the destination attributed to these grounds. This general provision will also contribute to the protection of Natura 2000-sites.

Finally, each destination of the grounds in a 'zoning plan' is accompanied by a description of the objectives of each destination in the plan instructions.

Only those activities are allowed, which fit into these description of the objectives concerned.

2.2.1.1. The notion 'good spatial planning'

Following Article 12 'BRO' a (municipal) 'zoning plan' has to be made in view of a 'good spatial planning'.

Neither the 'BRO', nor the 'WRO', do explain this notion, which has been further filled in by case law.

The notion 'good spatial planning' does play an important role as regards the relation between (zoning) plans and nature protection. The legal cases discussed in paragraph 5 below show that this notion implies, among others, that the municipality or the 'provincial deputies ('gedeputeerde staten') who have to approve of a 'zoning plan', have to check whether it is or not clear that a licence required following the Natura Protection Act 1998 (or an excemption following the Flora and Fauna Act) will likely be obtained. If not, the 'zoning plan' cannot be approved.

A municipality has to allocate the destination of protected 'nature site' to the Natura 2000-sites in the planning area and the instructions should focus on the maintenance objectives of the site[23].

Only in this way, project initiators and other users of the soil in the planning area will know which activities are allowed or not in the planning area.

The question whether their activities in or nearby a Natura 2000-site will be licensed will have to be answered following the provisions of the Nature Protection Act 998.

---

[23] 'Manual zoning plans and nature protection', cited in footnote 21 above, p. 34.

The condition of a 'good spatial planning' is also applicable in those case in which exemptions of the destinations in a 'zoning plan' is applied for, following the Articles 15, 17, or 19 'WRO'.

This means that is it not possible to get an exemption if this means that the protection regime of Article 6 Habitats Directive, implemented in the Nature Protection Act 1998, will be trespassed.

2.2.2. Municipal 'structure plans'

The municipalities can also make socalled 'structure plans' ('structuurplannen'), which are comparable with the 'regional plans' at provincial level (Article 7 'WRO'). They are however not obliged to do so.

A municipal 'structure plan' is a strategic plan, displaying the future spatial development, which, alike the 'zoning plans', also pays attention to alternative solutions/locations and compensation areas in relation to nature values to be protected[24].

Contrary to a 'zoning plan', a structure plan is not legally binding.

Proposal for a new Spatial Planning Act[25] and nature protection

On 23 May 2003 a proposal for a new 'Spatial Planning Act' ('nieuwe Wet op de Ruimtelijke Ordening') was introduced at the Second (Lower) Chamber ('Tweede Kamer')[26], offering new chances for nature protection. A this moment the proposal has been introduced at the First (Higher) Chamber.

To begin with, the Minister of Public Health, Spatial Planning and Environment has expressed in the Explanatory Note, the explicit wish that the municipalities include in their 'zoning plan's rules which do justice to the designation of Natura 2000-sites[27]. Next, the new Spatial

---

[24] 'Manual zoning plans nature protection', cited in footnote 21, p. 39.

[25] Eelco de Jong, Voorstel Wet Ruimtelijke Ordening biedt kansen voor natuurbescherming, Journaal Flora en fauna, augustus 2004, nr 4, pp. 83-88; A.A.J. de Gier, Een voorstel voor een nieuwe ruimtelijke ordeningswet, Agrarisch Recht, 2003, nr 9, pp. 592-601.

[26] 'Nieuwe Wet op de Ruimtelijke ordening', Tweede Kamer ('Lower Chamber'), 2002-2003, nr 28 916.

[27] Tweede Kamer ('Lower Chamber'), 2002-2003, 28 916, Memorie van Toelichting ('Explanatory note'), nr 3, p. 47.

Planning Act will allow the State and the provinces to make 'zoning plan's as well, if provincial of (inter-)national interests require so[28].

According to the Explanatory Note, the provinces and the State can make use of this competence in those cases in which they consider a certain spatial development no desirable or if they want to protect certain nature sites[29]. This new instrument can thus also play a major role for the protection of Natura 2000-sites.

Finally, the State and provinces will be competent, by means of a decision/decree ('Algemene Maatregel van Bestuur'), respectively a provincial regulation ('verordening'), to set conditions to the spatial decision-making of lower authorities. In this way the State and provinces can make clear to municipalities and the citizens which conditions they have at least to take into consideration[30].

The Explanatory Note[31] explains that by means of these so called 'general prescriptions' ('algemene aanwijzingen') international obligations, following, for instance, the Birds and Habitats Directives, may be implemented in a (more) efficient way.

In other words, by means of such 'general prescriptions' the government or the province can explain to a municipality her duties following these directives[32]. This instrument too, can contribute in the (near) future to a proper application of the protection regime anchored in the Nature Protection Act 1998 (see below).

3. The provisions of the Nature Protection Act 1998 and the protection of Natura 2000-sites

The Nature Protection Act 1998[33] implements the provisions of Article 6 Habitats Directive.

---

[28] de Jong, cited in footnote 25 above, p. 86.
[29] Tweede Kamer, 2002-2003, 28 916, Memorie van Toelichting ('Explanatory note'), nr 3, p. 38.
[30] De Jong, cited in footnote 25 above, p. 86.
[31] Tweede Kamer (Second Chamber), 2002-2003, 28 916, Memorie van Toelichting ('Explanatory note'), nr 3, p. 46.
[32] Tweede Kamer (Second Chamber), 2002-2003, 28 916, Memorie van Toelichting ('Explanatory note'), nr 3, p. 48.
[33] Stb. 1998, 403; lastly amended Stb. 2005, 705.

The protection regime for Natura 2000-sites of Article 6 Habitats Directive is anchored in the Articles 19d and following of the Nature Protection Act 1998.

These Articles have already been explained/further clarified in an earlier contribution of the undersigned to the publications of the 'Observatoire Natura 2000'.

Article 19d of the Act contains a prohibition/licence system for (existing and new) activities in or nearby Natura 2000-sites which may cause damaging/disturbing effects for the nature values of the site.

In those cases in which the licence request concerns a new project (or other activity) with possible significant effects for the nature values of the Natura 2000-site concerned, the project initiator will have to make an appropriate assessment of these effects, following Article 19f of the Act.

The competent authority of the 'Nature Protection Act 1998' – in general the provincial deputies and in certain situations[34], the Minister of Agriculture, Nature and Food quality ('LNV') – may only licence the activities if they can determine with certainty that the essential features of the site won't be damaged.

If so, but also, because of the precautionary principle, if the competent authority is not certain about it, the required licence can only be granted if the initiator meet the conditions (of Article 6 (4) Habitats Directive) namely, 'no alternative solution', an imperative reason of major public importance', and (functional and timing) 'compensation' in order to guarantee the coherence of the Natura 2000 network.

The duty to compensate has to be part of the licence to be granted (Article 19g).

Contrary to 'projects' or other activities, a decision to establishing 'plans', such as a 'zoning plan'[35], with possible endangering or disturbing effects, does not require a licence, but an 'approval' ('goedkeuring') by the Minister of LNV. In case of a municipal or water authorities' ('waterschappen') plan, the provincial deputies are the competent authority to approve such plans (Article 19j, par. 1 and 2, Nature Protection Act 1998).

---

[34] Following the 'Decree Licences Nature Protection Act 1998' ('Besluit vergunningen Natuurbeschermingswet 1998'), Stb. 2005, 473.

[35] With the exception of management plans for Natura 2000-sites (Article 19j, par. 3, Nature Protection Act 1998).

When making these plans, the provisions of Articles 19ᵉ-19h of the Nature Protection Act 1998, implementing Article 6 (3-4) Habitats Directive, are likewise applicable, and this notwithstanding the provisions of the legal provision on which the decision in questions rests[36].

One may say that since the entry into force of the Nature Protection Act 1998, and more in particular, the provisions of Article 19j concerning the approval of plans, the spatial level – also called the 'red track' – have become much more important as far as nature protection is concerned.

4. 'Environment impact assessment', 'strategic environment assessment'; 'appropriate assessment'

Environment impact assessment and appropriate assessment

If in the process of making a 'zoning plan', it appears that an 'appropriate assessment' of possible significant effects on the nature values in a Natura 2000-site is required, the plan will also need an environment impact assessment following Directive 85/337/EEC[37], implemented in the Dutch legal system by the 'Environment Impact assessment Decree 1994' ('Besluit mer 1994'[38]).

On the other hand, a project which needs an environment impact assessment, will, in general, also require a licence following Article 19d, in combination with Article 19f 'Nature Protection Act 1998 '(see paragraph 3 above).

An example of a project which needs an environment impact assessment is a project in/nearby a Natura 2000-site[39].

If the project is likely to cause significant effects on the nature values of a Natura 2000-site, the initiator will have to make an appro-

---

[36] Which means that the imperative/limitative system of these other legal acts//decrees are, if necessary, to be put aside.

[37] Directive 85/337/EEC, OJ, L 175, p. 40; amended by Directive 97/11/EC (OJ L 73, p. 5).

[38] 'Besluit milieu-effectrapportage', Stb. 1994, 540; lastly amended Stb. 2005, 7.

[39] Article 2, 'Besluit mer', in combination with the Annec, section C, and the description of the notion 'sensible site' in part A.1.

priate assessment of these effects (Article 19f Nature Protection Act 1998), which assessment can be part of the EIA report[40].

In practice, both assessments are usually part of one document.

'Environment assessment' and 'appropriate assessment'

The Directive 2001/42/EC on the assessment of the effects of certain plans and programmes on the environment,[41]' hereinafter, the 'SMB' ('Strategische Mer-beoordeling') – obliges national, regional or local authorities of the Member States to make an environment assessment of (legal) plans and programmes with considerable negative implications for the environment (CHECK English version Directive) (Article 1 (3) 'SMB').

The 'SMR' will be implemented in the Dutch legal system by means of an amendment of (chapter 7 of) the Environment Management Act ('Wet milieubeheer'[42]).

The proposal for this amendment is still with the First (Higher) First Chamber[43]. Since the 'SMB' should already have been implemented before 21 July 2004, the provisions of the Directive have to be applied directly (LEGAL CASES?).

Article 3 (2), sub b, 'SMB' specifies that an environment assessment is made of all plans and programmes for which, taking into consideration the possible effects on sites, an appropriate assessment has to be made following Article 6 Habitats Directive.

In practice, most environment impact assessment contain also, if need be, an appropriate assessment following Articled 6 Habitats Directive. The Commission too, in his report on Article 6 Habitats Directive, is of the opinion that both assessments can be part of one document.

---

[40] See Manual Commission to Article 6 Habitats Directive 'Managing Natura 2000 sites – The provisions of Article 6 of the 'Habitats' Directive 92/43/EEC', Luxemburg, 2000, to be accessed through the European server (http://www.europa.eu.int).

[41] 'Strategische mer-richtlijn 2001/42/EG van 27 juni 2001, betreffende de beoordeling van de gevolgen voor het milieu van bepaalde plannen en programma's',OJ L 197, p. 30.

[42] 'Environment Management Act'('Wet milieubeheer') of 13 June 1979, Stb. 1979, 442; lastly amended Stb. 2005, 674

[43] Zie Kamerstukken ('official documents from the lower ('Tweede'/second) or higher ('Eerste'/first) Chamber, nr 29811; to be consulted on www.overheid.nl.

For the 'pkb' 'Derde Nota Waddenzee' too an appropriate assessment had to be made.[44]

5. Legal cases concerning the relation between spatial planning and the protection of Natura 2000 sites

The legal cases hereafter concern the question whether spatial plans meet or not the conditions of Article 6 Habitats Directive.

All these cases relate to decision-making before the entry into force of the 'Nature Protection Act 1998' in October 2005.

Only those Natura 2000-sites which at that time had the legal status of 'protected nature monument' ('beschermd natuurmonument') or 'state nature monument'(staatmonument'), fell within the sphere of action of the old Nature Protection Act ('Natuurbeschermingswet 1967').

The relative provisions of this old act were interpreted in conformity with the provisions of Article 6 Habitats Directive. For those Natura 2000-sites which did not fall within the working range of this Act, the provisions of Article 6 Habitats Directive had to be applied directly.

In those situations in which the list of sites of Community importance following Article 4 (2) Habitats Directive was not published yet, the judges ruled often that the provisions of Article 6 Habitats Directive were not (yet) directly applicable. This did not mean that the Natura 2000-sites were then deprived of any protection. Instead, the judges used Article 10 EC-Treaty to find out whether the results of the Birds or Habitats Directive would seriously endangered by the activities planned.

5.1. 'ABRS' 26 October 1999, nr E01.97/0672, AB 2000, nr 23

This case concerned the approval of a 'zoning plan' regarding an industry area in between Heerlen in The Netherlands and Aachen in Germany.

According to the appellant the provisions of Article 6 Habitats Directive had to be applied directly. The 'ABRS' was however of the

---

[44] 'Derde Nota Waddenzee', Kamerstukken 2005-2006, 26431, Tweede Kamer, vergaderjaar 2004-2005, 26 431, nr. 6.

opinion that, in the absence of the list of sites of Community importance, the provisions of Article 6 Habitats Directive were not applicable. Moreover, the deadline (July 1998) of this list was not expired yet at the time of decision-making.

PS: the 'ABRS' did not use Article 10 EC Treaty to find out whether the planned industry area would seriously endanger the (maintenance) results of the Habitats Directive.

5.2. 'ABRS' 31 March 2000, nr E01.97. 0178, AB 2000, nr 302

This legal case also related to the approval a 'zoning plan'.

The appellants were of the opinion that the military use of the planning areas concerned, was in contradiction with the provisions of Article 6 Habitats Directive. The habitats of the protected birds species in the Natura 2000 site (the Wadden Sea), might be damaged by these activities.

The 'ABRS' applied the provisions of the old Nature Protection Act 1967 (articles 12-16) in conformity with the provisions of Article 6 Habitats Directive.

The Wadden Sea has also the (national) status of 'staatsnatuurmonument'. Since the decision in question did not at all take into account possible negative effects of the habitats of the birds species concerned, the 'ABRS' ruled that the approval decision had to be annulled following Article 3:46, in conjunction with Article 3:46 'Algemene Wet Bestuursrecht', literally the 'General Public Administration Act', abbreviated hereafter as 'Awb'[45]

5.3. 'ABRS' 14 November 2001, JM 2002, 11

The 'zoning plan' in question foresaw in gas borings nearby a Natura 2000-site, the Wadden Sea.

The question was whether these activities would conflict with the provisions of Article 6 Habitats Directive.

The 'ABRS' concludes that the final weighing in this context has to take place in the licence procedure of the Nature Protection Act 1998.

---

[45] 'Algemene wet bestuursrecht', Stb. 1992, 315, lastly amended Stb. 2005, 302.

When approving a 'zoning plan', provincial deputies have only to answer the question whether they can reasonably expect in advance that no licence can be obtained. The 'ABRS' is however of the opnion that this is not the case.

5.4. President 'ABRS' 18 December 2001, Wetgeving natuurbeheer, SDU, D-2.42 m.nt. van der Meijden

The decision which was at stake concerned a partial review of a regional plan foreseeing in the building of some 3500 houses. According to the appellant these building activities may have damaging consequences for the nature values in the nearby situated Natura 2000-site, the 'Veluwe'.

The President of the 'ABRS' is of the opinion that, taking into account, among others, the distance of the housing location, one may not expect that the realization of these houses may endanger seriously the results of the Habitats Directive. Although the 'ABRS' does not say so, Article 10 EC Treaty is here implicitly applied.

5.5. 'ABRS' 30 January 2002, Wetgeving natuurbeheer, SDU, D-2.43 m.nt. van der Meijden

The 'zoning plan' at stake foresaw in the building of windmills, which, according to appellants, may have negative consequences for the 'Westerschelde', a nearby Natura 2000-site.

The 'ABRS' is however of the opinion that it is not likely that the building activities may have significant effects for the site concerned.

5.6. 'ABRS' 24 juli 2002, Wetgeving natuurbeheer, SDU, D-2.59, m.nt. van der Meijden

In this case too, in which the approval of a 'zoning plan' nearby a Natura 2000-site was at stake, the 'ABRS' judged that because of the distance (some 700 meters), the plan will not have significant effects on the nature calue in the site concerned.

PS: not the distance, but the possible effects on the nature values in a Natura 2000-site, is in fact what matters!

5.7. 'ABRS' 18 September 2002, Wetgeving natuurbeheer, SDU, D-2.63, m.nt. van der Meijden

Again a case concerning the approval of a 'zoning plan'. The 'ABRS' concludes that the provincial deputies have the obligation to find out whether or not the 'zoning plan' they have to to approve is contrary to the notion of a 'good spatial planning'.

In this case this means that the provincial deputies when approving a 'zoning plan', have to fin out whether the (realization of) the plan is not contrary to law.

The 'ABRS' was together with the appellants of the opinion that Article 6 (2) Habitats Directive had to be applied directly and judges that the defendants have reasonably taken the position that the 'zoning plan' is not in conformity with the notion of a 'good spatial planning'.

The arguments of the 'ABRS' in this context were: the municipal council had not examined whether and in how far the destinations foreseen by the plan contradict with the obligations following the Birds'[46] and Habitats Directives; the major part of the planning area is a Birds Directive, whereas the regulations of the 'zoning plan' did not contain provisions regarding the maintenance and improvement of the habitats of the birds species concerned; the criterium 'no unaccceptable damaging' used in the plan was another one that the aggrevating//disturbing analysis required by Article 6 (2) Habitats Directive; and finally, the plan did not offer insight in activities with possible external effect.

5.8. 'ABRS' 13 November 2002, Wetgeving natuurbeheer, SDU, D-2.63, m.nt. van der Meijden

The question was whether or not the approval of a 'zoning plan', which foresees in the construction of the motorway 'Rijksweg 73-zuid', was contrary to the notion of a 'good spatial planning'.

Appellants argue that the plan conflicts with the Birds and Habitats Directives.

The 'ABRS' is, however, of the opinion that defendants had reasonably taken the opinion that the contruction would not cause disturbing

---

[46] Directive 79/409/EEC, OJ L 103, p. 1.

effects for the nature values in the nearby Natura 2000 – sites 'Meinweg' and 'Schwalm-Nette-Platte' in Germany, both designated following the Birds Directive.

The 'ABRS' judges subsequently that the plan is not contrary to the direct applicable provisions of Article 6 (3-4) Habitats Directive.

According to the 'ABRS', the construction activities woul neither cause negative effects for the 'Meinweg', a Natura 2000 – site, communicated to the Commission following the Habitats Directive and the 'Swalmdal'and 'Roerdal', two sites following the Habitats Directive which at the time had not but should have been communicated to the Commission

Following Article 10 EC treaty, the 'ABRS' judges that, taking into account the distance between the motorway and these Natura 2000-sites, the construction activities would not seriously endanger the (maintenance) result of the Habitats Directive.

5.9. 'ABRS' 27 August 2003, Wetgeving natuurbeheer, SDU, D-2.125, m.nt. van der Meijden

Part of the Natura 2000-site 'Oostelijke Vechtplassen' is situated in the planning area of the 'zoning plan' in question.

Article 6 Habitats Directive had not been implemented ayet at the time of decision. Since the old Nature Protecton Act 1967 was not applicable either, the provisions of article 6 (2) Habitats Direcitve had to be applied direchtly.

The 'ABRS' judges that the defendant had not checked whether the 'zoning plan' would possible aggrevate/disturb the nature values in the Natura 2000-site and rules that the decision approving the 'zoning plan' had to be annulled, being in conflict with Article 3:46 Awb.

5.10. 'ABRS' 19 November 2003, Men R 2004, nr 23

The 'zoning plan' foresees in an extension of a golf field. The planning area is surrounded on three sited by a Natura 2000-site following the Birds Directive.

Since the defendant had not checked whether the extension activiteit might possible have negative effects for the orniholocial values of the site, the 'ABRS' annuls the decision approving the 'zoning plan'.

Because it conflicted with Article 3:2, in conjunction with Article 10:27 'Awb'.

5.11. Court of Leewarden 31 December 2003, Jm 2004, nr 35

In this legal case too, the decision approving a 'zoning plan' is annulled because the defendant had nog searched whether the housing location might have possible negative effects for a qualifying buirds species in the nearby Natura 2000-site de 'grote Wiele'.

5.12. 'ABRS' 17 December 2003, MenR, 2004, nr 29

In this legal case, the 'ABRS' is of the opinion that the windmill-park in the neighbourhood of two Natura 2000-sites, the 'Ijssel' follo-wing the Birds Directive, and the 'Ijsseluiterwaarden' following the Habitats Directive.

5.13. 'ABRS' 24 November 2004, MenR, 2005, 22

Again the question whether or not a 'zoning plan' may, following Article 28 (2)'WRO', in conjunction with Article 10:27 'Awb', conflict with the notion of a 'good spatial planning'[

The 'zoning plan' foresees in the building of some 9.500 houses ('Ijburg'). The planning areas is for a big part surrounded by a Birds' site.

The 'ABRS' rules that, objectively, one cannot exclude that possible significant effects may arise for the nature values in or nearby the Natura 2000-site and the approval decision is annulled.

5.14. 'ABRS' 26 January 2005, JFF 2005, nr 28

In this case the 'pkb' concerning, among others, the extension of the harbour of Rotterdam ('Tweede Maasvlakte' is annulled because of insufficient research of possible effects on the Natura 2000-site, the Wadden Sea.

Appellants are of the opinion that the 'concrete policy decision' regarding the 'landaanwinning' ('land gaining') did conflict with the provisions of Article 6 (3) and (4) Habitats Directive. The search for possible alternatives was insufficient. Next, there was no major reason of public interest to justify the damaging effects.

Since the Wadden Ssea is a Natura 2000-site following the Birds'directive, one cannot justify such effects with economic/social reasons.

The 'ABRS' rules that the policy decision conflicts with the provisions of Articele 6 (3) Habitats Directive, since the 'landaanwinning' (reclamation) may have consequences for the 'vislarven'(fish larvae) en 'slibtransport' (transport of silt) and hence possible significant effects on the Wadden Sea. In other words, an appropriate assessment of these effects should have been made.

Next, the 'ABRS' checks whether the 'pkb' had possible consequences for the nearby Natura 2000-sites following the Habitats Directive and rules that it is not certain whether sufficient compensation will be offered on long term.

5.15. 'ABRS' 23 February 2005, Wetgeving natuurbeheer, SDU, D-2.189, m.nt. van der Meijden

In this case too, the 'ABRS' is of the opinion that one cannot exclude that the building of a paviljon nearby a Birds' Site ('Sneekermeer') may have (in accumulation with other projects) significant effects for the site.

5.16. 'ABRS' 8 June 2005, Wetgeving natuurbeheer, SDU, D-2.202, m.nt. van der Meijden

The 'zoning plan' in question foresaw in the building of, among others, houses. The planning area is situated next to a Natura 2000-site.

The 'ABRS' rules that one cannot exclude that the building activities may have significant effects for the site. Following Article 6 (3) Habitats Directive an appropriate assessment should have been made. The 'ABRS' annuls the decision.

6. The contribution of spatial planning to the protection of Natura 2000-sites

Spatial planning in The Netherlands does not only serve town and country planning, but also nature protection.

The separation between the 'green' (nature) and 'red' (spatial planning) tracks no longer exists.

Particularly, the legally binding zoning plans contribute directly to nature protection.

By attributing the destination of 'nature site' to the Natura 2000-sites in a spatial plan (mostly the regional plans and zoning plans), and by inserting the protection regime of the Natura Protection Act 1998 in these plans as well (for instance, as part of the 'instructions' of a zoning plan), the Natura 2000-sites are preventively safeguarded against (building) activities which may endanger the nature values of a Natura 2000-site.

Spatial plans (and particularly the zoning plans) tell the originators immediately which activities from a point of view of town and country planning are allowed in the planning area and, without having to study the Nature Protection Act 1998 (and the Flora and Fauna Act), and for which activities they will probably need a licence, and under which conditions, following the Nature Protection Act 1998' (and/or an exemption following the Flora and Fauna Act).

With the entry into force of the Nature Protection Act 1998, spatial plans which may (as such already) have endangering/disturbing effects on the nature values of a Natura 2000-site, have besides to meet the conditions of Article 6 (3-4) Habitats Directive, implemented in the Articles 19e, 19f, 19g, and 19h of the Nature Protection Act 1998.

LITERATURE

AA. Freriks, Th. Peters, J. Robbe, J.M. Verschuuren, De invloed van het Europese recht op het ruimtelijke bestuursrecht, Vereniging voor Bouwrecht nr 30, Deventer 2002, p. 50 e.v.

Eelco de Jong, Voorstel Wet Ruimtelijke Ordening biedt kansen voor natuurbescherming, Journaal Flora en fauna, augustus 2004, nr 4, pp. 83-88

A.A.J. de Gier, Een voorstel voor een nieuwe ruimtelijke ordeningswet, Agrarisch Recht, 2003, nr 9, pp. 592-601

F.H. Kistenkas, M.E.A. 'Broekmeijer, Natuurbescherming en ruimtelijk ordening, Journaal flora en Fauna, 2004, pp. 55-58

Legal Acts/Decrees

Flora – en fauna Act, Stb, 1998, 402; lastly amendend Stb. 2006, 236
'Nature Protection Act 1998' entered into force in October 2005, Stb. 1998, 403, lastly amended Stb. 1999, 30
Spatial Planning Act, 'Wet van 5 juli 1962 houdende vaststelling van nieuwe voorschriften omtrent de ruimtelijke ordening'; Stb. 1964, 222; lastly amended, Stb. 2006, 37
Decree on Spatial Planning ('Besluit Ruimtelijke Ordening 1985'), Stb. 1985, 627; lastly amended, Stb 2004, 155

Spatial plans ('pkbs')

'Structuurschema Groene Ruimte', Kamerstukken II, 1993/1994, 22 880, nr 39; lastly, Wet rechtskracht Structuurschema groene ruimte, Stb. 2004, nr 99
'Derde Nota Waddenzee', Kamerstukken 2005-2006, 26431, Tweede Kamer, vergaderjaar 2004–2005, 26 431, nr. 6
'Nota Ruimte', Kamerstukken 29435; 'Staatscourant' 2006, 27 February 2006, nr 41

Abbreviations used

MenR	Milieu en Recht
JM	Jurisprudentie Milieu
'ABRS'	Afdeling Bestuursrechtspraak Raad van State
'BRO'	Besluit Ruimtelijke Ordening
'WRO'	Wet Ruimtelijke Ordening
JFF	Journaal Flora en Fauna
AB	Administratiefrechterlijke beslissingen
m.nt.	met noot
SDU	'editor'
LNV	Ministerie Landbouw, Natuur en Voedselkwaliteit
VNG	Vereniging der Nederlandse Gemeenten

Portugal

AMÉNAGEMENT DU TERRITOIRE, URBANISME ET NATURA 2000 AU PORTUGAL

ALEXANDRA ARAGÃO[1]
DULCE LOPES[2]

I. LA TERMINOLOGIE LÉGALE

D'un point de vue terminologique le droit portugais ne s'éloigne pas de la directive communautaire 92/43/CEE concernant la conservation des habitats naturels ainsi que de la faune et de la flore sauvages.

Tous les termes clés – «biodiversité», «conservation des habitats naturels», «faune et flore sauvage» et «Natura 2000» – ont été reçus par le droit portugais, notamment dans le Décret-loi n.°140/99, du 24 avril, modifié par le Décret-loi n.° 49/2005, du 24 février, la loi cadre de la conservation de la nature au Portugal[3].

Les objectifs de la loi sont similaires à ceux de la directive et c'est justement a propos des objectifs qu'on trouve les termes *«biodiversité», «conservation des habitats naturels» et «faune et flore sauvage»*, tous ensemble: «le présent diplôme légal a comme but contribuer pour assurer la biodiversité par la conservation ou le rétablissement des habitats

---

[1] Professeure de Droit de l'Environnement à la Faculté de Droit de l'Université de Coimbra.

[2] Assistente de Droit de l'Urbanisme à la Faculté de Droit de l'Université de Coimbra.

[3] Aussi, aucune circulaire administrative n'a été publiée sur le réseau Natura 2000 et le texte explicatif des principaux concepts de la directive communautaire demeure le document officiel publié par la Commission Européenne en 2000, sur la Gestion des Sites Natura 2000.

naturels et de la faune et de la flore sauvages dans un état de conservation favorable, par la protection, gestion et contrôle des espèces aussi que la réglementation de l'exploration» (article 1 n.º 2).

En plus, comme toutes les définitions de l'article 1 de la directive habitats[4] ont été transposées vers le droit portugais on trouve les termes dans les différents concepts de la loi. Par exemple, on trouve le concept de *«diversité biologique»* présent dans la définition de «site d'importance communautaire»; le concept de *«conservation des habitats naturels»* présent dans les définitions de «conservation», d'«état de conservation d'un habitat naturel», de «site d'importance communautaire», de «zone de protection spéciale» et de «zone spéciale de conservation».

La conservation et le rétablissement de la *«faune et flore sauvage»* sont un des objectifs de la loi portugaise, et sont aussi l'élément essentiel de l'idée de «conservation».

La préservation de la *«faune et flore sauvage»* est la justification pour le maintien des «éléments du paysage» au sens des articles 3/3 et 10 de la Directive.

La première référence à *«Natura 2000»* est dans la définition de «site d'importance communautaire», mais le concept même de *«Réseau Natura 2000»* n'est que dans l'article 4, sur le champ d'action: «Le réseau Natura 2000 est un réseau écologique européen qui comprend les aires classifiées comme ZEC et les aires classifiés comme ZPS».

En ce qui concerne la réception des mêmes concepts par l'ordre urbanistique, le Régime Juridique des Instruments de Gestion Territorial, approuvé par le Décret-loi n.º 380/99, du 22 septembre[5], ne les prévoit presque pas.

Dans la section II, à propos de l'harmonisation des intérêts publics avec expression territoriale, la loi parle des «ressources et valeurs naturels» (parmi d'autres valeurs comme la défense nationale, la sécurité et protection civile, l'agriculture te la forêt, le patrimoine archéologique et architectonique, les réseaux d'accessibilités, les infrastructures collectives, etc.). En effet, selon la loi, les instruments de gestion territoriale doivent identifier les ressources et valeurs naturels et les systèmes

---

[4] Sauf celle de l'alinéa n), «Comité».

[5] Modifié par les Décrets-Loi n.ᵒˢ 53/2000, du 7 avril, 310/2003, du 10 décembre e par la loi n.º 58/2005, du 29 décembre.

indispensables à une utilisation durable du territoire, à fin d'établir les mesures basiques et les seuils d'utilisation qui permettent le renouvellement et la valorisation du patrimoine naturel.

Les ressources territoriales considérés d'importance stratégique pour la durabilité environnementale et la solidarité intergénérationnelle sont: les zones côtières et riverains, les lagunes d'eaux publiques, les aires protégées, le réseau hydrographique et d'autres ressources territoriales importantes pour la conservation de la nature et de la biodiversité.

Ce sont les plans spéciaux d'aménagement du territoire qu'établissent les usages préférentiels, les usages conditionnés et les usages interdits, selon des critères de conservation de la nature et de la biodiversité, à fin de les rendre compatibles avec la jouissance par les populations.

Quant aux plans inter municipaux d'aménagement du territoire, ils doivent articuler les stratégies de développement économique et social des municipalités concernées notamment parmi l'adoption d'une stratégie inter municipale de protection de la nature et de garantie de la qualité environnemental.

II. L'ADMINISTRATION DU DROIT DE L'URBANISME AU PORTUGAL ET LA MISE EN ŒUVRE DU RÉSEAU NATURA 2000

1. Administration urbanistique au Portugal

Il y a plusieurs acteurs de l'administration urbanistique au Portugal, tant au niveau national, que régional et local, ce que s'explique par la nature plurale et partagée des intérêts concernant l'occupation et usage du sol.

Au niveau national on peut énoncer:

– Le Ministre de l'Environnent, de l'Aménagement du Territoire et du Développement Régional[6]; qui a comme attribution définir la politique d'aménagement du territoire et de l'urbanisme et assurer son exécution, évaluation et articulation avec les politiques sectoriels ayant

---

[6] En conformité avec la organique du XVII Gouvernement Constitutionnel, approuvé par la loi n.º 79/2005, du 15 avril.

incidence dans l'aménagement du territoire[7]. En vertu de la coïncidence d'attributions urbanistiques et environnementales dans le Ministre de l'Environnent, de l'Aménagement du Territoire et du Développement Régional (MAOTDR), il est le responsable par la mise en œuvre, au niveau gouvernemental, du réseau Natura 2000 et par la coordination des Instituts et Départements sous sa supervision, et notamment de l'Institut de Conservation de la Nature et de la Biodiversité, I.P.

Celui-ci est un organisme de l'administration indirecte du MAOTDR chargé de assurer la conservation de la nature et l'utilisation soutenable des ressources naturelles par l'intégration de ce objectif dans la politique de aménagement du territoire et politiques sectorielles; de promouvoir la définition des plans et des programmes de conservation de la nature; de proposer la création des aires protégées et de collaborer dans sa gestion; de promouvoir l'implémentation de la Stratégie Nationale de Conservation de la Nature et de la Biodiversité et du Programme Nationale de Conservation de la Nature; et de développer l'information et sensibilisation des populations et organisations dans son domaine d'intervention)[8];

Néanmoins, la définition des sites est déterminée par Résolution du Conseil de Ministres et la classification des aires comme zone spécial de conservation ou zone de protection spéciale est faite par Décret Réglementaire de compétence du même organe.

– La Direction Générale d'Aménagement du Territoire et du Développement Urbain (DGOTDU) comme service le l'administration directe de l'État, intégré dans l'organique du Ministère de l'Environnent, de l'Aménagement du Territoire et du Développement Régional, laquelle a comme mission poursuivre des politiques publiques d'aménagement du territoire et de l'urbanisme, assurer une organisation et utilisation adéquate du territoire national et la promotion de la valorisation intégrée des diversités du territoire national par l'usage rationnel des ressources naturels, par la sauvegarde du patrimoine naturel et culturel, par la qualification

---

[7] Article 2, l) de la loi organique du Ministre de l'Environnent, de l'Aménagement du Territoire et du Développement Régional, approuvé par le Décret-loi n.º 207/2006 du 27 octobre.

[8] Décret-Loi n.º 193/93, du 24 mai, modifié par le Décret-Loi n.º 169/96, du 18 septembre. Voir aussi l'article 18.º du Décret-loi n.º 207/2006 du 27 octobre.

et humanisation des villes, par la valorisation des espaces ruraux et par la création de conditions favorables à la localisation et développement d'activités économiques, sociaux et culturaux[9]. La DGOTDU a des importantes compétences dans le domaine de la planification urbanistique, par exemple, de promotion d'élaboration du programme national de la politique d'aménagement du territoire, actuellement en remoulage après la discussion publique.

– Les cinq Commissions de Coordination et de Développement Régionale (CCDR), appartenant à l'administration gouvernementale mais avec une actuation de base régionale, réglés par le Décret-loi n.° 104//2003, du 23 mai (modifié par le Décret-loi n.° 117/2004, du 18 mai), qui ont, en particulier, la tâche d'accompagner et de se prononcer sur l'élaboration des instruments de gestion territoriale municipaux et d'élaborer des plans régionaux d'aménagement du territoire[10]. Plus spécifiquement quant au réseau Natura 2000, les CCDR ont compétences pour l'émission de l'avis, prévu dans la loi-cadre sur la conservation de la nature[11], nécessaire à l'autorisation de certaines activités qui peuvent porter atteinte aux habitats ou aux espèces présents dans un site quand la porté géographique ou l'aire d'incidence du projet le justifient. C'est-à-dire: dans les projets à caractère régionale (soit par les impactes soit par la dimension) l'avis est de la compétence des CCDR; dans les projets plus locaux c'est l'Institut pour la Conservation de la Nature et de la Biodiversité qui doit délivrer l'avis.

Mais les CCDR ont aussi d'autres compétences en matière de conservation de la nature[12]:

a) la promotion de l'exécution régionale des plans, programmes et projets de développement économique et social de protection de l'environnement et d'utilisation durable des ressources naturels, de l'aménagement du territoire, de la conservation de la nature, et de la biodiversité (...)

---

[9] Article 14 n.° 1 de la loi organique du Ministre de l'Environnent, de l'Aménagement du Territoire et du Développement Régional.

[10] Article 16 de la loi organique du Ministre de l'Environnent, de l'Aménagement du Territoire et du Développement Régional.

[11] C'est l'article 9 du Décret-loi n.° 140/99.

[12] Article 4.i), q), u), aa), bb), ff), gg), du Décret-Loi n.° 104/2003, du 23 de Mai.

b) accompagner les processus d'élaboration, modification et révision des plans municipaux d'aménagement du territoire aussi que les autres instruments de planification avec incidences territoriaux;
c) assurer la gestion de aires d'intérêt régional pour la conservation de la nature, la préservation de la biodiversité ou la protection du paysage dans les termes définis par loi.
d) promouvoir la création et assurer l'actualisation permanente d'un système d'information de base géographique dans les domaines de l'environnement et le l'aménagement du territoire en articulation avec le système d'information du MAOTDR;
e) promouvoir la recueille, traitement et la systématisation de l'information sur l'état de l'environnement et de l'aménagement du territoire dans les régions, nécessaire à l'évaluation de ces domaines au niveau national;
f) procéder à la motorisation de base dans les domaines de l'aménagement du territoire et de l'environnement
g) assurer dans les termes de la loi, la fiscalisation (...) de la conservation de la nature;
h) promouvoir ou collaborer dans l'élaboration de programmes et projets et dans l'exécution d'actions de sensibilisation, formation, information et éducation en matière d'environnement, d'aménagement du territoire, de conservation de la nature et de la biodiversité.

– Ainsi les Régions Autonomes de Madeira et Azores, dotées de autonomie politique et administrative et d'organes régionaux d'administration, ont la possibilité d'intervenir dans les matières urbanistiques d'une façon *complémentaire* à l'actuation du gouvernement central. En effet, elles doivent exercer leur compétence législative respectant les matières de compétence réservée aux organes souveraines de la République, comme c'est le cas de la loi de bases de l'aménagement du territoire et de l'urbanisme[13]. En tout cas, même si les Régions autonomes ont des compétences pour élaborer son propre liste de sites[14], le plan sectoriel Réseau Nature 2000 ne s'applique pas expressément à ses zones insulaires.

---

[13] Article 165.º, al. z), de la Constitution de la République Portugaise.
[14] Article 5.º, n.º 2, 3, 4 et 5, du Décret-loi n.º 140/99, du 24 avril, modifié par le Décret-loi n.º 49/2005, du 24 février.

– Au niveau municipal, ce sont surtout les Mairies («*Câmaras Municipais*») et les Assemblées Municipaux qui partagent les compétences de droit de l'urbanisme. La Mairie octroie des licences pour des occupations urbanistiques du sol et élabore les plans municipaux d'aménagement du territoire (catégorie générique de plans municipaux que inclut le plan directeur municipal, le plan d'urbanisation et le plan de détail), lesquels sont approuvés, avec ou sans modifications, par les Assemblées Municipaux. Le Président de la Mairie a aussi des compétences exclusives en ce qui concerne l'émission d'autorisations urbanistiques qui opèrent en situations où la planification est assez dense ou quand il s'agit de questions de relevance urbanistique réduite.

– Les lois n.º 10/2003 et 11/2003, du 13 mai, ont permis la création des figures institutionnelles des Grandes Aires Métropolitaines, des Communautés Urbaines et des Communautés Municipales de Droit Publique, attribuant aux deux premières des compétences urbanistiques. Il s'agit, notamment, de compétences de planification (du plan régional, dans le cas des Grandes Aires Métropolitaines et du plan inter-municipal dans le cas des Communautés Urbaines), de participation dans l'élaboration d'autres instruments de gestion territoriale et de «coordination des actuations entre les municipes et l'administration centrale dans le domaine de l'environnement, de la conservation de la nature et ressources naturels»[15]. Néanmoins, ces figures ont eu, jusqu'au moment, une importance réduite dans le plan administratif.

2. La compétence des autorités de l'urbanisme et le réseau Natura 2000

Comme on a vu déjà, les Commissions de Coordination et Développement Régional ont des compétences pour l'émission de l'avis prévu dans l'article 9.º du Décret-loi n.º 140/99, remplacent l'entité normalement compétente – L'Institut de Conservation de la Nature et de la Biodiversité –, quand le Ministre le détermine en fonction de l'aire géographique concerné ou de la typologie du projet.

---

[15] Article 6, n.º 1 b-4, du Décret-loi n.º 10/2003 du 13 mai et article 5 b) iv, du Décret-loi n.º 11/2003 du 13 mai.

Aussi, en caractérisant le réseau Natura 2000 comme un plan sectoriel dans la typification des instruments de gestion urbanistiques admises au Portugal – comme détermine expressément l'article 8.º, n.º 4 du Décret-loi n.º 140/99, et la Résolution du Conseil de Ministres n.º 66/2001, du 6 juin, qui engage sa élaboration par le Institut de La Conservation de la Nature et de la Biodiversité, en conformité avec l'article 35.º du Régime Juridique des Instruments de Gestion Territorial –, on doit considérer que la participation de toutes les entités administratives mentionnées dans le point précédent (concernés, naturellement, dans son aire d'intervention) est essentielle.

Malgré cela, les municipalités n'étaient pas incluses dans la constitution de la commission mixte de coordination qui accompagne l'élaboration de ce plan – qui intègre seulement représentants de ministères, de l'association nationale des municipes portugais et des organisations non gouvernementales de l'environnement, comme établit le n.º 4 de la Résolution n.º 66/2001. Elles doivent, quand même, être consultées dans la procédure d'élaboration du Plan Sectoriel du Réseau Natura 2000, en conformité avec l'article 39.º, n.º 1, du Régime Juridique des Instruments de Gestion Territorial.

Finalement, certaines compétences en matière de réseau Natura 2000 ont aussi été attribuées à la Direction Générale des Ressources Forestiers et à l'Institut National d'Investigation Agraire et de la Pêche (organismes du Ministère de l'Agriculture, Développement Rural et de la Pêche, MADRP)

III. PLANIFICATION

1. Articulation entre les plans et programmes mis en œuvre spécifiquement pour le réseau Natura 2000 et le droit de l'urbanisme

Selon le Régime Juridique des Instruments de Gestion Territorial et le Décret-loi n.º 140/99, le Plan Spécifique pour le Réseau Natura 2000[16], est caractérisé comme un plan sectoriel.

---

[16] Qui n'est pas encore en vigueur mais il vient d'être soumis à discussion publique et va, probablement, être approuvé à court terme par une résolution du Conseil de Ministres.

Le Plan Sectoriel du Réseau Natura 2000 donne des lignes guide pour la gestion territorial des sites de la liste nationale, des sites d'importance communautaire, des zones spéciales de conservation et des zones de protection spécial[17].

En tant qu'instrument de programmation et de concrétisation de la politique de conservation de la nature[18], ce plan explicite, à la macro échelle, les orientations stratégiques et d'aménagement que les plans municipaux d'aménagement du territoire et les plans spéciaux d'aménagement du territoire devront intégrer. Il cadre aussi tous les autres instruments de gestion territoriale, les programmes et les politiques sectoriels[19].

Mais, même si sa première fonction est de sauvegarder un intérêt concret (*in casu* l'intérêt environnemental, par l'établissement d'orientations pour la gestion territoriale des zones concernées et la sauvegarde des ressources et des valeurs naturelles en question), ce plan sectoriel doit être compatible avec les autres plans urbanistiques.

En effet, les plans sectoriels[20] ne lient que des entités publiques[21] (celles qui approuvent les plans et toutes les autres qui interviennent dans s'application).

De cette façon, l'efficacité des prescriptions des plans sectoriels devant les personnes et entités privés est dépendante de leur réception et de leur densification dans les plans qui s'appliquent directement et immédiatement aux entités privées – les plans spéciaux d'aménagement du territoire et les plans municipaux d'aménagement du territoire – pour devenir opposables et invocables par celles-ci.

Dès lors, les dispositions du Plan Sectoriel du Réseau Natura 2000 (quand approuvé et efficace), ne seront pas immédiatement exécutables, même qu'il comprenne des règles précises d'affectation des sols. Son

---

[17] Article 8/4 du Dl. 140/99.

[18] Article 35º/1 du Dl 380/99 sur le régime juridique des instruments de gestion du territoire.

[19] Projet du Plan Sectoriel du Réseau Natura 2000, page 11.

[20] Et bien aussi le programme national de la politique d'aménagement du territoire, les plans régionaux d'aménagement du territoire et les plans inter municipaux d'aménagent du territoire.

[21] Article 11.º de la loi de Bases de la Politique de l'Aménagement du Territoire et de l'Urbanisme, adoptée par la loi n.º 48/98 du 11 août, et article 3 du Régime Juridique des Instruments de Gestion Territorial.

exécution dépendra toujours de l'intervention postérieure d'instruments de planification dotés d'efficacité pluri subjective[22].

Toutefois, c'est le même Plan Sectoriel – qui est hiérarchiquement supérieur aux plans municipaux et qui préfère temporellement sur des plans spécieux antérieurs[23] – qui détermine les conditions d'adaptation des plans municipaux et spéciaux existants[24]. En tout cas, l'adaptation des plans municipaux d'aménagement du territoire et les plans spéciaux d'aménagement du territoire aux dispositions du Plan Sectoriel du Réseau Natura 2000 ne pourra excéder les six ans après l'adoption du Plan Sectoriel.

Le Plan Sectoriel du Réseau Natura 2000 est aussi une source d'interprétation et de réglementation pour les plans municipaux d'aménagement du territoire et les plans spéciaux d'aménagement du territoire. Les éléments en cause sont la cartographie de valeurs naturelles présentes sur chaque site et les fiches de caractérisation des espèces et des habitats, qui fonctionnent comme limitations à la liberté de conformation des options urbanistiques par l'autorité compétente.

Aussi, dans le processus l'élaboration, altération ou révision des plans municipaux d'aménagement du territoire, les intérêts liés au Réseau Natura 2000 et au *status* de l'élaboration du Plan Sectoriel doivent être prises en considération[25]. Au même temps, quand le territoire municipal contient des aires classifiées comme intégrant le Réseau Natura 2000, l'Institut de Conservation de la Nature et de la Biodiversité doit être représenté dans la Commission Mixte de Coordination ou être consulté sur le processus d'élaboration du Plan Municipal.

En ce qui concerne l'approbation d'autres plans sans efficacité pluri subjective, le plan sectoriel s'assume comme cadre de référence qui

---

[22] Les déjà cités plans spéciaux d'aménagement du territoire et les plans municipaux d'aménagement du territoire.

[23] Les plans spéciaux – les plans d'aménagement d'aires protégées, plans d'aménagement de lagunes d'eaux publiques, plans d'aménagement de zones côtières, plans d'aménagement des parcs archéologiques et plans d'aménagement des estuaires – peuvent aussi contrarier le plan sectoriel précédente, mais doivent indiquer expressément les normes qui révoquent ou altèrent.

[24] Articles 25.º, n.º 1 du Régime Juridique des Instruments de Gestion Territorial et 8.º, n.º 6 du Décret-loi n.º 140/99.

[25] Article 74.º, n.º 3 du Régime Juridique des Instruments de Gestion Territorial et les numéros 6 a 8 de la Résolution n.º 66/2001.

doit être respecté par les plans régionaux[26] et par les plans inter municipaux et municipaux[27].

D'ailleurs dans la typologie des plans d'aménagement du territoire et d'urbanisme, les plans d'aménagement des aires protégées – un type concret de plan spécial qui est particulièrement lié a la concrétisation des objectifs du réseau Natura 2000 – sont des règlements administratifs et tous les plans municipaux d'aménagement du territoire, et aussi tous les autres plans ou projets (tant publics que privés) qui se réalisent dans le périmètre du plan d'aménagement des aires protégées doivent se conformer à ceux-ci. Si les plans municipaux d'aménagement du territoire ne sont pas en conformité avec les plans d'aménagement des aires protégées ils doivent être modifiés (respectant un régime de modification simplifié[28]) dans 90 jours.

En général, le régime du réseau Natura 2000 implique une nouvelle conception urbanistique, par l'intégration des objectifs de conservation des sites dans les politiques urbaines et d'aménagement du territoire, ce qui peut déterminer l'incompatibilité d'usages sur le sol et la reclassification et requalification des terrains et, conséquemment, l'altération des plans urbanistiques, aussi bien que l'introduction de conditionnements à la définition de règles urbanistiques.

2. La réglementation des plans d'urbanisme et la mise en œuvre du réseau Natura 2000

Dans certains plans d'aménagement de certaines aires protégées il y a des «aires de ambiant urbain». Ce sont souvent des agglomérés urbains dans zones de haute sensibilité écologique et paysagère, les quels doivent être l'objet de mesures de récupération. Ici, les plans d'urbanisation et les plans de détail sont dépendants d'un avis favorable de la Commission directive de l'aire protégée.

---

[26] Article 23.º, n.º 5 du Régime Juridique des Instruments de Gestion Territorial.

[27] Article 24.º, n.º 3, à l'exception de la clause de flexibilisation des relations d'hiérarchie prévue dans l'article 80.º, n.º 3, al. b) du Régime Juridique des Instruments de Gestion Territorial.

[28] Article 97.º du Régime Juridique des Instruments de Gestion Territorial.

Ce sont aussi dépendants d'un avis favorable de la commission mentionné *supra*, les lotissements urbains, la construction de nouveaux bâtiments, l'ouverture de nouvelles vois de communication et même les infrastructures d'utilité publique tel qu'écoles, champs de jeux, et pavillons sportifs.

Parfois, dans les plans d'aménagement des aires protégées il y a également des aires qui ne sont pas soumises à aucun régime de protection. Ce sont des sols ayant vocation pour le procès d'urbanisation, aussi que les sols nécessaires à l'équilibre du système urbain.

Dans ces cas la, certaines activités peuvent être développées sans autorisation: des ouvrages de conservation et modification des vois de communication et des réseaux d'infrastructures, l'installation de constructions préfabriquées, de d'autres ouvrages n'impliquant pas ni l'augmentation du volume, ni l'altération des matériaux, des couleurs ou de l'image extérieur des constructions existantes.

Il est aussi admissible que les plans régionaux et municipaux placent, avec l'avis favorable de L'Institut de Conservation de la Nature et de la Biodiversité, des aires urbaines, notamment touristiques même dans le périmètre du plan d'aménagement de l'aire protégée. Malgré cela l'intégration de certaines aires dans le réseau Natura 2000 implique l'établissement de restrictions à l'usage et occupation du sol et sa intégration dans des classes et catégories urbanistiques qui ambitionnent à la maximale protection de l'environnement, particulièrement dans la structure écologique régionale et municipale.

En cas de contradiction entre les affectations d'un plan urbanistique et un périmètre Natura 2000, il est, en théorie, possible de transférer de l'aire de construction à d'autres localisations mais ça dépend de la inscription dans les plans urbanistiques de critères et de mécanismes de compensation. En conformité avec les articles 135.° et suivantes du Régime des Instruments de Gestion Territorial, les plans spéciaux d'aménagement du territoire et les plans municipaux d'aménagement du territoire doivent consacrer mécanismes directes et indirectes de péréquation compensatoire de bénéfices et charges urbanistiques, pour rééquilibrer la position juridique des particuliers affectés par l'adoption d'un plan.

Nonobstant, les plans spéciaux d'aménagement du territoire approuvés en date postérieur à l'entré en vigueur du Régime Juridique mentionné, ne prévoient pas de mécanismes de compensation et les plans municipaux d'aménagent du territoire, en particulier des plans directeurs municipaux, sont maintenant en train de révision pour s'adapter cette nouvelle configuration légale.

Les mécanismes de péréquation typifiés par la loi portugaise sont la définition et distribution équitable d'un indice moyenne d'utilisation; de l'aire moyenne qui doit être transféré pour le municipe; et des dépenses d'urbanisation. Ils sont concrétisés par l'intervention de la municipalité qui doit se doter d'un fond de compensation pour l'effet ou bien directement entre les particuliers, quand le plan expressément le permet.

L'application de ces mécanismes se fera dans aires délimitées d'un plan de détail ou dans certaines unités d'exécution définies a partir de plans plus généraux, pour permettre sa opérationnalisation, normalement a travers d'un cadre de compensations qui accompagne le plan ou projet concrète et des propres options de planification qui peuvent déterminer la répartition des bénéfices et charges dans le sénaire du réparcellement du sol (article 136.°, n.° 2). Néanmoins, il est difficile de défendre la possibilité de déplacement d'une aire de construction au dehors de l'aire d'un plan de détail ou d'une unité d'exécution pour une outre zone de la municipalité, sans que le plan directeur municipal, qui s'applique à toute l'aire de la municipalité, en dispose expressément.

En tout cas, comme instrument subsidiaire d'intervention à l'égard de la péréquation, l'article 18.°, n.° 2 de la Loi de Bases et l'article 143.° du Régime Juridique cité établissent le devoir d'indemnisation des restrictions fixées aux possibilités objectives d'utilisation du sol préexistantes et juridiquement consolidées et aussi aux restrictions significatives a l'utilisation du sol ayant d'effets équivalents a une expropriation (ce qui fait appel à la notion de expropriation de sacrifice ou substantiel). Cette formulation comprend non seulement les situations où le particulier dispose déjà d'un acte administratif sur l'utilisation du sol, mais aussi les situations des plans qui établissent indices de construction déterminés et concrets pour s'aire d'intervention qu'y sont affectées par un plan postérieur (le plan sectoriel Réseau Natura 2000, par rapport aux plans spéciaux et municipaux qui donnent efficacité pluri subjective à ses dispositions). Dans ce cas, l'entité responsable par l'approbation du Plan Sectoriel du Réseau Natura 2000 est responsable par le payement des indemnisations arbitrées.

3. Articulation entre la réglementation d'urbanisme et les mesures de transposition de la directive

En ce qui concerne l'articulation entre les plans d'urbanisme établies par la législation portugaise et les mesures de transposition de la directive, comme le plan de gestion et le contrat de gestion, l'article 7.º, n.º 3 du Décret-loi n.º 140/99, considère les plans de gestion et d'autres mesures réglementaires, administratives et surtout contractuelles comme mesures complémentaires de conservation.

En ce regard, la célébration d'agréments avec acteurs publiques et privés peut être un moyen efficace pour obtenir des résultats de conservation des sites, par l'établissement de conciliations d'intérêts qui doivent être contraignants pour les entités concernées. Néanmoins, la force juridique des contrats dépend de sa formulation, quoiqu'ils seront, dans la majorité des cas, contrats d'exécution des dispositions d'un plan urbanistique, ne pouvant pas en contrarier[29].

Dans les cas où la comptabilisation entre la protection de valeurs naturelles et les activités pratiquées sur le site (surtout les zones de protection spéciale des oiseaux) s'avère plus difficile, exigeant de l'information plus détaillée que celle incluse dans le Plan Sectoriel du Réseau Natura 2000, l'élaboration de plans de gestion peut se révéler nécessaire. Les plans de gestion, préparés selon la même procédure des plans spéciaux d'aménagement du territoire, devront consacrer les mesures de gestion adéquates.

Ces plans de gestion, qui doivent être approuvés par arrêt gouvernementale (Portaria) des ministres responsables par l'environnent et responsables par les intérêts mis en cause dans la zone considérée, sont particulièrement importants quand il s'agit de questions complexes, techniques et de détail.

En tout cas, les plans de gestion seront toujours des plans sectoriels, intégrés dans la notion générale prévue dans l'article 35.º, al. b), du Régime Juridique des Instruments de Gestion Territorial (en vertu du principe de la typicité des plans d'urbanisme, selon lequel il appartient à la loi de fixer la désignation, le contenu et la procédure correspondante

---

[29] Faisant l'articulant avec les dispositions sur les systèmes d'exécution des plans – articles 118.º et suivantes du Régime Juridique des Instruments de Gestion Territorial.

à ces instruments, pour éviter la prolifération de mécanismes d'intervention urbanistique dispersés et méconnus de leurs destinataires).

Comme la loi détermine seulement l'application du régime procédural des plans spéciaux aux plans de gestion et pas son absolue coïncidence[30], ces plans ne peuvent pas être considérés comme des plans spéciaux. Par conséquent, ils ne peuvent être directement opposés aux particuliers, mais les options qu'ils définissent cadreront, décisivement, les décisions d'aménagement du territoire qui révèlent de la responsabilité d'entités publiques, notamment la décision d'élaboration d'un plan de détail pour l'aire concernée.

IV. LES PROJETS ET LES OPÉRATIONS D'AMÉNAGEMENT

1. Les études préalables aux projets et aménagements et sa relation avec le réseau Natura 2000

1.1. *Étude d'incidences*

Dans le droit portugais, les études d'incidences ne sont prévues que dans la loi de conservation de la nature.

Dans les sites de la liste nationale, dans les sites d'intérêt communautaire, dans les zones spéciales de conservation et dans les zones de protection spéciale, les études préalables d'incidences sont obligatoires pour toutes les actions, plans ou projets susceptibles d'affecter significativement cette zone (soit individuellement, soit ensemble avec d'autres actions, plans ou projets).

Quant à son contenu, les études d'incidences doivent caractériser la situation de référence, identifier les impacts prévisibles (notamment ceux qui soient susceptibles d'affecter la conservation des habitats et des espèces de la faune et la flore), examiner des solutions alternatives et proposer des mesures pour éviter, minimiser où compenser les effets négatifs.

---

[30] Article 7.º, n.º 3, al. a) du Décret-loi n.º 140/99.

1.2. *Étude d'impact*

Les études d'impact réfléchissent de manière assez intensive la préoccupation de conservation de la nature dans les zones classifiées.

Avant tout, en ce qui concerne le choix des projets soumis à un étude d'impact, les critères de la loi sont significativement plus strictes dans les zones classifiées.

Par exemple, la où un projet de développement agricole est dépendant d'étude d'impact à partir de 2000 hectares, si c'est proposé pour une zone classifiée l'étude se réalise dès les 700 hectares; les projets de déforestation sont conditionnés par un étude d'impact à partir de 50 hectares, mais si c'est dans une zone classifiée c'est dès 10 hectares. Pour la consigne de combustibles fossiles les études d'impact sont obligatoires dès les 100 000 tonnes mais si c'est dans une zone classifiée c'est à partir 20 000 tonnes. Pour la fabrication de briquettes on a un seuil de 150 tonnes par jour dans les zones non classifiées, mais par contre, tous les projets similaires proposés pour une zone classifiée sont obligés à présenter une étude d'impact.

La même chose se passe pour la fonderie de métaux, la construction de automobiles et aéronefs, la production d'amiante, verre et produits céramiques, la fabrication de pesticides, produits chimiques, papier, carton, les lotissements, la construction d'aéroports, pistes de ski, ports, canalisation d'eaux, dragages, installations d'élimination de déchets (dangereux et non dangereux), etc..

Ensuite, quant au contenu des études d'impact, il y a des mentions spécifiques et obligatoires quand le projet se situe dans une zone classifiée.

Premièrement, dans la description de la localisation du projet toutes les «aires sensibles» doivent être identifiées[31]. Quoique la définition légale de «aires sensibles» soit critiquable par son caractère excessivement restrictif, au moins toutes les zones relevantes en termes européens sont considérées (les sites de la liste nationale, les sites d'intérêt communautaire, les zones spéciales de conservation et les zones de protection spéciale[32])

---

[31] Anexe II, partie III, d) ii) de l'Arrêté 330/2001 du 2 Avril.
[32] Article 2º b) du Décret-loi n.º 69/2000.

Deuxièmement, la caractérisation de l'environnement affecté par le projet inclut forcément *l'environnement naturel* et notamment la diversité biologique, la faune et la flore[33].

Quelques problèmes pratiques s'ont suscités sur la concordance entre la législation de transposition portugaise sur l'étude d'impactes et l'exigence d'une analyse d'incidences dans le Réseau Natura 2000, mais son traitement juridique a été fait, surtout, par la jurisprudence administrative (arrêt du Suprême Tribunal Administratif, du 5 avril 2005 (Procès n.° 1456/03).

Néanmoins, des régimes réglementaires spéciaux sur l'analyse d'incidences ont étés approuvés par l'arrêt gouvernementale (Portaria) n.° 295/2002, du 19 mars, qui régule la procédure d'obtention du licenciement nécessaire à la production d'énergie hidroélectrique pour petites centrales, et la décision gouvernementale (Despacho) n.° 51/2004, du 31 janvier, sur les exigences d'étude d'impactes et d'analyse d'incidences relatives à la production d'électricité a partir de sources d'énergie renouvelable.

1.3. *Évaluation des incidences de certains plans et programmes*

Malgré l'écoulement du délai de transposition en 2004, la Directive 2001/42, du Parlement Européen et du Conseil, du 27 juin 2001, na pas encore été transposé. A la fin du mois d'Avril du présent an, le Conseil de Ministres a approuvé une résolution prévoient la transposition dans six mois[34]. Néanmoins le Régime Juridique des Instruments de Gestion Territorial détermine la nécessité de pondération et de prise en considération des «ressources et valeurs naturelles» (article 12.°) dans la définition des règles de planification.

---

[33] Anexe II, partie III, d) ii) de l'Arrêté 330/2001 du 2 Avril.

[34] Il y a eu déjà des projets de transposition de la Directive 2001/42, mais il's n'ont pas été approuvés. Le premier a visé l'application des exigences d'évaluation environnemental seulement a des plans de nature stratégique et pas réglementaire (ce qui a été fortement critiqué) et le second, présenté en 2006, n'établit pas quels sont les plans d'aménagement du territoire et d'urbanisme qu'y doivent être soumis.

2. L'autorisation d'urbanisme en cas d'atteinte à un site Natura 2000

Malgré le caractère typifié et vinculé des motivations de refus des autorisations d'urbanisme, l'atteinte à un site Natura 2000 en application de la législation transposant la directive peut être considérée comme un de ces fondements.

En effet, quand l'avis préalable émis par l'Institut de Conservation de la Nature et de la Biodiversité ou la Commission de Coordination et Développement Régional compétent est négatif[35] une autorisation d'urbanisme doit être refusée.

Selon la loi, la réalisation de certains ouvrages (tels que la réalisation des ouvrages de construction hors des périmètres urbains, certains altérations à l'usage et à la morphologie du sol, la déposition de déchets, l'ouverture de nouvelles voies de communication, l'installation de nouvelles lignes de transport d'énergie ou de communication, les déports motorisés, l'alpinisme, escalade et le montanisme et, finalement, la réintroduction d'espèces indigènes de la faune et la flore sauvages) est dépendante d'avis favorable de l'Institut de Conservation de la Nature et de la Biodiversité.

Pourtant, quand l'étude d'impact ou l'analyse d'incidences a déterminé des conclusions négatives, l'impossibilité d'autorisation ne peut être reversé que par la reconnaissance ministérielle d'absence de solutions alternatives e de l'intérêt publique du projet (articles 10.º, n.º 10 et suivants), comme le permet aussi la Directive.

En ce qui concerne les règles urbanistiques, en particulier ceux qui découlent des plans, une autorisation d'urbanisme ne peut être refusée qu'en cas de contradiction avec des dispositions des plans spéciales et municipaux[36], les seules qui sont directement contraignantes à l'égard des particuliers.

Si l'autorisation est délivrée, la sanction applicable est, dans les deux cas, la plus forte sanction administrative: la nullité[37].

---

[35] Article 9.º, n.º 2 et suivantes du Décret-loi n.º 140/99.

[36] Ou de mesures préventives qui sont considérés comme des règlements administratives (articles 108.º et 115.º du Régime Juridique des Instruments de Gestion Territorial).

[37] Article 103.º du Régime Juridique des Instruments de Gestion Territorial, article 9.º, n.º 2) du Décret-loi n.º 140/99, et article 68.º, al c) du Régime Juridique de

3. Exceptions aux mesures de protection et mesures compensatoires applicables en cas d'atteinte à un site Natura 2000

Naturellement, le pouvoir de conformation planificatrice de l'Administration, lui permet de modeler les régimes réglementaires applicables, mais ça ne peut être qualifié comme un régime d'exception, mais seulement comme une précision des conditions légales.

Par conséquent, seulement les exceptions prévues dans la directive sont admissibles.

Portant, toutes les exceptions ont été reçues par la loi nationale[38]. D'abord les raisons impératives d'avoué intérêt public, y compris ceux de nature sociale ou économique et, en suite, la santé publique, la sécurité publique, des conséquences bénéfiques primordiales pour l'environnement et, après avis de la Commission Européenne, d'autres raisons impératives d'avoué intérêt public.

Tant l'adoption impérative de mesures compensatoires dans les situations où l'atteinte à un site Natura 2000 a été considéré admissible, que le devoir de communication à la Commission Européenne sont prévues, mais les mesures concrètes ne sont pas particularisées dans la loi.

V. RELATION AVEC LA PLANIFICATION SPÉCIALISÉE

1. Intégration de la planification spécialisée dans la planification d'aménagement du territoire et de l'urbanisme

La planification spécialisée de l'environnement et les autres réglementations spécifiques d'usage du sol sont, en principe, encadrées par la législation portugaise comme intégrant la catégorie des plans sectorielles[39], qui jouissent des caractéristiques de l'auto planification et de

---

l'urbanisation et d'édification, approuvé par le Décret-loi n.º 555/99, du 16 de décembre, avec les modifications du Décret-loi n.º 177/2001, du 4 juin et de la Loi n.º 15/2002, du 22 février.

[38] Article 10.º, n.º 10 et 11 du Décret-loi n.º 140/99.

[39] Article 35.º, n.º 2, al. a) du Régime Juridique des Instruments de Gestion Territorial.

l'hétéro planification (c'est-à-dire, sont contraignantes pour les autorités publiques), mais ne peuvent pas être directement opposées aux particuliers sans être traduits dans les plans spécieux et municipaux d'aménagement du territoire.

Le régime a établir par le Plan Sectoriel du Réseau Natura 2000 doit s'articuler avec les autres plans sectorielles, notamment avec le Plan National des Routes, Le Plan National de Défense de la Forêt et d'autres plans des plus importantes secteurs de l'Administration Centrale, pour assurer la «compatibilité réciproque» de ses dispositions.

Malgré cela, il y a des régimes légaux subsistants qu'établissent internement des servitudes administratives et des restrictions d'utilité publique à l'usage de certains biens (par exemple, la réserve écologique nationale et la réserve agricole national), et qui actuent comme conditions à la définition des options des plans urbanistiques, mais qui ont aussi une efficacité immédiate en cas de son absence. Dans ce cas la, le Plan Sectoriel du Réseau Natura 2000 doit aussi respecter ces régimes – ce qui peut conduire a une application cumulative de régimes restrictives sur une même zone.

2. Planification spécialisée non intégrée dans les plans d'aménagement du territoire et d'urbanisme et sa relation avec la planification d'urbanisme et la protection des sites Natura 2000

Au Portugal, la seule planification spécialisée qui n'est pas comprise dans les instruments d'aménagement du territoire et d'urbanisme c'est la planification économique et social et les autres formes de planification stratégique, qui a une simple fonction de programmation à valeur indicative (par exemple, la Stratégie Nationale pour le Développement Soutenable ou le Plan de Développement Régionale).

En ce cas, il n'y a pas quelque lien hiérarchique entre plans, seulement la nécessité de prise en considération des orientations et stratégies établies dans ces programmes.

VI. LE CONTENTIEUX

Au Portugal, le contentieux d'urbanisme et de l'environnement (comprenant, notamment, le contentieux des actes administratifs de gestion urbanistique, le contentieux des plans et de la responsabilité des entités publiques en matière urbanistique) est lié au contentieux administratif général, en vertu de l'absence d'un cadre juridictionnel et d'une procédure spécifique pour les questions urbanistiques et environnementales. Aussi le juge civil (et pénal) joue un rôle important mais seulement en ce qui concerne les questions du droit privé de la construction, la violation de droits de personnalité ou des droits des tiers, la réparation des dommages causés par entités privées et le recours des sanctions administratifs appliquées.

Si le contentieux administratif portugais était traditionnellement un contentieux limité (fondé sur le recours d'annulation), aujourd'hui, avec la réforme introduite par l'approbation d'un nouveau Statut des Tribunaux Administratifs et Fiscaux (Estatuto dos Tribunais Administrativos e Fiscais) et d'un Code de Procès des Tribunaux Administratifs (Código de Processo nos Tribunais Administrativos[40]), c'est sans doute un contentieux de pleine juridiction. Cette caractérisation est exigée par l'article 268.º, n.ºˢ 4 et 5, de la Constitution Portugaise qui, en conséquence de la Révision Constitutionnel de 1997, inscrit le principe de la tutelle juridictionnelle effective.

Ça veut dire que toutes les prétentions des administrés et de l'administration sur des questions de nature urbanistique peuvent être soumises à des tribunaux administratifs, qui doivent, dans un délai raisonnable, proférer une décision déclarative ou exécutive ou adopter des mesures provisoires, conservatoires ou anticipatoires, nécessaires pour assurer l'effet utile de la décision. Naturellement, par respect au principe de répartition des pouvoirs, les tribunaux administratifs ne peuvent apprécier que des questions de juridicité et pas de opportunité administrative, ne pouvant pas éliminer des espaces autonomes de décision propres de l'administration (article 3.º du Code de Procès des Tribunaux Administratifs). Nonobstant, l'étendue du contrôle du juge administratif est

---

[40] Respectivement par les lois n.ºˢ 13/2002, du 19 février et 15/2002, du 22 février, modifiés par la loi n.º 4-A/2003, du 19 février.

appréciable, en particulier à l'égard des pouvoirs pas seulement déclaratifs et constitutifs qu'il possède, mais aussi à l'égard des pouvoirs d'injonction et même, dans certaines cas, de substitution de l'actuation de l'Administration que lui sont maintenant reconnus.

En ce qui concerne l'articulation de ce contentieux avec le régime établit dans le Décret-loi n.° 140/99, l'invalidation des projets d'urbanisme, plus précisément la nullité des actes administratifs d'autorisation ou licenciement[41], peut être fondée en l'absence ou violation d'avis du Institut de Conservation de la Nature et de la Biodiversité ou de la Commission de Coordination et Développement Régional, qui doit être favorable pour permettre l'action urbanistique en question (article 9.°, n.° 2).

Aussi la violation des plans spéciales et municipaux d'aménagement du territoire revus en conformité avec la législation cité par des actes administratifs de gestion urbanistique détermine la nullité de ceux-ci[42].

La approbation (et altération) de la liste nationale des sites doit être qualifié, en vertu de sa nature et fonctions, comme norme administrative qui établit un régime légal restrictif d'occupation du sol. En ce respect, la légalité de cette classification – en particulier sa compatibilité avec des critères légaux – peut être questionnée dans les tribunaux administratifs de façon directe (contestation de normes) ou indirecte (contestation d'un acte administratif en raison de sa norme fondante).

En tout cas, parce qu'il s'agit de questions fondées sur actes d'autorité publique, le procès doit suivre la forme d'action administrative spéciale[43].

En ce qui concerne les prétentions sur contrats administratifs et sur la responsabilité civile extracontractuelle des personnes morales de droit public et aussi des titulaires des organes, des fonctionnaires et des agents de l'administration publique dans le domaine de l'urbanisme – et bien aussi sur toutes les autres demandes juridictionnelles qui ne sont pas fondées sur des actes d'autorité publique –, la forme d'action propre (commun) est réglée dans les articles 37.° et suivants du Code de Procès des Tribunaux Administratifs.

---

[41] Article 68.°, al. c) du Régime Juridique de l'Urbanisation et de l'Edification.
[42] Article 68.°, al. a) du Régime Juridique de l'Urbanisation et de l'Edification.
[43] Articles 46.° et suivants du Code de Procès des Tribunaux Administratifs.

CHAPITRE III
Conclusions

AMENAGEMENT DU TERRITOIRE, URBANISME ET NATURA 2000 RAPPORT DE SYNTHÈSE

Francis Haumont[1]
(Avec la collaboration de Charles-Hubert Born)[2]

Le présent rapport est un rapport de synthèse des réponses des rapporteurs nationaux qui ont bien voulu répondre au questionnaire, préparé par Bernard Drobenko et Francis Haumont, sur les liens entre l'aménagement du territoire, l'urbanisme et la protection des sites Natura 2000.

L'exercice est difficile, périlleux même puisque, comme souvent dans l'analyse de droit comparé, le juriste chargé d'une synthèse a nécessairement une connaissance limitée des droits nationaux.

Ce rapport de synthèse a été rédigé sur la base de douze rapports nationaux portant sur l'Allemagne, la Belgique, l'Espagne, la Finlande, la France, la Grande-Bretagne, la Grèce l'Irlande, l'Italie, le Luxembourg, les Pays-Bas et le Portugal.

Avant d'examiner de manière synthétique les différentes questions et les réponses qui y ont été apportées par les rapporteurs nationaux, il convient de situer le questionnaire lui-même. Les questions ont été regroupées en cinq catégories:
- en premier lieu, des questions sur le cadre général du droit de l'aménagement du territoire et de l'urbanisme et de ses institutions et ses liens avec la politique de protection des sites Natura 2000;

---

[1] Professeur extraordinaire à l'Université catholique de Louvain. Avocat aux Barreaux de Bruxelles et de Nice.

[2] Assistant à l'université catholique de Louvain, avocat au Barreau de Nivelles.

- en deuxième lieu, des questions relatives à la planification: la planification de l'urbanisme et ses liens avec Natura 2000, la planification liée à la mise en place et la gestion des sites Natura 2000 et ses liens avec le droit de l'urbanisme;
- en troisième lieu, des questions relatives aux projets et aux opérations d'aménagement soumis à autorisation d'urbanisme et la prise en compte des exigences de protection des sites Natura 2000;
- en quatrième lieu, les liens entre la planification spécialisée (par exemple, en matière d'eau, de sol, des déchets, etc...) et la planification d'aménagement du territoire et d'urbanisme, d'une part, et, d'autre part, la protection des sites Natura 2000;
- enfin, la cinquième rubrique porte spécifiquement sur la jurisprudence sur les liens entre aménagement du territoire, urbanisme et Natura 2000.

I. LE CADRE GENERAL

I.1. La terminologie

La première question relative au contexte général portait sur la terminologie «Natura 2000»: y a-t-il dans les droits nationaux d'urbanisme des références spécifiques à la terminologie utilisée en particulier dans la directive 92/43 'Habitats' comme, par exemple, les termes «biodiversité», «conservation de la nature», «faune et flore sauvages» ou, plus spécifique encore, «Natura 2000». Cette question est moins anecdotique qu'il n'y paraît à première vue car selon les réponses données, on a une première impression sur l'intérêt que porte le droit national de l'urbanisme sur les enjeux du réseau Natura 2000.

Si la quasi-totalité des droits nationaux reprennent ces termes, c'est le plus souvent dans la législation sur la conservation de la nature, de manière générale, et, plus particulièrement, dans les mesures de droit interne qui transposent la directive 79/409 'oiseaux sauvages' et la directive 92/43 'habitats'.

Cependant certains droits nationaux d'urbanisme mentionnent de manière plus ou moins spécifique ces termes. La plupart des droits nationaux prévoient l'élaboration de plans d'affectation du sol qui intègrent des périmètres d'urbanisation, mais aussi des périmètres réservés à l'agriculture, à la forêt, aux espaces verts, voire de manière plus précise à la conservation de la nature. Dans ce cas, il n'est pas rare que le droit de l'urbanisme mentionne des notions comme la «conservation de la nature» ou la «protection de la nature» ou encore la «biodiversité» ou la «faune et flore sauvages», **voire, comme en Grèce, les «biotopes»**. On peut, sans être évidemment exhaustif, citer à titre d'exemple le droit luxembourgeois.

Plus rares sont les droits de l'urbanisme qui vont mentionner expressément des concepts spécifiques à Natura 2000. On peut pointer:
- le droit allemand dont le code de la construction, mais aussi le code de l'urbanisme mentionnent la «conservation de la nature», la «biodiversité» et les «zones de protection spéciales» et les «zones spéciales de conservation» au sens des directives Natura 2000;
- le droit irlandais dont le droit de l'urbanisme a été modifié par la transposition des directives 'Natura 2000' en 1997;
- le droit français, même si c'est de manière limitée (essentiellement, à propos de l'évaluation environnementale des plans et schémas et, accessoirement, à propos d'une taxe départementale des espaces naturels sensibles);
- le droit wallon qui, comme la France, mentionne les directives Natura 2000 essentiellement à l'occasion de l'évaluation des incidences environnementales des plans et des schémas, mais qui, en outre, fait référence explicite à Natura 2000 en ce qui concerne des permis délivrés en zone agricole ou en zone forestière du plan de secteur ou qui prévoit, en référence implicite à l'article 10 de la directive 92/43, la possibilité d'inscrire dans lesdits plans de secteur des périmètres de liaison écologique.

I.2. Le cadre institutionnel

Il est apparu important d'avoir une idée du contexte institutionnel dans lequel s'inscrivent les politiques d'aménagement du territoire et d'urbanisme, d'une part, et de protection de l'environnement, d'autre part. Ceci dans le but de mieux comprendre les difficultés rencontrées le cas échéant pour coordonner les décisions administratives dans ces domaines.

On peut distinguer à cet égard les Etats membres selon qu'il s'agit d'Etats fédéraux, d'Etats à structure régionale ou d'Etats qui ont gardé une structure centralisée.

I.2.1. *Les Etats fédéraux*

L'Allemagne et la Belgique sont tous les deux des Etats à structure fédérale.

* En Allemagne, les compétences en urbanisme et en environnement sont largement de la compétence des Landers. Si c'est l'Etat fédéral qui adopte la loi-cadre sur la conservation de la nature, cette loi n'a pas d'effet direct et ce sont les Landers qui la transposent dans une loi régionale qui, dans les faits, reproduit assez fidèlement la loi fédérale.

En urbanisme, les compétences sont régionales. C'est le Lander qui établit le plan d'aménagement qui couvre l'ensemble de son territoire. Les Landerkreis (district ou association de districts) établissent les plans d'aménagement régionaux. Les communes sont compétentes pour les 'construction plans' et le plan général d'affectation du sol qui couvre la totalité du territoire communal.

Le Lander a donc une large maîtrise, semble-t-il, tant de la politique d'aménagement du territoire et d'urbanisme que de celle de la conservation de la nature en ce compris celle relative à Natura 2000.

* En Belgique, la situation est la suivante: la Région est compétente dans le domaine de l'aménagement du territoire et de l'urbanisme ainsi que pour l'essentiel des domaines de la protection de l'environnement. Les compétences résiduelles de l'Etat fédéral en environnement n'interfèrent en principe pas sur les questions de conservation de la nature en général et sur la politique Natura 2000 en particulier.

On notera que, en Région wallonne, l'ancien gouvernement avait confié au même ministre les compétences en aménagement du territoire, en urbanisme et en environnement. Depuis **2004**, ces compétences sont partagées entre deux ministres, ce qui rend la coordination des décisions un peu plus difficile.

I.2.2. Les Etats à structure régionale

* En Italie, la réforme constitutionnelle de 2001 qui a notamment modifié l'article 117 de la Constitution, l'aménagement du territoire, qui comprend l'urbanisme, fait partie des matières de compétences concurrentes des Régions ce qui leur donne de larges compétences à l'exception de le détermination des principes fondamentaux qui est une compétence réservée de l'Etat. En revanche, la protection de l'environnement et de l'écosystème est de compétence exclusive de l'Etat.

C'est le ministre de l'environnement et de l'aménagement du territoire qui gère donc la politique environnementale et les principes fondamentaux de l'aménagement du territoire.

Concrètement, la plupart des compétences administratives reviennent à la commune. C'est elle qui adopte les principales orientations traduites dans le plan général d'urbanisme et qui délivre les permis de construire. Elle peut également réglementer les constructions.

Les provinces ont certaines compétences dans le domaine de la planification urbaine mais plus sous forme d'orientations générales.

La pyramide des plans d'aménagement peut varier de Région à Région.

* En Espagne, même si les communautés autonomes ont des compétences non négligeables, l'Etat continue à jouer un rôle majeur dans le domaine de la conservation de la nature et notamment de la transposition des directives Natura 2000. Les communautés autonomes pourront adopter des réglementations supplémentaires de protection de l'environnement et pour prendre des mesures de protections des aires naturelles protégées, le tout dans le respect de la législation nationale.

En ce qui concerne l'aménagement du territoire et l'urbanisme, l'Etat a gardé une compétence par le biais notamment du programme économique de libéralisation du marché foncier en Espagne. Dès lors, si les autorités locales adoptent un plan d'urbanisme, elles devront, d'une part, tenir compte des catégories de terrains et notamment des terrains urbanisables et, d'autre part, elles ne pourront pas mettre en terrains urbanisables les terrains protégés par ou en application des législations spéciales dans le domaine de l'environnement, de la protection des paysages, etc.

En Grande-Bretagne, l'on connaît différentes situations. Normalement, les compétences en aménagement du territoire et en urbanisme sont exercées essentiellement par les autorités locales. L'Angleterre connaît toutefois un régime différencié selon les parties du territoire puisque dans certains d'entre elles, les compétences sont exercées par le County Council ou le District Council. Tel n'est pas le cas en Ecosse et au Pays de Galles. Les décisions prises par les autorités locales sont susceptibles d'être supervisées par le Secrétaire d'Etat (Angleterre), le Ministre (Ecosse) ou l'Assemblée nationale (Pays de Galles).

Dans les parcs nationaux, une National Park Authority peut être constituée. Dans ce cas, elle exercera les compétences de l'autorité locale.

Au Portugal, les compétences en aménagement du territoire et en environnement sont exercées au niveau national pour notamment l'adoption du programme national de la politique d'aménagement du territoire avec toutefois l'intervention des Commissions de coordination et de développement régionales qui, d'une part, accompagnent et contrôlent l'élaboration des instruments de gestion territoriale municipaux et, d'autre part, élaborent des plans régionaux d'aménagement du territoire.

Les Régions autonomes (Madère et les Açores) ont un pouvoir législatif complémentaire dans le respect des mesures adoptées par l'Etat.

Comme dans beaucoup de pays, d'importantes compétences sont attribuées aux municipalités qui élaborent les plans municipaux d'aménagement du territoire et délivrent les autorisations d'urbanisme.

Une réforme récente a créé des institutions qui seront amenées à jouer un rôle important dans le domaine de la politique d'urbanisme: les Grandes Aires Métropolitaines, les Communautés urbaines et les Communautés municipales de droit public qui pourront élaborer des plans d'urbanisme à l'échelle de leur territoire et, ceci est particulièrement intéressant en ce qui concerne notre thématique, pour coordonner les actions entre les municipalités et l'administration centrale dans le domaine de l'environnement et de la conservation de la nature.

I.2.3. *Les Etats à structure unitaire*

En Finlande, c'est le Conseil d'Etat qui décide des objectifs nationaux d'affectation des sols. Le Ministère de l'environnement établit les documents de développement général et les lignes directrices en ce qui concerne les plans d'occupation des sols et les constructions. Les objectifs nationaux n'ont pas la portée juridique d'un plan d'aménagement ratifié. Ce sont des guidelines pour les autorités compétentes pour l'élaboration des plans.

Le droit finlandais prévoit l'intervention de conseils régionaux pour la planification régional, la région n'étant pas une entité fédérée.

Au niveau communal, c'est l'autorité locale qui est en charge de l'élaboration des plans locaux d'aménagement et de la délivrance des permis.

On notera l'intervention du centre régional d'environnement qui, bien que sans pouvoir de décision, peut contrôler le respect des objectifs nationaux. Il peut aussi introduire un recours contre les décisions urbanistiques de la municipalité et même demander à cette dernière de corriger ses décisions.

En France, les institutions qui gèrent la politique d'urbanisme sont à la fois étatiques et décentralisées. Les collectivités territoriales et leurs groupements se sont vu confier des compétences plus étendues, notamment dans le domaine de la conservation de la nature, la planification urbaine et la délivrance des permis.

La tutelle de l'Etat reste bien présente néanmoins notamment en ce qui concerne la mise en place du réseau Natura 2000 et la gestion des sites.

En Grèce, les compétences se partagent entre l'Etat, les régions et les autorités locales. Ce sont les autorités régionales qui approuvent les décisions locales en matière de planification à l'exception de la ville d'Athènes et de la Thessalonie dont les plans sont approuvés par le ministre.

En Irlande, comme dans la plupart des autres pays, l'on trouve un partage des compétences entre l'Etat central dont le ministre de l'environnement est responsable de la législation dans le domaine de l'urbanisme et, à ce titre, il peut donner des directives aux autres instances compétentes dans ce domaine.

Au niveau local, ce sont les local planning authorities qui vont élaborer les plans d'urbanisme, généraux ou spécifiques, statuer sur les demandes de permis et contrôler le respect de la législation.

Une instance nationale, l'An Bord Pleanàla, statue sur recours contre les décisions prises en première instance ou lorsque ce sont les autorités locales qui demandent pour elles-mêmes un permis.

Enfin, les autorités régionales peuvent adopter des lignes directrices en urbanisme qui ont plus une portée stratégique à plus long terme. Ces lignes directrices devront être prises en compte aussi bien par les autorités locales que par l'An Bord Pleanàla.

Au Luxembourg, la planification stratégique est arrêtée au niveau national sous forme d'un programme directeur qui est un document d'orientation. Il oriente la politique générale du gouvernement dans tous les domaines qui ont une répercussion sur l'occupation du sol. Pour le ministre compétent, ce programme directeur encadre les plans et projets plus précis.

La mise en œuvre de cette politique passe, au niveau national, par le plan sectoriel et, au niveau régional (un territoire de plus d'une commune), par le plan directeur. Au niveau communal, la commune est responsable de l'aménagement de son territoire, sous la tutelle du ministère de l'intérieur. C'est la commune qui adopte le plan d'aménagement général (qui couvre tout le territoire communal) et des plans d'aménagement particuliers. Par ailleurs, le gouvernement peut se substituer d'une certaine façon à la commune en adoptant des plans d'occupation des sols, plans très précis élaborés si la commune ne respecte pas les plans hiérarchiquement supérieurs.

Aux Pays-Bas, les compétences en matière d'aménagement du territoire et d'urbanisme, mais aussi dans le domaine de la conservation de la nature, sont réparties entre les trois niveaux de pouvoirs (Etat, provinces et communes). Chaque autorité peut, entre autres, élaborer des plans d'affectation des sols ou des documents de planification stratégique. Le lien hiérarchique entre les différents documents d'urbanisme est précis.

I.3. La participation des autorités compétentes en urbanisme dans la mise en œuvre du réseau Natura 2000

En ce qui concerne la participation des autorités publiques compétentes en matière d'aménagement du territoire et d'urbanisme au processus de mise en œuvre du réseau Natura 2000, on peut faire la distinction entre leur intervention dans le processus de désignation des sites, leur intervention dans la gestion des sites Natura 2000 et les obligations qui leur incombent de tenir compte de l'existence d'un site Natura 2000 et des objectifs de protection qui y sont attachés.

I.3.1. *La désignation des sites Natura 2000*

Compte tenu de ce que les directives 79/409 et 92/43 précisent que la désignation des sites se fait sur la base de critères scientifiques, il est assez logique que le rôle des autorités publiques compétentes en matière d'aménagement du territoire et d'urbanisme dans la désignation de ces sites soit limité.

Il est évident que lorsque l'autorité en charge de la désignation de ces sites est aussi compétente pour mener la politique d'aménagement du territoire et d'urbanisme, on peut imaginer qu'il y aura, dans les faits, une participation ne fut-ce qu'implicite des autorités compétentes en urbanisme dans le processus de désignation des sites. C'est semble-t-il le cas au Portugal.

Cependant, dans la plupart des pays, le rôle des autorités compétentes en urbanisme dans la désignation des sites Natura 2000 se limite à rendre un avis.

Cela se fait officiellement comme en France par exemple où le préfet soumet le projet de périmètre d'un site Natura 2000 à l'avis des communes et des organismes publics concernés.

Dans d'autres pays, cette consultation se fait de manière informelle comme c'est le cas en Allemagne.

En Région wallonne, la désignation des sites s'est faite de manière beaucoup plus confidentielle. Ceci pour éviter pendant le processus de désignation des pressions diverses ou même des destructions partielles. En revanche, les ajustements limités des périmètres désignés par le Gouvernement et approuvés par la Commission européenne sont soumis à l'avis officieux de plusieurs directions générales du Ministère de la Région wallonne autres que la direction générale des ressources naturelles et de l'environnement (D.G.R.N.E.).

I.3.2. *La gestion des sites*

L'intervention des autorités publiques compétentes en matière d'aménagement et d'urbanisme dans la gestion du site proprement dit est rarement prévue par le droit national. Il est évident que si le site appartient à une collectivité territoriale compétente en matière d'aménagement du territoire et d'urbanisme, il est évident que ce statut particulier la conduit à s'occuper de la gestion du site.

Par ailleurs, si une autorité publique a la double compétence à savoir celle de l'aménagement du territoire et de l'urbanisme, d'une part, et, d'autre part, celle de la conservation de la nature, forcément elle interviendra dans la gestion du site. On peut à cet égard mentionner le droit français puisque l'élaboration et le suivi de la mise en œuvre du document d'objectif relatif à un site Natura 2000 est le fait d'un comité de pilotage Natura 2000 au sein duquel les collectivités territoriales intéressées et leur groupement concerné ont un rôle à jouer déterminant, avec notamment la présidence du comité de pilotage.

Un système similaire est prévu en Grèce, du moins dans les vingt--cinq plus importantes zones Natura 2000, où des autorités de gestion ont été mise en place dans lesquelles les autorités compétentes en urbanisme et aménagement du territoire ont un représentant.

En Grande-Bretagne, comme déjà relevé, lorsqu'une National Park Authority est constituée, elle exerce les compétences urbanistiques des autorités locales dans le périmètre du parc.

I.3.3. *La prise en compte des objectifs de protection des sites Natura 2000*

Compte tenu des obligations découlant de la directive 92/43 «Habitats», les autorités compétentes en matière d'aménagement du territoire et d'urbanisme qui doivent prendre des décisions telle que l'adoption d'un plan d'aménagement ou la délivrance d'une autorisation d'urbanisme devront tenir compte des mesures de protection du site Natura 2000 et des espèces qu'il protège. Cela se traduit notamment, comme nous le verrons ci-après, par un processus d'évaluation des incidences environnementales que ces décisions d'urbanisme pourraient avoir sur le site et les espèces protégées.

I.4. **Les orientations administratives**

Compte tenu du fait que, pour l'essentiel, la mise en œuvre du réseau Natura 2000 n'incombe pas aux autorités publiques compétentes en aménagement du territoire et en urbanisme, on s'est posé la question de savoir si, dans chaque Etat membre, il existait des guidelines ou des circulaires administratives à l'attention des autorités publiques compétentes en matière d'aménagement du territoire et de l'urbanisme pour les informer des enjeux de la politique de mise en place du réseau Natura 2000 et de la manière dont ces autorités publiques devaient tenir compte des enjeux liés à la protection des sites Natura 2000. Comme le souligne le rapport portugais, le document publié par la Commission européenne sur la gestion des sites Natura 2000 constitue souvent le document essentiel pour les Etats membres.

Effectivement, on constate que plusieurs pays, à des niveaux différents, se sont dotés de ce type de guidelines c'est le cas notamment de l'Italie où le Ministère de l'Environnement et de l'Aménagement du territoire a adopté des «Lignes directrices pour la gestion des sites Natura 2000» pour préciser les rapports entre la planification d'urbanisme et les objectifs de la directive «Habitats». Cet exemple est intéressant puisque c'est pratiquement le seul exemple d'instruction spécifique à destination des autorités compétentes en matière d'urbanisme et d'aménagement du territoire.

L'exemple de l'Angleterre est aussi intéressant avec le Planning Policy Statement 9: Biodiversity and Geological Conservation (complété par un guide de bonne pratique) qui énonce les principes clé auxquels les autorités locales doivent adhérer pour s'assurer de la prise en compte complète des impacts potentiels des décisions en urbanisme sur la biodiversité. On trouve des directives plus ou moins équivalentes en Ecosse et au Pays de Galles.

On peut citer aussi mais de manière nettement plus anecdotique une circulaire administrative en Région wallonne qui émane de la Direction Générale de l'Aménagement du Territoire, du Logement et du Patrimoine à destination de ses propres services pour attirer l'attention sur certains aspects de Natura 2000 qui doivent être pris en compte dans le cadre de l'instruction des demandes de permis d'urbanisme ou de lotir.

En Allemagne, il ne semble pas qu'il existe une circulaire générale sur les enjeux de Natura 2000 à destination de toutes les administrations mais que certaines d'entre elles adoptent les guidelines comme c'est le cas, par exemple, du Ministère fédéral des transports.

Plusieurs pays connaissent des circulaires ou des guidelines généraux sur Natura 2000. C'est le cas de la France et du Luxembourg, encore que dans ce dernier cas, cette instruction semble obsolète depuis l'entrée en vigueur de la loi de 2004. Certains pays n'ont pas ce type de circulaires administratives ou de guidelines ce qui bien entendu n'exclut pas que les objectifs de protection des sites Natura 2000 soient pris en compte comme le relève le rapport irlandais. Au Portugal, il est clairement établi que ce type de circulaire n'existe pas et que l'on se réfère dès lors aux guidelines de la Commission européenne (comment gérer un site Natura 2000?).

En Finlande, un groupe de travail a publié un rapport sur «Management and Use of Natura 2000 Sites» qui contient des propositions axées sur l'amélioration des systèmes de planification existante.

II. PLANIFICATION

II.1. Les études préalables aux plans et programmes d'urbanismes

La première question porte sur le point de savoir si en droit de l'urbanisme, il est prévu que les études préalables à l'adoption des plans et programmes en aménagement du territoire et en urbanisme comportent, en particulier dans les volets liés à l'évaluation des impacts environnementaux de ces plans et programmes, des références spécifiques au réseau Natura 2000 quand il existe un site dans le périmètre du plan ou du programme concerné ou à proximité.

Comme le relèvent les rapporteurs nationaux, la directive 2001/42 du 27 juin 2001 relative à l'évaluation des incidences de certains plans et programmes sur l'environnement dont le délai de transposition venait à échéance le 21 juillet 2004 a obligé chaque Etat à prévoir soit de manière générale, soit de manière spécifique que tous plans ou programmes notamment en matière d'affectation des sols, d'aménagement du territoire et d'urbanisme comportent un rapport sur les incidences environnementales du projet de plans ou de programmes sauf exceptions.

On rencontre plusieurs situations quant aux modalités des transpositions de la directive 2001/42. Certains pays ont adopté une seule législation de transposition comme en Espagne ou en Allemagne. D'autres pays ont adopté deux législations: une qui transpose la directive 2001/42 dans le droit de l'urbanisme et une seconde qui règle l'évaluation préalable de l'impact environnemental des autres plans et programmes. C'est le cas de la Région wallonne, de la France et de l'Irlande.

Le Portugal – c'est le cas aussi de la Grèce – reconnaît que la directive 2001/42 n'a pas été transposée mais qu'en avril 2006, le Conseil des ministres a adopté une résolution en vue d'une transposition de ladite directive dans les six mois.

Quant à la question de savoir si les dispositions qui imposent cette évaluation environnementale préalable à l'adoption des plans et programmes d'urbanisme mentionnent explicitement l'impact sur les sites Natura 2000, les droits nationaux diffèrent.

Certains pays ne mentionnent pas explicitement que cette évaluation environnementale préalable à l'adoption d'un plan ou d'un programme d'urbanisme porte aussi sur les impacts sur les sites Natura 2000 et les espèces protégées. Il est évident que cela n'implique pas que ces évaluations environnementales préalables sont dispensées d'analyser l'impact environnemental sur les sites Natura 2000 et les espèces.

On peut citer dans ce contexte, le cas de l'Allemagne qui ne mentionne pas explicitement dans les évaluations environnementales obligatoires à l'adoption des plans d'urbanisme l'impact sur les zones de protection spéciale et les zones spéciales de conservation. Cependant, dès l'instant où la loi fédérale sur la conservation de la nature exclut une évaluation séparée des effets sur le site d'un plan d'urbanisme ou un plan d'affectation du sol, cela implique que l'évaluation appropriée à laquelle ces plans d'urbanisme sont soumis en application de l'article 6, § 3, de la directive 92/42 est contenue dans l'évaluation environnementale préalable prévue par le droit de l'urbanisme.

Parmi les pays qui ne mentionnent pas dans leur droit de l'urbanisme de manière spécifique l'impact sur les sites Natura 2000 à prendre en compte dans le cadre de l'évaluation préalable des plans d'urbanisme, on peut citer l'Italie, l'Espagne, la Finlande, le Luxembourg et l'Irlande, ce dernier reconnaissant que la transposition formelle des articles 6, §§ 3 et 4 de la directive 92/43 «Habitats» n'est pas achevée. Le Royaume--Uni a d'ailleurs été condamné sur ce point par la Cour de justice des Communautés européennes.

Seules en définitive la Belgique et la France ont inséré dans leur législation de l'urbanisme la référence, dans les évaluations préalables auxquelles les plans d'urbanisme sont soumis, la référence aux impacts aux sites Natura 2000. On le retrouve effectivement dans le Code français de l'urbanisme (par ex., art. R. 111-28). C'est également le cas dans le Code wallon de l'aménagement du territoire, de l'urbanisme et du patrimoine qui pour tous les plans et les schémas soumis à cette évaluation préalable, il est mentionné explicitement l'impact que pourrait avoir le plan ou le schéma sur les zones désignées conformément aux directives 79/409 et 92/43. n peut, toujours à propos du Code wallon, mentionner un mécanisme intéressant puisque, alors que la directive 2001/42 prévoit explicitement la possibilité d'exonérer un plan ou un programme de l'évaluation préalable si ledit plan ou programme n'est pas susceptible d'avoir un effet significatif négatif sur l'environnement, le CWATUP (art. 46, §2) prévoit qu'un plan ou un programme qui comporte en son périmètre tout ou partie d'un site Natura 2000 est d'office présumé avoir un impact significatif important et ne peut donc bénéficier de l'exonération de l'évaluation environnementale préalable.

II.2. Les plans et programmes de mise en œuvre du réseau Natura 2000 et le droit d'urbanisme

La deuxième question porte sur le point de savoir si, dans les droits nationaux, les plans et les programmes qui sont mis en œuvre spécifiquement pour implanter et gérer le réseau Natura 2000 évoquent une articulation avec le droit de l'urbanisme.

De manière générale, on peut considérer que les droits nationaux relatifs à la mise en place du réseau Natura 2000 font rarement référence aux plans d'urbanisme. Quand ils le font, c'est de manière limitée.

Il est certain que même informellement, il existe des liens entre les plans d'aménagement du territoire et d'urbanisme et les programmes de mise en place des sites Natura 2000 comme le relève le rapport allemand.

En Finlande, les plans d'urbanisme et d'aménagement du territoire peuvent partiellement jouer le rôle de plan de gestion d'un site Natura 2000.

Plusieurs législations nationales sur Natura 2000 mentionnent les plans d'aménagement du territoire et d'urbanisme mais uniquement en ce qui concerne l'obligation à laquelle leur approbation est soumise, à savoir l'obligation d'évaluer l'impact de ces plans et programmes d'urbanisme sur un site Natura 2000 et les espèces protégées. C'est le cas notamment de la France et de la Région wallonne.

Plusieurs pays mentionnent des dispositions soit dans la législation générale de la protection de l'environnement, soit dans les dispositions qui transposent les directives Natura 2000 de mécanismes qui permettent d'articuler la politique de protection des sites Natura 2000 avec les prescriptions des plans d'aménagement du territoire et d'urbanisme préexistants.

On note par exemple plusieurs hypothèses de modifications ou de révisions des plans d'aménagement du territoire et d'urbanisme au Portugal pour les mettre en conformité avec les prescriptions qui protègent les sites Natura 2000. Il en va de même en Espagne: des prescriptions environnementales à valeur réglementaire annulent les prescriptions des autres législations qui seraient en contradiction. De même, il est prévu de modifier les plans d'affectation de sol pour les rendre conformes avec de nouvelles prescriptions environnementales.

On peut encore mentionner, en Région wallonne, le mécanisme particulier prévu à l'article 29, §1er, du décret Natura 2000. Indépendamment du fait que, conformément aux mécanismes généraux de droit administratif, il ne peut y avoir de contradiction entre les prescriptions réglementaires d'un site Natura 2000 et celles d'un plan d'aménagement dans la mesure où les interdictions se cumulent, il est prévu néanmoins que dans certaines circonstances, on peut, suite à l'adoption des mesures réglementaires de protection d'un site Natura 2000, évaluer l'impact environnemental du maintien des prescriptions des plans d'aménagement en vigueur, ce qui, implicitement, signifie qu'en cas d'inconvénient majeur au maintien de la prescription du plan d'aménagement, une révision de celui-ci serait décidée.

II.3. Natura 2000 et le contenu des plans et programmes d'urbanisme

La question porte sur le point de savoir si les droits nationaux de l'urbanisme prévoient que les plans et les programmes d'aménagement du territoire et d'urbanisme comportent des dispositions relatives aux mesures de conservation pour les zones spéciales de conservation désignées dans le cadre de Natura 2000. Y a-t-il également dans les plans et programmes des mesures pour éviter la détérioration des zones préservées?

De manière générale, on constate que la quasi-totalité des droits nationaux examinés prévoit que les périmètres Natura 2000 doivent être pris en compte dans le cadre de l'élaboration des plans et programmes. Plusieurs rapports nationaux mentionnent à cet égard le principe de précaution.

Cela se traduit, par exemple en droit wallon, par l'obligation lors de l'établissement de la situation existante de fait et de droit préalable à l'élaboration d'un plan ou d'un schéma d'urbanisme d'y indiquer les périmètres Natura 2000. On peut mentionner un mécanisme similaire en droit de l'urbanisme français dans le cadre du «porter à connaissance» qui impose au préfet notamment d'identifier les sites Natura 2000. Aux Pays-Bas, la hiérarchie très complète de plans et de schémas d'urbanisme et d'aménagement du territoire assure une prise en compte à tous les niveaux (Etat, régions, provinces et communes) des zones protégées dont les zones Natura 2000.

De même, comme le rappellent les rapporteurs nationaux, dès l'instant où l'élaboration des plans et programmes sont soumis à une évaluation de leurs impacts environnementaux et que dans ceux-ci, il faut prendre en compte l'impact sur les sites Natura 2000 et les espèces protégées, il est évident que le processus d'élaboration des plans et programmes d'aménagement du territoire et d'urbanisme doivent tenir compte de l'existence des sites Natura 2000 et des mesures de protection qui s'y rapportent.

Au-delà de cette prise en compte des sites Natura 2000 dans le processus d'élaboration du plan, on peut s'interroger sur l'obligation qu'il y aurait d'inscrire formellement dans le plan ou le programme d'urbanisme les périmètres Natura 2000.

A cet égard, les situations sont assez diversifiées.

C'est ainsi que, en Région wallonne, le Code de l'urbanisme exclut expressément la possibilité d'inscrire en surimpression des plans d'aménagement les périmètres adoptés en application d'autres législations et donc des périmètres Natura 2000.

En France, cette inscription ne se justifie pas non plus, même pas dans l'annexe qui reproduit les servitudes applicables dans le périmètre du plan dès l'instant où le droit français ne donne pas aux mesures de protection applicables dans les sites Natura 2000 le statut de servitude d'utilité publique.

A côté de ces régimes particuliers, on constate des modalités diverses. Généralement, on reconnaît la possibilité pour les autorités publiques qui élaborent des plans d'aménagement du territoire et d'urbanisme d'indiquer si elles le souhaitent les périmètres Natura 2000. C'est le cas par exemple des plans communaux d'aménagement en Espagne ou des schémas de développement local en Angleterre. Cela semble plus systématique en Allemagne encore que si les plans d'urbanisme reprennent des périmètres Natura 2000, ils ne reprennent pas le régime de protection spécifique aux sites Natura 2000, mesure de protection qui découle d'un autre acte administratif.

C'est probablement en Italie que le régime est le plus net puisque les lignes directrices précitées mentionnent qu'il convient d'intégrer dans la planification urbaine à tous les niveaux les mesures de protection de la biodiversité et du réseau Natura 2000. Le rapport italien donne une série d'exemples de lois régionales qui concrétisent ce principe directeur.

Comme nous le relevions ci-dessus, si les plans d'aménagement du territoire et d'urbanisme ne doivent pas nécessairement reproduire les périmètres Natura 2000, en revanche, ils doivent être compatibles avec ces mesure, ce qui conduit la plupart des autorités publiques qui élaborent des plans à prévoir dans les périmètres Natura 2000 des mesures d'aménagement compatibles avec les objectifs de préservation.

Nous avions eu l'occasion dans le cadre de réunions précédentes de l'Observatoire juridique européen Nature 2000 et en particulier lors de notre réunion à Volosse en mars 2004 de voir que les périmètres Natura 2000 pouvaient varier sensiblement d'un pays à l'autre. Certains Etats n'hésitent pas à désigner des territoires extrêmement importants en superficie comportant des zones urbaines et urbanisables tandis que d'autres se limitent à une mosaïque de périmètres dans lesquels l'urbanisation n'est a priori pas prévue.

Il est évident que la règle de compatibilité de l'aménagement proposée par un plan d'aménagement du territoire ou d'urbanisme avec les objectifs de protection des sites Natura 2000 est liée à la conception même de la désignation des sites Natura 2000.

C'est ainsi que, au Portugal par exemple, le fait d'être dans une aire protégée n'exclut pas nécessairement l'urbanisation[3].

---

[3] C.J.C.E., 29 avril 2004, C-117/02, Commission c Portugal.

Tous les rapporteurs nationaux font référence au fait que, indépendamment même de périmètres de protection de la nature adoptés sur la base de législations autres que celle de l'urbanisme, les plans d'aménagement du territoire et d'urbanisme peuvent prévoir un zonage qui entend protéger la nature. Tous les Etats ont, dans leurs lois sur l'urbanisme, des dispositions qui permettent d'inscrire dans les plans d'aménagement et d'urbanisme des zones d'espaces verts, des zones naturelles, des zones forestières, des zones de conservation de la nature. Les rapports nationaux donnent à cet égard une série d'exemples. Nous pouvons pointer plus particulièrement l'exemple wallon puisque le Code de l'urbanisme permet d'inscrire dans les plans de secteur des périmètres de liaison écologique faisant, comme nous l'avons dit, implicitement référence à l'article 10 de la directive 92/43.

II.4. Articulation entre les plans et les programmes d'urbanisme et les plans de gestion et les contrats de gestion de Natura 2000

La plupart des Etats membres ne prévoient pas dans leur droit de l'urbanisme ou même dans leur droit lié à la conservation de la nature en général et à la protection des sites Natura 2000 une articulation entre les mesures de gestion des sites Natura 2000 et les plans ou les programmes d'aménagement du territoire et d'urbanisme. En d'autres termes, les plans de gestion des sites Natura 2000 ou les contrats n'ont en principe pas d'impact direct sur les mécanismes de droit administratif.

De nouveau, cela n'altère pas l'obligation qu'ont les Etats en application soit de la directive 2001/42, soit en application des articles 6, §§3 et 4, de la directive 92/43 de faire une évaluation de l'impact environnemental du plan ou du programme d'urbanisme en tenant compte bien évidemment des sites protégés dans le cadre du réseau Natura 2000.

Même en ce qui concerne la délivrance des permis, il n'y a pas véritablement d'articulation entre les mesures de gestion des sites Natura 2000 et le droit de l'urbanisme. C'est ainsi qu'une ordonnance française récente de décembre 2005 qui réforme les permis d'urbanisme et prévoit une articulation lorsqu'il y a d'autres autorisations qui sont exigées en application d'autres législations n'a aucun impact sur la gestion des sites Natura 2000 puisque celle-ci ne prévoit pas des autorisations particulières en application de la législation Natura 2000. En droit wallon, il n'y a pas non plus d'articulation en ce qui concerne les permis: si la gestion d'un site Natura 2000 suppose des actes et travaux soumis à permis d'urbanisme, ceux-ci sont requis en application du Code de l'urbanisme sans régime particulier ni allègement procédural.

Comme nous l'avons vu en réponse aux questions précédentes, il y a malgré tout dans certains Etats une certaine articulation entre les sites Natura 2000 et les plans puisque plusieurs pays prévoient explicitement une mise en conformité ou une possibilité de mise en conformité des plans d'aménagement du territoire et d'urbanisme aux objectifs de protection des sites Natura 2000 et des mesures de protection qui ont été adoptées dans ce cadre. Cela étant, cela concerne plus la désignation en tant que telle des sites Natura 2000 que véritablement une articulation avec les plans de gestion et les contrats qui permettent de gérer les sites Natura 2000.

On trouve dans la pratique une certaine coordination. C'est ainsi qu'en Irlande, il semble que les autorités compétentes en matière d'urbanisme n'approuveront pas un plan d'urbanisme si l'avis du National Parks and Widelife Service est négatif.

Comme nous l'avons vu également précédemment, dans certains pays, c'est la même autorité qui intervient pour prendre des décisions dans le domaine de l'urbanisme et approuver les mesures de protection des sites Natura 2000. Dans ce cas, il y a bien évidemment une coordination. On pense ici à l'exemple portugais.

Sur l'articulation entre les documents d'urbanisme et les plans de gestion des sites Natura 2000, deux pays ont plus formellement réglé l'articulation.

C'est le cas de la Finlande qui, même s'il n'y a pas une articulation formelle entre le plan d'urbanisme et les plans de gestion d'un site Natura 2000 arrive à une articulation intéressante dans la mesure où, lorsque le site Natura 2000 n'est pas en tant que tel une aire protégée par une décision prise sur la base d'une autre législation qui adopterait des mesures de gestion, le plan d'urbanisme joue un rôle important dans la gestion du site Natura 2000. C'est donc dans ce cas le plan d'urbanisme qui est l'instrument de protection du site Natura 2000 ce qui bien entendu assure une articulation entre le plan lui-même et la gestion du site Natura 2000. Il est certain que les plans d'urbanisme ont d'autres objectifs mais, conformément à l'interprétation notamment du Conseil d'Etat, il appartient dans ce cas aux autorités qui adoptent le plan d'aménagement de mettre comme objectif prioritaire les objectifs de conservation de la nature.

L'articulation la plus poussée est certainement celle prévue par le droit italien puisque, conformément aux lignes directrices qui visent à l'intégration des préoccupations environnementales dans la planification territoriale à tous les niveaux que l'on connaît en Italie, lorsqu'un plan de gestion d'un site Natura 2000 est adopté, il se substitue aux différents plans précédemment en vigueur qui régissaient le périmètre du site Natura 2000.

II.5. Le transfert d'une zone constructible hors du périmètre Natura 2000

En ce qui concerne les liens entre la planification d'urbanisme et les sites Natura 2000, la dernière question qui était posée aux rapporteurs nationaux concernait l'hypothèse d'un transfert possible d'une zone précédemment constructible reprise dans un site Natura 2000 vers une zone précédemment non constructible en dehors d'un périmètre Natura 2000.

Comme le relève le rapport finlandais, il est évident que si le site Natura 2000 préexiste au plan d'urbanisme, lorsque le projet de ce plan d'urbanisme sera soumis à évaluation de l'impact environnemental notamment qu'il pourrait avoir sur le site Natura 2000 et que les conclusions de cette évaluation conduisent à déplacer des zones constructibles qui étaient prévues dans le projet dans le périmètre Natura 2000, le transfert de la zone constructible projetée en dehors du site Natura 2000 ne pose aucun problème.

Plus délicate est la question de la préexistence du plan avec une zone constructible aux sites Natura 2000 qui inclut dans son périmètre l'une ou l'autre zone constructible.

On peut imaginer plusieurs situations. Comme le relève également le rapport finlandais, si le permis de construire a déjà été délivré, il paraît difficile d'en empêcher l'exécution dans le périmètre proprement dit. Sauf bien évidemment à procéder à une expropriation avec indemnité conformément à la loi.

Bien évidemment, rien n'interdit de réviser le plan d'urbanisme pour, d'une part, supprimer la zone constructible au sein du périmètre Natura

2000 et, d'autre part, inscrire dans une zone non constructible une nouvelle zone destinée à l'urbanisation qui bien entendu se situera en dehors du site Natura 2000. Cela se fait ou peut se faire en Allemagne. Rien ne s'y oppose dans d'autres pays comme la France par exemple. En Région wallonne, on pourrait recourir à un tel mécanisme en se fondant sur le mécanisme de compensation visé à l'article 46, §1er, al. 2, 3°, du CWATUP: en effet, toute nouvelle zone destinée à l'urbanisation doit être compensée par une désurbanisation équivalente; il est donc possible d'inscrire une nouvelle zone d'urbanisation équivalente à la zone d'urbanisation qui se situe dans le site Natura 2000 et en compensation de cette nouvelle zone destinée à l'urbanisation, on désurbanise la zone sise dans le périmètre Natura 2000. Le rapport grec évoque une possibilité similaire.

Le Portugal souligne que ce mécanisme de transfert de zone constructible peut déjà se faire dans le cadre d'un mécanisme de compensation: au sein d'un plan d'aménagement de détail, il est possible pour équilibrer la situation des propriétaires de procéder à un remembrement des parcelles de telle sorte qu'un propriétaire qui verrait un de ses terrains repris en zone non constructible parce qu'il fait partie d'un site Natura 2000 obtenir en compensation une zone constructible. Cela ne peut toutefois se faire que dans le périmètre du même plan.

Le droit italien se démarque des autres droits par un mécanisme tout à fait intéressant puisqu'en vertu d'une loi du 15 décembre 2004 et d'un mécanisme de compensation environnementale. Si un citoyen a reçu un permis de construire dans une zone qui par la suite, pour des raisons environnementales et donc notamment dans le cadre du réseau Natura 2000, n'est plus constructible, il peut demander à pouvoir exercer son droit de construire dans une autre zone. Cela peut se faire sans devoir nécessairement réviser le plan là où le permis serait exécuté.

III. LES PROJETS ET LES OPERATIONS D'AMENAGEMENT

III.1. Les études préalables

La question posée est celle de savoir si les études préalables au projet et aménagement (études d'incidences, études d'impact ou autres) comportent des rubriques spécifiques relatives au réseau Natura 2000 dès lors qu'ils sont susceptibles d'affecter le site de manière significative.

Plusieurs pays mentionnent que la législation qui régit le droit commun des évaluations des incidences environnementales ne prévoit pas spécifiquement, dans le contenu obligatoire de ces évaluations, l'impact sur les sites Natura 2000, zones spéciales de conservation ou zones de protection spéciale. Cependant, et cela paraît tout à fait logique, lesdites législations mentionnent de manière générale parmi les impacts sur l'environnement ceux sur la nature, la faune et la flore.

Plusieurs pays font la distinction entre le droit commun de l'évaluation des incidences environnementales et les évaluations appropriées auxquelles sont soumis les projets susceptibles d'affecter de manière significative un site Natura 2000. C'est le cas par exemple en Allemagne, en Angleterre, en Irlande et aux Pays-Bas. Il est évident que cette évaluation appropriée se focalisera sur l'impact sur le site Natura 2000 et les espèces protégées. On retrouve des systèmes similaires en France ou en Finlande, par exemple.

Au Portugal, l'on fait la distinction entre les études d'incidences qui ne sont prévues que par la loi sur la conservation de la nature et qui, lorsque le site concerné est sur une liste nationale ou est d'intérêt communautaire, sont obligatoires et portent bien évidemment sur l'impact sur la faune et la flore sauvage. En revanche, l'étude d'impact, évaluation plus générale indépendamment des dispositions de conservation de la nature, fait néanmoins la distinction selon que le projet touche ou non une zone classifiée pour la conservation de la nature. Si le projet est susceptible d'avoir un impact sur une telle zone, le seuil à partir duquel l'étude d'impact est obligatoire est plus sévère. Dans ce cas, il conviendra également d'aborder l'impact sur la diversité biologique, la faune et la flore.

En Région wallonne, le décret Natura 2000 (art. 29, §2) renvoie pour ce qui concerne les évaluations des plans et projets qui sont susceptibles d'avoir un impact significatif sur un site Natura 2000 ou les espèces protégées au droit commun des études d'incidences sur l'environnement. Si les dispositions législatives qui régissent ces études d'incidences ne font pas mention spécifique de l'impact sur les sites Natura 2000, en revanche les dispositions réglementaires d'exécution mentionnent spécifiquement que l'évaluation environnementale devra, s'il existe un site Natura 2000 – que le projet soit prévu à l'intérieur ou à l'extérieur du périmètre – l'impact environnemental sur le site et les espèces.

III.2. Refus de permis pour une atteinte à un site Natura 2000

La question posée concerne la possibilité pour les autorités compétentes de refuser une autorisation d'urbanisme dès l'instant où il apparaît que le projet est susceptible de porter atteinte à un site Natura 2000. Ce refus est-il fondé sur la législation transposant les directives Natura 2000 ou bien en application des règles d'urbanisme. Sur ce point, il convient de rappeler que l'article 6, § 3, de la directive 92/43 prévoit que «compte tenu des conclusions de l'évaluation des incidences sur le site et sous réserve des dispositions du paragraphe 4, les autorités nationales compétentes ne marquent leur accord sur ce plan ou projet qu'après s'être assurées qu'il ne portera pas atteinte à l'intégrité du site [...]».

Il se déduit évidemment que les autorités nationales non seulement peuvent refuser un permis au motif que le projet est susceptible de porter atteinte à un site Natura 2000, mais qu'elles doivent le faire dans une pareille hypothèse comme le rappelle la jurisprudence de la Cour de justice des Communautés européennes.

On ne sera pas surpris de constater que tous les droits nationaux prévoient la possibilité de refuser un permis de construire qui porterait atteinte à un site Natura 2000 ou aux espèces protégées.

Dans la plupart des pays, cela se fait essentiellement par le biais des dispositions nationales qui transposent l'article 6, § 3 de la directive 92/43. C'est le cas par exemple en Allemagne, en Angleterre, en Grèce ou au Portugal.

Au Luxembourg, dès l'instant où tous les sites Natura 2000 sont placés en zone verte et qu'à l'intérieur de celle-ci des permis de construire ne peuvent pas être délivrés, les permis seront donc refusés. La situation de l'Espagne est assez proche puisque tout terrain qui est repris dans un périmètre Natura 2000 doit être classé comme non urbanisable. Il n'est donc pas possible d'obtenir un permis de construire sauf pour des projets publics selon les dispositions des législations des communautés autonomes. En conséquence, sauf exception, le maire devra refuser le permis. Il est à noter toutefois que cette interdiction ne vaut que pour les projets prévus à l'intérieur du périmètre Natura 2000 et non pas ceux envisagés à proximité de celui-ci.

Plusieurs pays prévoient que le permis peut être refusé aussi bien sur la base de la législation nationale transposant la directive 92/43 que sur base du Code de l'urbanisme. C'est le cas, par exemple, de l'Irlande dont le droit de l'urbanisme prévoit que les autorités doivent prendre en compte les périmètres de protection quand ils prennent une décision sur une demande de permis. En outre, la transposition de la directive prévoit un mécanisme similaire à celui qui est prévu à l'article 6, §§3 et 4 de la directive 92/43. On mentionnera également le mécanisme intéressant même s'il ne l'a été qu'à titre transitoire d'une disposition de la réglementation de 1997 permettant la révocation du permis délivré antérieurement au classement de biens dans un périmètre Natura 2000. Cette disposition vient à échéance en 2006.

En Région wallonne, le décret Natura 2000 prévoit que les périmètres désignés sont soumis à des prescriptions notamment réglementaires qui peuvent se traduire par des interdictions et notamment des interdictions de construire. On devra donc face à une telle interdiction refuser le permis d'urbanisme. Par ailleurs, le Code de l'urbanisme prévoit lui aussi la possibilité de refuser des permis spécifiquement s'ils portent atteinte ou peuvent porter atteinte à un site Natura 2000. L'on vise des permis délivrés en zone agricole ou en zone forestière. Indépendamment de cette spécificité, les autorités qui statuent sur une demande de permis d'urbanisme devront prendre en compte les résultats de l'évaluation environnementale et bien entendu devront refuser le permis si le projet est susceptible d'avoir un impact significatif sur le site. En outre, les autorités qui statuent doivent, de manière générale, prendre en compte ce que l'on appelle le «bon aménagement des lieux» qui impose aux autorités de ne pas commettre une erreur manifeste d'appréciation dans la délivrance des permis.

On peut encore citer l'exemple de l'Italie et de la France qui sont à l'opposer l'une de l'autre.

En Italie, comme nous l'avons vu, la planification d'aménagement du territoire et d'urbanisme intègre la protection des sites Natura 2000. Dès lors, le permis de construire sera refusé en application des dispositions du plan qui relaie la protection Natura 2000. En outre, de nombreux sites Natura 2000 sont également soumis à une servitude de paysage qui impose l'obtention d'une autorisation de paysage qui se distingue du permis de construire. Dès l'instant où cette autorisation de paysage ne serait pas octroyée, le projet ne pourra se réaliser.

En France, sur la base du principe de l'indépendance des législations, un permis de construire ne peut être refusé sur la base du Code de l'urbanisme au motif qu'il porte sur un projet susceptible de porter atteinte à un site Natura 2000 ou aux espèces protégées. En effet, le Code de l'urbanisme ne permettra de refuser un permis de construire pour un tel motif que si le site Natura 2000 et les mesures de protection qui l'accompagnent sont intégrées dans des documents d'urbanisme soit parce que le site a été désigné comme un espace naturel sensible ou périurbain ou encore, par exemple, si la municipalité a intégré le périmètre Natura 2000 dans son plan local d'urbanisme. Cependant, à l'instar de ce qui est prévu en Région wallonne, les autorités qui statuent sur une demande de permis de construire ont un pouvoir général d'appréciation. Probablement que formellement le refus ne devrait pas dans ce cas être fondé uniquement sur l'existence d'un périmètre Natura 2000 mais sur des considérations d'opportunité quant à la protection de la nature.

On notera la disposition particulière applicable en Angleterre qui oblige l'autorité locale à retirer, moyennant indemnisation, un permis d'urbanisme délivré avant qu'un site devienne un site Natura 2000 si la mise en œuvre de ce permis est susceptible d'avoir un impact significatif sur le site. Cela ne vaut toutefois pas pour les permis dont la mise en œuvre est achevée.

III.3. Les mesures compensatoires en cas d'atteinte à un site Natura 2000

L'article 6, § 4, de la directive 92/44, prévoit qu'un projet d'intérêt public majeur peut être autorisé dans ou à proximité d'un site Natura 2000 nonobstant le fait que l'évaluation appropriée conclut à un impact négatif, s'il n'y a pas de solution alternative, si le projet d'intérêt public majeur doit être réalisé pour des raisons impératives et si des mesures compensatoires sont prévues pour assurer la cohérence globale de Natura 2000. On notera que, en Ecosse, une circulaire énonce des directives pour déterminer ce qu'est un projet d'intérêt public majeur et une raison impérative.

La question posée est celle de savoir si, en droit interne, à propos de permis d'urbanisme qui seraient délivrés, le droit prévoit des mesures compensatoires. De manière générale, les Etats membres se sont plus ou moins limités à transposer formellement l'article 6, § 4, de la directive 92/44. C'est certainement le cas en Région wallonne où le décret Natura 2000 reproduit textuellement le paragraphe sans aucunement préciser ce que l'on entend par mesure compensatoire qui sera donc déterminée au cas par cas. C'est aussi le cas en Espagne, au Luxembourg et au Portugal.

Le droit français est un peu plus explicite puisqu'il impose au demandeur du permis concerné de préciser dans son dossier les raisons impérieuses qui justifient la dérogation et les mesures compensatoires qu'il entend proposer et leur coût. La décision et la fixation desdites mesures compensatoires se faisant aussi au cas par cas.

En Allemagne, la loi sur la conservation de la nature est un peu plus précise puisque l'on prévoit que si le biotope est détruit par un projet visé au §4 de la directive 92/43, ce biotope doit être reconstruit dans la même zone. S'il s'avère que ce n'est pas possible ou si cette mesure était excessivement coûteuse, d'autres mesures devraient être prises mais de nouveau elles doivent être liées à la zone dans laquelle l'atteinte est prévue. En Irlande, on notera la spécificité dans la transposition de l'article 6, §4, précité qui consiste à donner dans toutes les hypothèses la responsabilité de s'assurer que les mesures de compensation ont été imposées quelle que soit l'autorité qui délivre l'autorisation pour le projet concerné. En Ecosse, une circulaire donne des indications quant aux mesures compensatoires.

C'est l'Italie qui semble avoir les mesures les plus précises. La législation italienne transpose l'article 6, §4, précité et impose aux autorités compétentes de respecter le principe et d'imposer des mesures compensatoires qui sont communiquées au Ministère de l'environnement et de l'aménagement du territoire. La législation nationale ne liste pas même de manière exemplative les mesures compensatoires qui sont envisageables. Il est renvoyé au guide d'interprétation de l'article 6 de la directive «Habitats» telle que la Commission européenne l'a publié. Cependant, dans les documents régionaux relatifs à l'évaluation des incidences environnementales, on peut trouver des exemples de mesures compensatoires par exemple la création d'un nouvel habitat proportionnel à celui détruit, l'élargissement de celui-ci, la création d'un nouvel habitat ou, plus rare, la proposition d'un nouveau site Natura 2000.

III.4. Exceptions aux mesures de protection exigées par la directive

La question porte sur le point de savoir s'il y a des textes légaux réglementaires qui avaient des exceptions aux mesures de protection exigées par la directive que ce soit dans le droit de l'urbanisme ou dans les textes de transposition de la directive. De manière générale, l'ensemble des rapporteurs mentionnent que leur droit national prévoit un mécanisme qui transpose purement et simplement l'article 6, §4, de la directive 92/43. En d'autres termes, seuls les projets répondant aux conditions de ce §4 peuvent faire l'objet d'une dérogation.

Cependant, plusieurs rapporteurs mentionnent que les documents réglementaires ou contractuels qui vont régir ou qui régissent un site Natura 2000 peuvent eux-mêmes prévoir le cas échéant un certain nombre de dérogations. Cela est projeté en Région wallonne. Cela pourrait se trouver dans les contrats de gestion des sites Natura 2000 en France. L'hypothèse est également évoquée au Luxembourg.

En Italie, il est prévu à cet égard qu'un certain nombre d'activités au sein d'un site Natura 2000 ne peuvent être interdites ce qui présuppose une compatibilité ou une dérogation automatique implicite. C'est le cas des opérations normales d'exploitation des terrains agricoles, du nettoyage des talus routiers ou de chemin de fer, des interventions dans les forêts dans le respect du droit forestier en vigueur ainsi que les mesures d'amélioration des forêts ou du système hydraulicoforestier.

IV. LES LIENS AVEC LA PLANIFICATION SPECIALISEE

Divers plans «spéciaux» ne relevant pas directement de l'aménagement du territoire et de l'urbanisme ont en effet, par leur dimension spatiale, un lien avec l'aménagement du territoire et Natura 2000. Il s'agit généralement des plans en matière de gestion de l'eau – en particulier ceux pris dans le cadre de la mise en œuvre de la directive-cadre sur l'eau –, de déchets, de protection du patrimoine culturel et naturel et des forêts, et de bruit.

Les relations entre la planification de l'aménagement du territoire et de l'urbanisme, la planification spécialisée et le régime Natura 2000 sont fort complexes et divergent fortement d'un Etat membre à l'autre. Elles dépendent de:
– l'existence de principes généraux de droit administratif réglant l'articulation des législations en l'absence de dispositions spécifiques et/ou de
– l'existence de mécanismes de hiérarchisation, de coordination et d'intégration entre les plans dans les différentes législations.

IV.1. Les liens entre la planification spécialisée et la planification spatiale de l'aménagement du territoire et de l'urbanisme

Il ressort de l'examen des différents rapports disponibles que le degré d'intégration de la planification spéciale dans la planification de l'aménagement du territoire est très variable d'un Etat membre à l'autre. Il en est de même de la place hiérarchique des plans spéciaux par rapport aux plans généraux d'aménagement du territoire et des relations de conformité et de compatibilité qui les caractérisent.

On peut ranger les différents régimes en trois catégories. Dans la première – qui concerne la Grèce et le Luxembourg –, non seulement aucun lien formel n'est établi entre les deux types de planification (spéciale et de l'aménagement du territoire) mais, sauf exception, aucune règle générale ne permet de les articuler entre eux, ce qui peut conduire, comme le font remarquer les rapporteurs luxembourgeois, à des décisions contradictoires.

Dans une deuxième catégorie, la plus vaste, diverses dispositions visent, d'une part, à assurer la coordination des plans spéciaux et généraux d'aménagement du territoire et, d'autre part, à fixer la hiérarchie applicable en cas de contradiction. Trois hypothèses sont envisageables:
  – soit les plans d'aménagement du territoire s'imposent aux plans spéciaux: c'est le cas par exemple des plans d'affectation des sols en Région wallonne, qui, sauf mise en révision obligatoire (en matière de déchets), s'imposent aux plans à valeur indicative en raison principalement de leur valeur réglementaire; c'est le cas également en Allemagne (avec les plans de paysage (landscape plan)) et, dans une moindre mesure, en Finlande, où les législations sectorielles doivent tenir des objectifs généraux de l'aménagement du territoire;
  – soit à l'inverse, les plans sectoriels s'imposent, avec plus ou moins de force contraignante, aux plans d'aménagement du territoire (Espagne, France, Portugal). Ainsi, en France, les documents d'urbanisme doivent, depuis la loi SRU de 2000, être «compatibles» avec la planification environnementale et en matière d'eau. Au Portugal, les plans d'aménagement du territoire doivent être non seulement compatibles mais conformes à la plupart des plans spéciaux. Ainsi par exemple, les plans dits «sectoriels», qui

> *incluent le Plan sectoriel Natura 2000 et sont établis à l'échelle nationale, doivent être respectés par les plans d'aménagement du territoire inférieurs (régionaux et communaux), qui doivent être adaptés en cas de contradiction. Les plans sectoriels ne sont cependant opposables aux particuliers que s'ils sont traduits par des plans communaux d'aménagement du territoire, lesquels semblent donc constituer de véritables plans d'exécution de la politique formulée dans les plans sectoriels.*
> – soit les deux catégories de plans sont sur un pied d'égalité et doivent seulement être «coordonnés», comme c'est le cas en Italie.

Au sein de cette même catégorie, deux pays – la France et la Belgique – se distinguent en ce que l'articulation des différents plans est régie, à défaut de disposition spécifique d'articulation, par un principe de droit administratif, à savoir le principe «d'indépendance des législations», en vertu duquel, en l'absence d'un rapport hiérarchique ou de mécanisme spécifique d'articulation prévu par la législation, aucune législation n'a de prééminence sur une autre et reste autonome par rapport aux autres législations. Ce principe est interprété avec rigueur par le Conseil d'Etat français, qui refuse de donner à un texte non «intégré ou coordonné» dans la planification de l'urbanisme une portée juridique. Ceci empêche les autorités compétentes de refuser un permis de construire au motif que sa mise en œuvre violerait des règles de protection de la nature extérieures au Code de l'urbanisme. M Drobenko en déduit que outre «son caractère éminemment contraire à une démarche intégrée, la confirmation du principe d'indépendance des législations pourrait conduire à neutraliser les objectifs poursuivis pour la protection des sites Natura 2000». *Cette protection est mieux assurée par des instruments relevant d'autres législations, tels que les réserves naturelles.*

IV.2. Les relations entre la planification spécialisée non intégrée dans l'urbanisme et Natura 2000

Lorsqu'elle n'est pas intégrée dans la planification générale de l'aménagement du territoire, la planification spéciale n'entretient que peu de liens directs avec Natura 2000. En Finlande, les objectifs et mesures de protection de la nature doivent être respectés dans toute planification sectorielle. **C'est le cas aussi en Grèce.** En Région wallonne, la valeur réglementaire conférée aux mesures de protection dans les arrêtés de désignation des sites Natura 2000 les rend également obligatoires pour toute autorité compétente pour adopter un plan sectoriel à valeur individuelle.

Pour le surplus, c'est principalement la transposition de la directive 2001/42/CE qui est considérée comme un mécanisme d'intégration et de prise en compte de Natura 2000 dans la planification spécialisée (France, Région wallonne, Irlande). En Finlande, en Irlande et en Région wallonne, une évaluation appropriée des plans sectoriels doit être réalisée, du moins, en ce qui concerne la Région wallonne, pour les plans sectoriels ayant valeur réglementaire. L'obligation de ne pas porter atteinte aux sites Natura 2000 est loin d'être transposée systématiquement dans les procédures d'adoption des plans sectoriels.

Il existe toutefois des mécanismes procéduraux de coordination, de consultation et 'évaluation des incidences dans les différentes législations

A nouveau, d'importantes disparités existent entre les Etats membres et, au sein de ceux-ci, entre législations et types de plans. On peut distinguer deux grandes catégories de mécanismes de coordination: les mécanismes institutionnels de coordination et de consultation, d'une part, et les mécanismes d'évaluation des incidences, d'autre part.

S'agissant des mécanismes de coordination et d'intégration, il faut reconnaître qu'ils sont peu fréquents, le législateur se contentant souvent de prévoir une obligation de compatibilité entre les différents plans (*supra*). Ces mécanismes peuvent prendre différentes formes.

Premièrement, ils peuvent consister dans la participation directe ou par consultation de l'autorité ou de l'administration compétente pour un plan sectoriel à l'élaboration des plans d'aménagement du territoire. Ainsi par exemple, en Région wallonne, la Direction générale des ressources naturelles et de l'environnement doit être consultée pour la révision des plans de secteur lorsqu'il comporte des futures zones «SEVESO».

Deuxièmement, un organe spécifique peut être créé pour coordonner les différents plans entre eux (par exemple les «conférences de services» entre services administratifs en Italie ou la «cellule inter-administrative» en Région wallonne).

Troisièmement, il peut être prévu un mécanisme de mise en révision obligatoire des plans d'aménagement du territoire pour se conformer aux plans sectoriels (Portugal, Région wallonne en matière de décharges municipales).

Enfin, le législateur peut prévoir une intégration plus ou moins forte du contenu des plans spéciaux directement dans les plans d'aménagement du territoire. C'est par exemple le cas en Italie, où la province de Trento a adopté un règlement qui permet au plan régulateur général de prévoir directement le zonage acoustique prévu par la législation sur le bruit. En Irlande, l'inventaire des bâtiments classés comme «structures protégées» figure dans le plan de développement.

En revanche, les mécanismes d'évaluation des incidences environnementales des plans et programmes sectoriels sont plus fréquents depuis l'entrée en vigueur de la directive 2001/42/CE «plans et programmes» (Région wallonne, Irlande, France, Finlande).

V. CONTENTIEUX

Le contentieux de l'urbanisme peut porter sur différents objets: la légalité des actes administratifs pris en vertu de la législation sur l'urbanisme; la répression des infractions pénales et les sanctions civiles (remise en état) qui l'accompagnent et enfin la responsabilité civile des constructeurs et des autorités publiques. Les mesures provisoires d'urgence (référé) sont également fréquentes, pour obtenir un arrêt de chantier par exemple. Le juge compétent diffère selon l'objet du contentieux, le premier étant, le plus souvent, du ressort du juge administratif (on parle de «contentieux administratif»), le second et le troisième ainsi que le référé étant du ressort du juge de l'ordre judiciaire (on parle du «contentieux judiciaire»). Le Portugal et, semble-t-il, l'Espagne se démarquent à cet égard puisque la majeure partie du contentieux urbanistique ressort de la compétence des tribunaux administratifs (ou de la branche administrative des tribunaux en Espagne), qui disposent de la pleine juridiction.

Les relations complexes entre le droit de l'urbanisme et les nouvelles règles relatives à Natura 2000 transposées par les Etats membres devraient faire naître immanquablement des litiges, principalement à l'occasion de la mise en œuvre de projets et d'opérations d'aménagement entraînant des dommages pour un site Natura 2000. La réparation des infractions et/ou des dommages causés à un site Natura 2000 prend un relief particulier compte tenu de la nature particulière du dommage, à savoir un dommage purement écologique.

Il ressort de l'examen des différents rapports que, à l'heure actuelle, le contentieux de l'urbanisme lié à Natura 2000 reste encore limité. Il se situe essentiellement au niveau de la légalité des actes administratifs (plans et surtout permis) au regard des règles procédurales et substantielles relatives à Natura 2000. Pour prendre l'exemple des Pays-Bas, l'essentiel du contentieux porte sur des cas antérieurs à l'entrée en vigueur de la loi de 1998 sur la protection de la nature.

Sur le plan procédural, l'évaluation appropriée des incidences constitue a priori une formalité substantielle dont le non respect entraîne l'illégalité du plan ou du permis qui devait y être soumis. Elle fait ainsi l'objet d'analyse par le juge français pour apprécier si Natura 2000 a suffisamment été pris en compte. L'insuffisance de l'évaluation a ainsi conduit à une annulation d'une opération d'aménagement par le tribunal administratif français de Nice en 2005 et à l'annulation d'autorisations d'urbanisme en Finlande en 2002, 2003 et 2005.

Sur le plan substantiel, la règle de l'article 6, § 3, de la directive Habitats qui oblige les autorités à s'assurer que le plan ou le projet ne portera pas atteinte à l'intégrité du site Natura 2000 a d'importantes conséquences puisqu'elle encadre le pouvoir discrétionnaire de l'autorité compétente pour adopter un plan ou un projet d'urbanisme. L'interprétation stricte qu'en a donnée la Cour de justice dans l'affaire «mer de Wadden», qui renverse la charge de la preuve sur le demandeur de permis, aura certainement des retombées importantes en urbanisme. La généralité des termes utilisés dans la directive semble cependant rendre son contrôle difficile par le juge administratif. Ainsi, en France, il semble que le juge valide assez facilement les opérations d'aménagement même si une atteinte à un site Natura 2000 est constatée, soit par simple constatation que des mesures compensatoires ont été prévues par l'étude d'impacts, soit au motif que l'effet n'est pas significatif au terme d'un bilan des coûts-avantages de l'opération. En Irlande également, un juge a refusé d'annuler une décision d'implantation d'une décharge à proximité d'un site d'importance communautaire abritant l'habitat d'une population de Moule perlière, mollusque très sensible à la pollution, contestée en raison de la faiblesse des bases scientifiques sur lesquelles elle s'était fondée pour estimer qu'il n'y avait pas d'impact significatif. Selon le juge, l'annulation n'aurait pu être prononcée qu'en cas de preuve de l'illégalité et non d'un doute. Il semble donc refuser, selon M. DOYLE, le renversement de la charge de la preuve exigé par la Cour de justice des communautés européennes. En Région wallonne cependant, une modification du plan de secteur en vue de rendre possible la construction d'un golf dans une ZPS a été annulée, sur base de l'effet direct de l'article 4, § 4, de la directive Oiseaux, en raison de son effet significatif sur l'habitat de plusieurs espèces d'oiseaux, non contesté par le Gouvernement.

Lorsqu'un plan ou un projet doit être décidé pour des raisons impératives d'intérêt public majeures, l'adoption de mesures compensatoires constitue une autre condition de la légalité de ladite décision susceptible de fournir un moyen d'annulation. Ainsi, une décision du Conseil d'Etat belge de 2002 a suspendu un arrêté modifiant un plan de secteur (plan régional d'affectation du sol en Belgique) d'Anvers visant à étendre une zone portuaire dans une ZPS sur la base de l'effet direct de l'article 6, § 4, de la directive Habitats au motif que les mesures compensatoires prévues par le Gouvernement flamand pour compenser l'extension du port de conteneurs dans la ZPS étaient insuffisantes, en ce qu'elles visaient un site déjà proposé comme site Natura 2000 et qui devait de toute façon être conservé.

Enfin, au contentieux de la suspension, la qualification d'un dommage à un site Natura 2000 comme préjudice grave et difficilement réparable devra faire l'objet d'un dossier bien étayé, la charge de la preuve n'étant pas renversée sur ce point. Ainsi, le Conseil d'Etat belge a rejeté une demande en suspension d'un permis d'urbanisme pour un projet d'usine situé à 250 mètres d'un site Natura 2000 au motif que les requérants ne prouvaient pas que le projet porterait une atteinte significative au site.

TABLE DES MATIÈRES

AVANT PROPOS 5

LE RÉSEAU NATURA 2000 7

OBSERVATOIRE JURIDIQUE NATURA 2000 8

INTRODUCTION 11
    De l' Europe géopolitique à l'Europe biogéographique 13
    Structure générale du travail 15
    Les questions clés 16

CHAPITRE I
Aménagement et Conservation de la Nature: Enjeux Internationaux et Régionaux 19

CHAPITRE II
Le Droit de l'Aménagement du Territoire, de l'Urbanisme et de la Conservation de la Nature en Droit Interne des États Membres de l'Union Européenne 47
    Germany 49
    Belgique 59
    Spain 107
    Finland 121
    France 135
    Great Britain 159
    Greece 179
    Ireland 191
    Italie 207
    Luxemburg 229
    Netherlands 251
    Portugal 277

CHAPITRE III
    Conclusions 301
    Rapport de synthèse 303

Ce n'est qu'après le dernier arbre ait été coupé,
Ce n'est qu'après le dernier fleuve ait été empoisonné,
Ce n'est qu'après le dernier poisson ait été pêché,
Alors on comprendra
que l'argent ne peut pas être mangé.